新德里著名景点顾特卜塔

在新德里印度门

在那格浦尔的零英里石柱处留影

与女儿体验北印风情

与宝莱坞影星阿米尔·汗合影

班加罗尔的一座中式建筑

在中国手机工厂门前留影

和孟买贫民窟的孩子们在一起

和印度人一起庆祝胡里节

胡里节时，印度人在脸上涂抹颜料进行庆祝和祝福

孟买一处售卖牛羊肉的穆斯林店铺

孟买远郊一处景区露营地

用香蕉叶盛的咖喱饭，在南印度很常见

体验普通印餐

印度传统婚礼现场

正在准备婚礼的新郎

印度传统婚礼现场

印度街头的中国品牌手机广告牌

印度节日期间流行的"叠罗汉"传统比赛

通勤中的孟买城市地铁车厢内景

孟买商场里的"达巴瓦拉"雕塑

欢庆印度国庆日的小区居民

孟买街头在拍照的年轻人

断裂与新生

新生

断裂与

张兴军 —— 著

一位中国记者
笔下的印度日常

Rupture &
Rebirth

贵州出版集团
贵州人民出版社

DAILY LIVES IN INDIA IN THE EYES OF A CHINESE CORRESPONDENT

目　录

第三部

"电影王国"的两面

第四部

步履蹒跚的大国梦

第五部

"网红"总理和他的国度

尾　声

自　序

时光飞逝。

当我在电脑前敲下这行字的时候，世界转眼进入了2023年。此时距离我结束驻印工作返回国内，已经过去了两年多；距离我首次踏上印度次大陆的土地，也已经过去了五年有余。像是一处公交站点，在我的人生旅途中，印度这一站，经停又驶离，并终将渐行渐远。

然而，目力所及，印度又似乎距离中国越来越"近"了。

就在2022年底，一则新闻刷屏：根据联合国预测，印度人口数量将在2023年4月中旬超过中国，成为全球第一人口大国。报道称，自1947年印度独立后，其人口增长了超10亿，并且预计在未来的40年里还将继续增长。

此外，受新冠疫情、地缘政治等各种因素影响，有关全球产业链调整重构的话题，也时不时地成为世界各大媒体的炒作热点之一。每当讨论转移承接地时，印度自然也是一个绕不开的国家。

熟悉的国内朋友之间聊天，大家对印度的兴趣似乎也越来越浓，尤其会随着当下热点的起伏变换着发问：印度的经济社会发展水平到底怎样？媒体有关印度疫情大暴发的报道是真的吗？印度人结婚女方家庭是否出嫁妆？

…………

当然，一些标签式的话题也永不过时。根据个人经验和出现的频率高低，常被人们提及的印度话题的大致排序是：咖喱、宝莱坞、恒河水、圣雄甘地……几乎与此相当，在喜马拉雅山另一侧，当一个普通的印度人谈起中国话题的时候，中餐、功夫、李小龙，也是有限的印象中最常被提起的几个关键词。

这是一个吊诡的现象。

在国际媒体的有关报道中，中印是随时随地被拿来相互比较的一对儿：世界上人口最多的两个国家、全球最大的两个发展中经济体、分别拥有庞大的市场体量、各自日益增长的国际影响力……然而，人口总和近30亿、占据世界人口约三分之一的两大人群，仅从民间社会看，对彼此的了解却相当有限，甚至某些方面还存在着明显的误解和误读。

某种程度上，称呼中印彼此是"熟悉的陌生人"，并不为过。

世界面临"百年未有之大变局"。随着中国日益崛起，逐渐走入舞台中央，向着14亿国人扑面而来的，是两个绕不开且亟待回答的问题：一是如何向他人介绍自己，介绍中国；二是如何用自己的眼光认识他人，认识世界。从这个意义上说，国人如何认识印度，恰是后一问题的重要内容。像是一面镜子，又像是一把标尺，能否用一种成熟的心态、客观的眼光看待这个邻国，也是国人能否成熟、客观地认识世界并正确看待自身崛起的映射。

在喜马拉雅山另一侧，在屏幕和互联网之外，真实的印度到底是怎样的？基于以上种种，在记者职业生涯眼看着快要迎来第15个年头之时，怀揣着一探究竟的好奇，以及试图"穿越"刻板印象和认知屏障的雄心，我踏上了南亚次大陆的土地。

现实热烈，生动，嘈杂，琐碎。

随着驻印生活日久，我越来越明晰地体会和感受到，对于普通国人而言，想要更进一步地认识和了解印度，历史与政治的宏大叙事固然重要，而真实可感的日常细节同样可靠，但尤其稀缺，更显可贵。套用一句流行语，这正是我决定动笔的"初心"——以普通国人的视角，带着问题出发，从社会、政治、经济、文化等诸多领域里的具体线索入手，努力寻访，观察，记录。

对于一个如此多元、丰富的国家，三年时间堪称"匆匆一瞥"。驻印工作千头万绪，我的写作只能见缝插针，更多时候像是手札。加上任期后半段印度疫情大暴发，一些原本计划实地探访的地方不得不遗憾错过。然而无论如何，我终于克服各种可见的和不可见的困难，完成了这份记录。

这是带有鲜明个人印记的，对印度的轮廓式"画像"。

考虑到近十年来以中国记者乃至国人视角，用一手资料完成的印度话题写作实在少之又少，加上驻印三年期间，中印关系还经历了从洞朗对峙到加勒万河谷冲突，世界范围内则发生了中美贸易摩擦、新冠大流行等诸多影响广泛而深远的大事件，本书也可算是在"百年未有之大变局"背景下，努力留下的一块微小的历史切片。

一千个人眼中有一千个哈姆雷特。作为一份非常个人化的记录，本书无力也无意提供关于"何为印度"的标准答案。相反，我所希望的，是带领一些对印度感兴趣的普通国人读者，试着"穿越"流行的标签，触摸印度社会的肌理，倾听街头嘈杂的声音，看见那些斑斓的色彩，以及感知到不同的气味。倘能实现此中万一，便可聊以自慰。

最后，期待以后会有越来越多的国人能够亲历印度，观察印度，言说印度。如此，涓涓细流汇聚，方能不断揭开"薛定谔的印度"之真实面纱。

张兴军

2023年2月于河南郑州

引 子
洞朗对峙事件后的出发

一

当地时间2017年9月25日凌晨1点，国航CA889航班抵达孟买国际机场。

"室外温度29℃，空气湿度较大。"——尽管飞机降落前的广播已经打了"预防针"，但从冷气充足的航站楼里走出来，扑面而来的黏糊糊、湿漉漉的空气，仍然让人觉得一阵眩晕。

在依次告别了长安街的灯火、中秋节前的月亮之后，迎来的是海水的腥味和弥漫其间的不知名香气，以及飞机滑翔时俯瞰窗外所见的绵延灯火——这座南亚城市留给我的初印象。

这是一趟普通的夜间航程。在长达6个多小时的不间断飞行中，前排的印度小哥津津有味地看完了一部《功夫瑜伽》电影，后排的两位中国年轻人饶有兴致地讨论着出国旅游攻略。多数时候，周围的乘客都在睡觉。

我注意到随机赠送的最新一期《南方周末》上，刊登了微信好友胡剑龙以自由撰稿人身份发自班加罗尔的报道：《印度真抵制中国投资了？》。

思绪不由地回到两个多月前，我进而再次打量起这趟航程两端所在国家的关系。其时正在等待赴印签证的我，尚不知自己即将成为洞朗对峙（2017年6月18日—8月28日）之后首位从国内派往印度常驻的媒体人，抵印以后，我才偶然从中国驻印大使馆工作人员处了解到这一因缘际会。但在当时，我已然感到自己是离"火山口"最近的人之一。惊心动魄与剑拔弩张，不动声色却静水流深，大国博弈留下的观感至今令人记忆深刻。

二

"'复兴号'动车组将在京沪高铁率先实现350公里时速运营，我国成为世界上高铁商业运营速度最高的国家。"——半个月前，我在北京总部的招待所房间里收拾行李，微信朋友圈刷屏了这么一条新闻。

高铁、世界速度最高……在全国上下喜迎中国共产党第十九次全国代表大会的背景下，这样的关键词组合别有意味，而国人也正越来越习惯类似的新闻报道。

按照官方的说法，在改革开放即将进入第40个年头的历史节点，这个古老的东方大国，正如一列高速奔驰的列车，"前所未有地靠近世界舞台中心，前所未有地接近实现中华民族伟大复兴的目标，前所未有地具有实现这个目标的能力和信心"。

窥一斑而知全豹。

以我工作和生活了十多年的郑州为例,即使身处既不沿边又不靠海的中原腹地,也能越来越强烈地感受到全球化的风潮:坐落郑州的富士康"苹果城"——全球一半的iPhone手机产自这里;常态化运行的郑欧班列,每周都可从沿线国家运送来红酒、汽车和化妆品;欧洲最大的货运航空公司——卢森堡国际货运航空公司,依托卢森堡和郑州实施其全球"双枢纽"战略……

除了物流和经贸领域,在更为深广的范围内和世界互动的,还有身边的普通人。在和家门口理发小哥的闲谈中我了解到:他十几岁的时候,曾在缅甸做过一年多的理发师,而他的父亲,跟着一群农村老乡常年在非洲的阿尔及利亚建筑工地上做活儿。

如果我们把视线稍微拉长就会发现,在加速城市化引发规模空前的人口迁移的同时,由于通信技术的发展和智能手机的普及,中国还经历着从PC端到移动端的互联网大迁徙。

"人人都有麦克风"的时代助推了信息大爆炸,普通人前所未有地获得了表达权。在我的微信朋友圈,调侃"知识分子代表"许知远老师的文章和皖北老家村民因土地问题而上访的短视频交替刷屏,并行不悖。

在商业领域,"网红""大数据""共享经济""人工智能"成了热词,人们谈论着"降维攻击""风口上的猪",以及移动互联网革命的下半场。

新的"四大发明"渐次走出国门。在东南亚,共享单车延续了国内的激烈竞争态势；在印度，小米和一众中国品牌占据了当地手机市场的半壁江山；刚刚度过成人礼的"阿里巴巴帝国"，从一家仅有18人的创业公司成长为如今拥有5.4万员工的世界"第21大经济体"。在阿里巴巴18周年年会的压轴演讲中，马云谈到了理想主义，并宣称未来将全力投入全球化。

大国崛起的内在变化和外溢效应很容易让人相信，从某种程度上说，"世界是平的"。

三

然而事实并非如此简单。

特朗普上台后，世界第一强国在"孤立主义"的道路上踉跄前行；欧洲被难民潮裹挟，英国脱欧又加剧了其"碎片化"趋势；在东北亚，朝鲜一次又一次的核爆令世界震惊……人们总是担忧着可能出现的下一头"灰犀牛"，却又莫衷一是。

从历史上看，在全球化进入下半程的发展阶段之际，可见的变化轰轰烈烈，噼啪炸响，更多的则难以预测，同时又暗流汹涌——经贸往来让世界各地的联动更为密切，技术进步让人们的交流更加便捷，然而制度、观念、文化的高墙仍然存在，无形且坚硬。

作为一名职业的观察者、思考者和记录者，身处这样的时空难免焦躁不安，但又兴奋莫名，跃跃欲试。

诺贝尔文学奖得主、著名英国印度裔作家V. S. 奈保尔曾说："我必须对自己的世界诚实。它更具流动性，更难描摹……写作是我的职业；我从未想过成为除作家以外的其他什么人。作为一个作家的实践加深了我一直以来对这个更广大世界的人与叙事的迷恋，而这种迷恋转化为一种理解历史潮流的愿望。正是历史潮流创造了这个流动的现实，而我发现自己也身处其中。作为一个作家，我非常有必要介入这个更广大的世界……"

我想，如果把此处的"作家"更换成"记者"，是不是并没有太多的违和感？

四

接下来的问题是，为什么是印度？

行前的调研中，一位曾驻印度的同事告诉我，印度人不好打交道，必要的时候要对他们横一点儿；另一位则说，要有耐心，不要生印度人的气，要学着用温柔而坚定的态度面对他们。多年观察印度的一位专家提醒，有关这个国家，去之前的想象和去之后的观感会有很大不同，常常让人发出"怎么会是这样啊"的感叹，因此要避免太多预设。另一位资深外交官则建议，不带标签固然可以避免先入为主，但对印度还是要有基本的判断……

诚然，上述说法多为只言片语，且每个人的表述都有其具体背景，以及未能明言的参照维度，但即使将这些因素考虑在内，对同一国家反差如此强烈的认知仍然让人觉得困惑。

更早些时候，在职业好奇心的驱动下，我曾囫囵吞枣地翻阅了《印度三部曲》《精灵之城：德里一年》和《现代印度的奇怪崛起》等有关印度的书籍。但读过之后，有关"巨大的不确定性""谜一样的国度"的混沌印象仍未消除。

至于国内的大多数普通人，提起印度第一时间想到的仍是"强奸之国""火车开挂"，以及"干了这碗恒河水"等流传于互联网上的猎奇段子。这从我赴任之后，微信好友隔三岔五发来的充满好奇又令人啼笑皆非的问题中就能感知到。

当然，在喜马拉雅山的另一侧，对中国的标签式解读也同样存在。由此形成一种吊诡的局面：世界上互为邻国、人口最多、规模最大的两个发展中国家之间，存在着强烈的认知错位和巨大的信息黑洞。

五

洞朗对峙事件之后，变化正在悄然发生——尽管像任何新闻事件一样，随着危机的解除，多数围观者转身离开，但更多的国人开始关注印度。或者说，中印两国的人们正在重新打量对方。

航班降落后排队等待入境的那晚，一位同机抵达的上海某环保公司的市场开拓人员介绍，自己是来参加即将在孟买举行的一场展会的。他说，就个人而言，其实并不太喜欢做印度市场，"但这个国家太大了"。

"你可以不喜欢它，但无法忽略它。"——对于大多数期待在全球市场掘金的中国商人而言，这是面对印度的典型心态。

如果跳出经贸领域，放在更为广阔的时空坐标来看，中国需要怎样的印度观？这同样是一个不容回避的问题。某种程度上，这不仅关乎我们如何看待印度，也折射了一个正在崛起的大国如何看待世界并与之相处的方式。

如果想要国人以一个客观、正确的方式看待印度，那就必须先了解现在印度的真实情况。而这，正是记者的重要职责。此次印度之旅，我便感觉到肩负着如此的使命。

在探索、记录、传播之时，与事实距离最近的我，也在更新着自己对印度的认识。

事非经过不知难。从郑州到北京再到孟买，在国内工作了十余年之后，带着归零的心态转身驻外，我最大的体会是：仿佛走了很远的路，其实一切才刚刚开始。

所幸的是，一路走来遇到的都是深情厚谊：家人的放手远行、领导的包容鼓励、同事和朋友给予的各种帮助。还有，提供平台的供职单位……

这是一串长长的名单。

感动，感谢，感恩，爱你们。

印度日常
面面观

来到印度后，我最先接触到的，就是印度的普通人。我的生活与他们息息相关。从外卖小哥到司机师傅，以及清洁工阿姨，这些形形色色的印度人每日劳作奔波，在生活中遇到的问题与我们的大同小异：找工作、赚钱、结婚、买房，甚至还有在移动互联网大潮下，如何面对网上谣言和虚假信息。

在与当地人的交往接触中，我具体而细微地感知到了印度的日常。他们如何看待生活中的方方面面，与印度的文化、传统息息相关。对于社会事件，诸如国人关注的印度女性安全问题，他们也给出了基于印度社会、文化等方面更深层次的解答。

时间一天天过去，我逐渐对这"熟悉又陌生"的国家有了更真实、更深入的了解，对这个古老的国度有了越来越丰富的认知。

日常印度之初印象

一

从机场到酒店，大约40多分钟的车程。

一路颠簸，舟车劳顿，原本我打算直接休息，谁承想车子在大门口被拦下。两个保安过来，一个掀起前盖，一个打开后备厢，煞有介事地查看。接机的同事见怪不怪道："例行安检。"正昏昏欲睡的我困意顿消，脑海中第一时间闪过2008年的孟买惨案：当时包括五星级的泰姬玛哈酒店在内，多个标志性场所遭遇连环恐袭，约200人死亡，另有数百人受伤……

提心吊胆、迷迷糊糊地过了第一夜，天亮了。

推开窗户，楼下是大片的绿树，很多乌鸦在其间起落翻飞。城市的建筑高低错落，新旧不一，一些楼房的外墙长了青苔或霉斑。远远地可以望见阿拉伯海。

出门走了一遭，马路上的卫生状况让人想起国内的普通县城。街

阿拉伯海落日

上车流滚滚，摩托飞驰而过，各式各样的小汽车在十字路口挤成一团。国人常说"印度慢吞吞"，但在开车这件事情上，印度人明显缺乏耐心，稍有停留便鸣笛不停。那声音或短促或连绵，或尖利或浑厚。试想，你正走得汗流浃背、心烦气躁，却猛地被困在此起彼伏的笛声里，那感觉真的是酸爽至极。

　　慌不择路地逃入附近的小巷，却发现进了另一个世界：有野狗趴在树荫下一动不动地睡觉，裹着纱丽的女人头顶箩筐缓缓走过，穆斯林香蕉小贩在静静地等待下一桩生意，斜对面路边停着光可鉴人的红色保时捷……时间仿佛骤然停滞,刚才的混乱与嘈杂和眼前的一切无关。

待得稍久以后就会发现,孟买的一天正是从各种各样的声音开始的。

分社所在的小区,位于南孟买一处名为克拉巴(Colaba)的地方。每天早上6点左右,钟声从远处传来,伴着此起彼伏的乌鸦聒噪 —— 对中国人而言,常见的乌鸦似乎总是单只的,萧瑟时节里,"枯藤老树昏鸦"构成一幅画,那叫声也多半是凄厉、嘶哑的哀鸣。印度的乌鸦则完全不同,叫声里不但听不出一丁点儿的凄厉,反倒充满了欢快。它们成群结队,彼此较着劲,你追我赶,连绵不绝,不知情的人乍一听来,还以为是蛙鸣。

大约6点半,公共汽车继乌鸦之后也纷纷"醒来"。轰鸣由远及近,似乎是司机在试探性地踩油门,一下,两下……每一次都比前一次要更深、更重、更长,像是有人睡完长长的觉起来后在伸懒腰、打哈欠。终于,最后一声过后,车子憋足了劲,拖着深沉又巨大的轰鸣,从楼下呼啸而过。

于是更大的"蛙鸣"被激起了。接着鸽子也加了进来,我能感觉到它们就在窗台之外,咕咕地叫着,虽然没有"蛙鸣"密集,但也很顽强,似乎一刻也不愿停。

此时天已微微亮,灯光逐渐暗淡,窗外景色的轮廓渐次清晰,可看清楼下的树、近处的房子、远处的灯塔,以及遥远的海平面。随着太阳升起来,柔和的光线打在各种建筑的侧面上,孟买就这样醒来了……

孟买街头一景

二

　　坦率地说，经过洞朗对峙事件后，出发之前我内心最大的纠结之一是：在一个"有敌意"的国家做驻站记者会遭遇些什么？然而等到身临其境、柴米油盐式地浸入当地生活后才发现，至少在日常层面，这样的担心有些多余。

　　为了申请签证延期，不久后我便飞去了首都新德里。在航班上，旁边的印度小哥听说我是中国人，立马打开了话匣子。他自我介绍说，由于常年在中印之间做生意，他去过广州、北京等很多城市，最喜欢的是上海。受限于对方的"咖喱式"英语和我多年不用的口语，随后的话题不停跳跃变换，从房贷利率到两国政体，如此等等。不知是不是因为只是一场偶遇，我们彼此都没有提及洞朗话题。谈话快结束的时候，他甚至向我求证今年是不是中国的农历鸡年——而且是在连说了12种动物之后我才搞明白。

与孟买相比，新德里的人和车一样多、一样拥挤，所不同的是，动物明显多了起来。在宽阔的马路上，我看到了传说中大摇大摆、逆行的牛；总统府前的广场上，三三两两的松鼠在追逐嬉戏，还有晃晃悠悠走在草地上的大白鹅。

或许是由于太热太晒，印度门前游客稀少。有好几次，手里拿着成串饰品的小贩远远地冲着我们喊："你好，你好，一百块三个。"有那么一刹那，我怀疑自己听错了——因为他们说的是中文。

在来的路上我同印度司机"尬聊"。在他介绍完他规模庞大的家庭成员后，我们的话题落到了中国的计划生育政策上，对方微微摇了摇头，随后用英语大声地报出了一连串的数字："一二三四五六七八九……我们没问题。"

在印度市场深耕多年的中资企业负责人提供了另外的观察视角。

来自浙江一家企业的印度公司负责人刘鹏介绍，十多年前刚来印度时，从新德里机场到一家客户的工厂，因为路况太差，驾车单程就要两三个小时，后来两地间修了新路，19千米的路程只需半小时就到了，但这两年，印度人有钱了，街上的车越来越多，道路拥堵成了常态，于是这段路程又回到了之前的状况，得开上两三个小时。

"与国内比，人们常说印度效率差，走得慢，但其实仔细观察，印度也在悄悄地发生变化。只不过，是以自己的方式和节奏在变。"刘鹏说。

在星巴克咖啡店，"80后"互联网创业者王超提供了一个细节：

就在几年前，印度门前的小贩见到东亚面孔时，打招呼用的还是日语，而现在都用中文了——可见中国人、中国企业在印度的影响力越来越明显。

"印度13亿多人口，移动互联网用户仅3.7亿人，和国内相比渗透率远远不足。对我们来说，来不来这儿不是一道选择题，而是一道是非题。但另一方面，这不是一个快速变现的市场，需要耐心。"王超说。

三

从临行前的未知与不安，到深入实地后的亲密接触，时空的转变带来迥然不同的体验：一方面，所有初期的观感和体验，暂时都未超出此前对这个国家的想象；但另一方面，和每天国内媒体报道上常见的印度"新闻"相比，又能深深地感到我们对于这个国家的"日常"所知太少——数以亿计的普通人的生活状态如何，他们的思维方式是怎样的，看待如此等等的事情都模糊不清。

混乱、嘈杂，充满矛盾和反差，以及浓厚的烟火气，但在有些时候和有些角落，又保持着特别的舒缓、宁静与平和——作为到此一游的"他者"，短暂的接触和感知很容易得出此类印象，倒也无可厚非。但回归职业观察者的身份，我对其间可能存在的肤浅化和表面化又抱有警惕。

犹记来印度不久后，我参加中国驻孟买总领馆举行的国庆招待会，看到现场面对面地搭建了印度邮局和北京紫禁城的模型。联想到洞朗对峙期间两国的剑拔弩张，这样的设计意味深长。

时任总领事郑曦原在致辞时说，邮局是人类伟大的发明，但在即时通信应用 WhatsApp 出现后，现代人很少去邮局了。他同时表示："稳定和改善中印关系，最重要、最迫切的，就是要加强交流。"

如何利用有限的驻外时间为中印交流助力，尤其是尽可能消除国人对其类似"谜一样的国度"的混沌印象，乃至形成一个相对清晰而理性的印度观，是一项绝难立即给出答案的宏大课题。但短暂的观察提醒我，既然到了现场，就像是面对随处可见、貌似混乱吵闹的印度歌舞，不能只做一名疏离的旁观者。只有加入人群，尝试跟着音乐一起摇摆，或许才能感知乃至找到其间的节奏。

从"达巴瓦拉"到外卖小哥

一

28岁的索努·库马尔是我到孟买后正儿八经采访的第一个印度人，短发、瘦高，但又呈现出一种久经日晒雨淋的精壮。

来自印度北方邦阿里格尔（Alīgarh）一个普通村庄的索努，从小梦想着成为一名板球运动员。然而因为家里太穷出不起足够的钱去参加培训，他不得不放弃梦想，2004年孤身一人来到孟买打拼。起先，索努在一家连锁比萨店里做洗碗工。大概7年前，他又成为一名外卖小哥。

因为印度政府"废钞令"的施行和移动支付的兴起，越来越多的人在诸如Zomato、Swiggy（印度外卖平台）之类的手机客户端上点餐。这使得索努的生意比刚开始要好很多。从上午11点钟开始，到深夜结束工作，他每天能够接到20个左右的订单。就这样，骑着摩托车穿行在孟买的大街小巷，辛苦一个月下来，能挣到2万卢比（约合人民币1700元）。

"每天去送外卖的路上，都能见到很多交通事故，但这并不能让我停下工作的脚步。在孟买，所有的东西都很贵，想要在这样的大城市里生存下来，除了努力不停歇地工作，你别无选择。"

索努说这话的时候，正在位于孟买南部一处临时住所里做饭。在他身后，衣服胡乱地挂在两根拉起来的绳子上，灶台上是一排装着各种调料的瓶瓶罐罐，擀面饼的案板放在地上，一切都显得那么随意和"凑合"。只有门前停放的那辆"现代"牌摩托车被擦得铮亮，那是他养家糊口的工具，也是最值钱的家当。

炒洋葱和印式烤饼，这就是一顿简单的午餐。索努表示，自己平时都是在家里做饭吃，这并非只是因为喜欢，更是为了节省开支，有朝一日能够有机会供女儿参加正式的板球训练。

从早到晚奔波在送外卖的路上，索努几乎没有自己的闲暇时间。稍有空隙，他会拿出手机听听各种时下流行的印度电影音乐。10月的孟买，雨季已渐行渐远，屋里屋外仍是难挨的酷热，然而对索努而言，幼时深种的梦想似乎并未远去。

如果仅凭索努的故事，再结合近些年国内蓬勃发展的外卖行业，便认为印度的外卖小哥也是移动互联网的兴起在当地催生的新职业，可能就要小心这样的结论下得过于草率了。

二

在南孟买繁忙的市中心，"教堂门"是重要的城市铁路枢纽之一。上午时分，一列城铁悠悠驶进站台，还没完全停稳，一群身着素衣、头戴白帽的工人便纷纷从车厢里跳出来。与周围上上下下的普通人流不同，他们个个头顶着排满各种快递式包裹的板架，显得格外醒目。看到这群工人下车，早已守候在车站的另一群同样穿着的工人连忙起身。紧接着，两拨人相向而行，很快混在一处。短短的几分钟时间，所有包裹易手，分别被架上路边停着的自行车或者细长的木板车，乃至重新被顶在另一个人的头上，四散而去，风一样消失在熙熙攘攘的车流和人群中。

初到孟买的游客，往往会好奇这群特殊装束者的身份，以及他们头顶的包裹到底是何物。如果稍加留意，这些人所到之处飘散在空气中的咖喱香味或许会告诉你答案。这正是有着一个多世纪历史的孟买城市风景——"达巴瓦拉"（Dabba Wala），这个源自波斯语的词语意为"送饭盒的人"。

据传早在100多年前，英殖民时期留在这里的英国人吃不惯印度菜，一项将午餐从他们的家中直接送至工作地点的服务就此应运而生。大约在1890年，来自邻近小镇浦那（Pune）的年轻人马哈德奥在孟买召集了100多名同伴，开始为城市居民提供午餐递送服务，这就是"达巴瓦拉"的起源。一个世纪过去了，"达巴瓦拉"早已融入当地人的日常，也见证着孟买这座印度南部西海岸港口城市的扩张与繁荣。

早在17世纪，孟买就已成为英国东印度公司的总部驻地。此后200年间，城区人口随着殖民势力的扩张快速增加。1817年开始的霍恩比填海工程在近30年间将彼此独立的孟买七岛连接成一片广袤的陆地，城市面积因此大幅增加；1853年，印度首班客运列车驶入孟买，源源不断的劳动力随之而来；1869年，苏伊士运河的开通大大缩短了从孟买到欧洲的距离，使之成为阿拉伯海上最大的海港之一……

三

当"达巴瓦拉"从百人送饭团发展至五六千人规模的午餐快递服务时,孟买也已从当初毫不起眼的小渔村一路扩张,成长为印度拥有2 000多万人口的重要经济、金融和文化中心。如果说"达巴瓦拉"是在孟买的城市扩张与人口爆炸、企业集聚和商业繁荣下应运而生并传承至今的老行当,那么以索努为代表的外卖小哥则是印度快递业务在智能手机和移动互联网浪潮下的新进击。

2015年7月1日,印度总理莫迪在首都新德里宣布启动"数字印度"计划。相关数据显示,截至当年4月底,印度只有略多于1亿人在使用宽带网络服务。2016年,印度信实集团(Reliance)旗下的电信部门Jio在全国推出快速铺开4G网络的基础设施和低廉的套餐价格,伴随着功能多样的智能机的普及,印度互联网产业得以迅猛发展。观察人士指出,信实集团作为先行者不但开启了印度移动互联网的纪元,并且使得这个人口大国一举跳过PC时代,大步跃入移动互联网阶段,堪称创造了人类互联网进化史上少见的奇观。

2019年,根据"互联网女皇"玛丽·米克尔(Mary Meeker)发布的当年度互联网趋势报告,全球77亿总人口中有接近一半(约合38亿人)在访问互联网。报告显示,全球互联网人口最多的区域在亚太,占到了全球互联网总人口的53%。而在全球互联网用户排行榜上,中国以全球总用户量的近21%排名首位,印度排名第二,其互联网用户量占到了全球总用户量的近12%(接近4.55亿人)。

在印度互联网转型狂飙突进的背景下,成百上千个索努——拥有现代互联网技术和设备的"达巴瓦拉"——的出现，正是印度移动互联网大潮激起的朵朵浪花。他们人手一部智能机，在网络上接单，利用谷歌地图导航，骑着摩托车独自穿行在孟买的大街小巷。然而当索努们从早到晚四处奔波跑单的时候，在南孟买的街边，"达巴瓦拉"们会在工作间隙扎堆闲聊或者闭目小憩，丝毫看不出有受到行业冲击或威胁的危机感。

一位此前曾用过"达巴瓦拉"服务的印度朋友告诉我，尽管新的互联网外卖层出不穷，但对于孟买人而言，"达巴瓦拉"的效率和可靠从未过时。

2010年哈佛商学院的一项研究给予"达巴瓦拉"六西格玛（Six Sigma）评级。相关研究发现，在每100万次送餐服务中，"达巴瓦拉"的错误次数少于3.4次。以每天从大约20万个客户手中取餐和交付来计算，这意味着"达巴瓦拉"每年在往返途中发生的送餐延误或餐盒丢失事件仅略高于400次。考虑到孟买不太友好的城市设计、繁忙而混乱的交通，这实在是一项了不起的成就。

根据分析，表面上看，单个"达巴瓦拉"的工作毫无"技术含量"，但依靠区域化的管理，以及用颜色、字母和数字在餐盒上标注的一套特有"密码"，系统运作下的"达巴瓦拉"最大化地确保了每份盒饭不会"迷路"，并被顺利传递到主人手中。孟买人常打趣说，除了街上游荡的"神牛"，没有什么能阻挡"达巴瓦拉"们奔走的脚步。

另一位印度朋友还表示，和流行的互联网外卖相比，"达巴瓦拉"主要配送的是顾客自家烹调的饭菜，因此在效率和可靠之外，每天还传递着家的温暖，或者是母亲对孩子，或者是妻子对丈夫，融入亲情

孟买商场里的"达巴瓦拉"雕塑

的咖喱香远非一份简单的肯德基套餐可以比拟。如果说贯穿孟买的铁路是这座城市的主动脉，"达巴瓦拉"则像是血管中涌动的红细胞，日复一日为散布在各个角落的孟买人带去"爱的供养"。

谈起未来，索努说他厌倦了一个人的孤独，希望有朝一日能够挣到足够多的钱，把仍然留在村里的妻子和女儿都接到孟买一起生活；而对于一个普通的"达巴瓦拉"而言，他将继续享受这份浸入当地人日常的职业，并将在老去之后把这份工作传承给下一代。

旧与新，传统与现代，断裂与新生……它们同时存在，彼此交叠却又充满张力。在今天的印度，类似"达巴瓦拉"与外卖小哥这样的故事随处可见。外来者往往会看得目瞪口呆，一边惊叹一边着迷。但在当地人看来，这些就是他们的日常。

中产桑尼的孟买"安居梦"

一

桑尼要买房了。他告诉我这个消息的时候，同时提到了贷款。

"看了四五处地方，一居室总房价平均在20～25拉克（lakh，印度英语，意为10万卢比）。新孟买更贵，需要50拉克。"

"哦，那你的预算是多少，贷款多少？"

"预算20拉克，要买的话得全额贷款，每月还贷差不多在2.5万卢比。"

桑尼老家在印度西南部的喀拉拉邦，他的父亲婚后来到孟买谋生，成了一名电梯工。桑尼和他的哥哥都出生在孟买，由此成为孟买的二代移民。父亲去世后，哥哥落户印度南部城市金奈。桑尼带着母亲、妻子还有一双儿女一起在孟买生活。

按照中国人的说法，生于1980年的桑尼可以算得上是一名"80后"。然而在孟买成长、生活了40年之后，想要在这里拥有一套属于自己的房子，对他而言似乎仍是一个艰难的梦想。

在一个外来者眼里，印度人日常生活中的反差与对比可谓无处不在。然而如果要说最直观、最能产生视觉冲击效应的，建筑和住房差异肯定是其中之一。"五星级酒店的窗外就是贫民窟。"——人们常这样形容孟买这座城市。

对我而言，每次出差，当飞机从孟买国际机场起飞或降落之际，俯视所见那一大片低矮的贫民窟是最难忘的片段。飞机拖着巨大的轰鸣从低空掠过时，便能看到一大片灰色在舷窗外绵延起伏，长达数分钟之久，间或有补丁一般的蓝色映入视线——那是贫民窟居民为了防止雨季漏水而铺在屋顶上的塑料布。如果说电影《贫民窟的百万富翁》带给观众的是高度浓缩的戏剧化人生，那么现实所见的贫民窟则让人既震撼又压抑。

贫民窟的另一端，是孟买商贾名流们的豪宅。此间最有名的，要数多次登顶亚洲首富的印度信实集团主席穆克什·安巴尼（Mukesh Ambani）的私家豪宅。在这座印度最富裕城市繁华的市中心，我曾数

飞机上俯瞰孟买贫民窟

次乘车路过那里，每次好心的司机都会特别提醒："看，那是安巴尼的家！"

挂着"全球最贵私家豪宅"的名头，这栋27层高的灰色建筑早已成为孟买一景。但坦率地说，近距离观看之下，整栋楼就像一个幼儿园小朋友手工搭建的大号积木盒子，除了造型别致外并没有其他令人印象深刻之处，远不如互联网上那些真真假假的报道与传说抓人眼球：造价10亿美元、整栋楼共有600名用人、有直升机机场与超大游泳池、如皇宫般的内部装修、因为风水不好而被弃用……

然而无论是贫民窟还是顶级豪宅，这些都离桑尼很远。作为土生土长的孟买人，他有一份相对稳定的收入，上班时衣着整洁而体面，每年会带家人外出度假。总而言之，他努力工作，也享受生活。按照印度社会的标准，他属于两个极端中间的部分，是不折不扣的中产人士。

因为家境所限，桑尼没有上过太多的学，高中毕业就参加了工作。21岁那年，他成了一名司机，辗转多家单位后于2008年来到新华社孟买分社，一直工作至今。他能说一口流利的英语，熟知孟买的大街小

孟买市区的一处贫民窟

巷，工作起来非常守时。

　　在大多数人的印象中，作为英语国家，印度会说英语的人应该是一抓一大把，然而事实上这只是个美丽的误会。日常生活中，只有受过相当程度教育的印度人才会说英语，而且即使是他们，在和家人朋友交流时仍然习惯性地使用印地语或其所在区域的母语方言。而对于大量的司机、清洁工、快递小哥等基础服务人员，能说英语的就更是少之又少。考虑到这一现实，以及孟买混乱的交通和每年长达数月的雨季天气，类似桑尼这样的司机的稀缺性就可见一斑了。

　　依靠这样的稀缺性和踏实勤恳的付出，在工作了近20年之后，桑尼的工资从当初的几千卢比一路上涨到了月薪两万多卢比。以孟买本地司机的薪酬水准来看，这显然已属中上水平。然而如果把其工资变化与孟买房价的上涨曲线放在一起对比，就会发现两者之间的距离不是越来越近，而是渐行渐远了。

二

根据公开的资料，印度多数大城市的房价近年来一直在以两位数的速度上涨，其中涨幅最大的便是孟买。相关数据显示，2017年其平均房价为8510美元/平方米，市中心房价更是早在2010年就已达到1万美元/平方米，位于南部海滨大道的海景房2017年的价格则高达1.7万美元/平方米。从短时段来看，近7年的涨幅为70%；从较长的时段来看，近30年间涨了600倍。

我曾受邀到一位印度朋友家里做客，他们全家5口人共同生活在位于孟买远郊的一处六七十平方米的两居室里。父母住主卧，姐妹俩住另一间卧室，最小的弟弟只能睡阳台，而这还不包括另一位在海外留学的大姐。年近六旬的父亲潘迪先生告诉我，早在30多年前，他两手空空从北方邦来到孟买闯荡，直到2004年才用边工作边做茶叶生意攒下的积蓄加上银行贷款，共计花费50万卢比买下了这套房。他用了近20年的时间还清了银行贷款，而这套房子如今已经涨到了400多万卢比。

另一位印度朋友告诉我，早在30多年前，她的公务员父亲在距离孟买100多千米的马哈拉施特拉邦第四大城市纳西克（Nāshik）买地建房，如今这栋三层小楼已经从100万卢比飙升到了1000万卢比，而大约2.5平方英尺（约0.23平方米）的土地价格则从当年的1000卢比涨

孟买市内一处别墅区

至大约500万卢比。

　　"50年前刚参加工作时，父亲的工资只有5卢比，他利用自己的积蓄和母亲的嫁妆，又卖了一头水牛，最终买了这块地。在今天看来，这一切都是不可想象的。"朋友说。

　　相比之下，桑尼遇到的是更为坚硬的现实。他跟我算了一笔账：女儿上大学（每年2万卢比）、儿子读初中（每年5万卢比），两个孩子的教育支出一年在7万卢比。妻子是一名家庭主妇，没有收入。目前全家房租开销每月7000卢比，加上水电煤气、网络电话乃至吃穿日用的费用，每月1万卢比。扣完这些支出，他每月2万卢比多点儿的工资基本剩不下几个子儿。

"我手头有些黄金，算是这些年来的一点儿投资，按照现在的价格大约在2拉克，"桑尼说，"但想买房，即使能从银行贷款，坚持按时还月供也很困难。"

三

在很多观察者看来，印度大城市的高房价是多种因素综合作用的结果，而相对滞后的土地改革难以匹配快速的城市化进程或是此间的主要原因。

根据联合国《世界城市化展望（2018）》的数据，2000年后印度城市化提速，2010年城市化率达到30.9%，2018年上升到34%，预测到2030年将达到40.1%。此外，由于就业机会多集中在少数城市，这也导致印度的城市化过于集中。1990年，印度只有2个人口过千万的超大城市，而到2018年，这样的超大城市已有5个，预计到2030年这一数字将上升到7个。到2050年，据估计孟买人口将翻倍达到4000万，超越东京成为世界上人口最多的城市。

面对大量涌入的人口和住房短缺问题，印度总理莫迪于2015年6月发布了"人人有屋住"计划，宣称至2020年建造2000万套城市房屋，以及3000万套农村房屋。然而根据印度2014年出台的《土地法》，私人公司征地须征得80%被征方同意，公私合作项目须征得70%被征方同意，方可实行。严苛的法律规定和横跨多个部门的繁杂程序，使得印度无论是公共基础设施还是商业地产项目，在征地时都耗费了大量时间，并且极易陷入司法纠纷。根据美国布鲁金斯学会发布的一份报告，孟买市30%的房地产项目以及50%的在售面积都曾经或者正在经历诉讼程序，每个房地产项目从立项到建成入住的周期平均是8年。

城市化带来的人口爆炸和征地难造成的供应短缺，综合催生了狂飙突进的高房价，进而还随之衍生出持续繁荣的房屋租赁市场和不断扩张的贫民窟。

2018年底，我首次实地探访了位于孟买中心的达拉维（Dharavi）贫民窟。那些沿着密集低矮的建筑群四处蔓延的电线，像是眼前所见一切的无声隐喻，它们彼此纠结缠绕、难分难解，却又相安无事，通往各自的方向；一只山羊站在屋顶上，孩子们在局促的过道里奔跑，裹着头巾的工人抡着镐头翻修路面，冒牌耐克运动服招摇地挂在店门外，提供超级4G网络服务用以下载电影的店门口站满了年轻人……

资料显示，早在17世纪，柯利族（Koli）渔民在马希姆河边聚居，形成达拉维最早的居民区科利瓦达（Koliwada），他们被认为是现代孟买的原始居民。这里以鲜鱼市场和古老的独立建筑而闻名。此后200年间，达拉维不断蔓延扩张。19世纪末，因为制陶和纺织等各种产业的兴起和发展，达拉维开始吸引外地贫民，并催生出越来越多依靠廉价劳动力的产业。

向导熟门熟路，边走边向他的熟人打招呼，同时并未停止解说："达拉维是什么？贫民窟？错了！这里是城市中的城市，是巨大的'机场'，人们循着各自的网络，从全国各地来到这里，落地、中转，再次起飞——这里是梦想的'停机坪'。"

时至今日，作为印度最大的贫民窟，达拉维约2平方千米的范围内居住着80万～150万人，通常每户人家6～9口人共同生活在10平方米左右的空间里，成为孟买人口最密集的区域之一。甚至很多新中产移民也都因为低廉的租金而在此落脚。一切似乎陷入了一种"死循环"：人们因高房价栖身贫民窟，野蛮生长的贫民窟又使得政府的改造计划愈加困难，于是征地难加剧了供应稀缺，又进一步助推了高房价……

时间过去了好久，再也没有听到桑尼提起他的买房计划。然而每当我路过孟买街头的房地产广告牌，或者收到开发商推送的手机短信，还是会想起桑尼以及这座城市里成百上千个桑尼的梦想。他们高举双手向上攀爬，憧憬着，绝望着，挣扎着。梦想飘忽在前，有时那么近，有时又那么远。

和孟买贫民窟的孩子们在一起

谈场自由恋爱有多难

一

水果、鲜花与干椰子，华丽的盛装，热烈的音乐，欢呼鼓掌的人群……满脸幸福的新郎新娘坐在大厅临时搭起来的婚礼帐篷下面，按照祭司的指导一丝不苟地逐项完成各种寓意幸福美好的仪式。现场簇拥着双方的父母、亲朋、同事，人们脸上笑容洋溢，纷纷送出祝福。

一个普通的周末，我作为唯一的外国人，受邀参加了一场传统的印度婚礼。婚礼的举办地位于孟买远郊的一家普通酒店，邻近新娘家。当地人告诉我，新郎乌塔姆来自古吉拉特邦，新娘努普尔来自孟买所在的马哈拉施特拉邦。按照印度传统，婚礼此前已经在新郎家以当地习俗标准举办过一场了，现在进行的是以新娘所在的马哈拉施特拉邦的习俗为标准的另一场。

宝莱坞电影里，常见各种珠光宝气、宾朋满座的婚礼场面。身临其境后不得不说，虽然当天所见的婚礼稍显简陋了些，但纷繁复杂的各项仪式一项也不能少，可见大银幕上的排场并非简单的夸张。然而相比眼花缭乱的习俗仪式、五颜六色的传统服装，最让我感兴趣的还是新郎新娘两人的婚恋故事。

向我发出邀请的印度朋友介绍说，虽然表面上看这是一场传统的印度婚礼，但新郎新娘最早是通过流行的社交媒体"照片墙"（Instagram）相识相恋的。换句话说，这场婚姻并非传统的"父母之命，媒妁之言"——这极大地激起了我的好奇心。婚礼仪式结束，等到各位亲朋好友轮番和新人合影完毕，我终于有机会一探究竟。

"他是第一个在'照片墙'上给我留言的人，那是在2016年3月18日。随后我们在这个平台上进行互动聊天，2016年5月7日我们在

印度一处传统婚礼举办现场

线下第一次见了面。从7月份起，我们俩就开始了约会。"回忆起这一场美丽的邂逅，23岁的努普尔记得每个日期和细节。对她来说，这一切似乎都发生在昨天。

"爱了就爱了""爱是两个人的事"……对于在中国乃至大多数国家成长起来的年轻人而言，这样的观念早已深入人心，一场发端于社交媒体上的恋爱更不是什么大惊小怪的新闻。然而如果对印度的社会背景和传统观念稍有了解，就会明白这里的一切要比想象中复杂得多。

努普尔沉浸在对往事的回忆中："我们有截然不同的背景，他信仰耆那教，而我信仰印度教；他是纯素食主义者，我则相反；他说马尔瓦尔语（Marwari），我说马拉地语（Marathi）。总而言之，从宗教、种姓、饮食习惯、文化和语言看，我们没有任何相同之处。"

孟买一对年轻人的传统婚礼现场

根据印度的传统，人们通常只和拥有相同背景的人结婚，这包括种姓、语言乃至饮食习惯。我的很多印度朋友不止一次地表示，在西方国家，结婚是两个人的事，而在印度则是两个家庭乃至两个家族的事。因为婚姻的纽带，两个家庭将建立新的联结，同时分享彼此的资源和网络。

"这导致当要决定两个人能否结婚的时候，人们首先考虑的往往不是他们是不是彼此相爱，而更多的是双方的宗教、种姓等背景，以及这样的结合能给双方的家庭和家族带来什么。这话听上去残酷，却是事实。"印度朋友说。

由于上述根深蒂固的文化传统和社会心态，可以想象在努普尔和乌塔姆走入婚姻殿堂之前，他们会经历怎样的困难和挑战。

"当我们开始约会时，他的家人强烈反对，他们无法接受一个来自不同种姓、拥有不同宗教信仰的女孩儿。"努普尔说，"相对来说，我的父母较早地认可了我的选择，他们认为乌塔姆是一个受过良好教育的人，最重要的是他很爱我，我们在一起很开心。"

慢慢地，努普尔开始试着去见乌塔姆的父母。"他的家人里，我最喜欢的是他爸爸，我们之间交流很多，就这样，他们开始一点点了解我。"当然，最重要的或许仍是爱的力量，"乌塔姆告诉他的父母，他想娶我，这是他的终极决定"。

关于婚后的打算，努普尔说，乌塔姆在美国一家公司做软件工程师，婚后自己也将前往美国陪伴和照顾丈夫，履行一名妻子的责任。

对于努普尔的婚恋故事，印度朋友虽然充满羡慕，但也清醒而现实：在今天的印度，这样的自由恋爱毕竟是少数。对大多数印度女孩儿而言，即使受过了高等教育，仍然会在恋爱尤其是婚姻面前处于一种被动状态。

"在大城市，通常女孩儿过了20岁就得考虑婚嫁。即使私下谈了恋爱，有了男朋友，但大部分人并不会有努普尔这样的好运气。亲戚朋友们会来做媒，父母尤其是父亲会是那个决定你命运的人。很可能，你会和一个此前从未见过面的人订婚、结婚，先结婚后恋爱而不是先恋爱再结婚是更大的常态。"朋友说。

随着在印度待的时间越久，听到的故事越多，朋友的这段话就越值得回味。

二

与努普尔近乎完美的婚恋经历相比，曼尼莎的爱情虽然堪称浪漫，却有着不一样的结局。

34岁的曼尼莎来自马哈拉施特拉邦的重要城市之一、邻近孟买的纳西克市。她出身于一个有着土著背景的传统家庭，拥有硕士文凭，专业是英语新闻学，大概三年前结的婚，成了一名全职家庭主妇，如今和丈夫以及半岁的女儿生活在新孟买的一家水厂大院的职工宿舍里。

一居室收拾得整洁干净，客厅的墙上挂着一台"三星"牌液晶电视，后面衬着素雅的壁纸：蝴蝶在绿叶中穿梭翻飞，下面是两行英文，"Love is beautiful, the sweet breeze the green leaves"（爱是美丽的，有如甜蜜的风吹动绿叶）。看得出来，她和丈夫的家虽然是"蜗居"，却格外温馨。

戴着黑边眼镜的曼尼莎看起来文文弱弱、非常腼腆，还未开口说话就先露出了笑容。她坐在正对门的一张单人小床上陪着女儿玩耍。一个憨态可掬的年轻男子坐在客厅的沙发上，手里捧着一台笔记本电脑。看到客人进屋，他微微一笑，算是打了招呼。

"2017年的一天，我突然接到电话，父亲在那头哭着说曼尼莎跟人私奔了，全家人到处找了个遍也没结果。"

从曼尼莎家里出来，在附近的咖啡厅，妹妹苏瓦娜跟我讲述了姐姐看似普通的婚姻生活不平凡的幕后经历。这一开口，便是惊雷。

虽然是全家最小的孩子，但由于哥哥和大姐都已经结婚，加上哥哥和父亲关系不睦，寻找二姐的责任自然是落到了苏瓦娜身上。

"我从孟买赶忙坐火车赶回老家纳西克，发动所有的关系四处搜寻。你可能不相信，我甚至花钱请了当地的黑社会。5天后，我接到了曼尼莎用陌生号码打来的电话，她在那头哭着说，和私下恋爱的男孩儿偷跑出来，原以为过两天就能回家，没想到对方带着她很快完成了结婚仪式。现在又后悔又害怕，不知道该怎么办。"

从私奔到结婚，一个比一个突然，一个比一个劲爆。最关键的是，及至此时，全家仍然没人知道曼尼莎是什么时候恋爱的，对方到底是谁——然而这一切似乎也已经不那么重要了，得知消息后的父亲暴跳如雷，第一时间宣布和曼尼莎断绝关系。

作为祖祖辈辈生活在大山里的土著部落中的一员，曼尼莎的父亲是村里走出来的第一个大学生。后来他更是靠着天分和努力，成为孟买的一名高级公务员，即使多年后退休了仍然享受着高薪待遇。

"按照我们的部落传统，结婚最重要的是门当户对。女儿私奔让原本体面的父亲乃至整个家族在外人面前抬不起头，断绝关系是唯一的选择，没有任何人能够让父亲改变主意。不久后赶上父亲过生日，曼尼莎曾试探着借机回来，暴怒的父亲拿着菜刀声称要砍了她，被我拦下了，从此曼尼莎再也没有踏进家门半步。"

苏瓦娜向我展示了她的家庭 WhatsApp 群。一个群里，包括父亲、母亲和哥哥、大姐全家；另一个群里，只有她和母亲以及曼尼莎。她告诉我，后面这个群是瞒着父亲偷偷建的，也是曼尼莎和家里唯一的联结纽带。"只要父亲活着一天，她就不可能回来。"

<h1 style="text-align:center">三</h1>

对比努普尔和曼尼莎的婚恋故事，如果你以为前者是幸福的，后者是不幸的，那可能一不留神又一次发生了误判。

2019年8月31日，我的《南华早报》手机客户端跳出一条提示："禁忌的爱：跨种姓婚姻后，岳父被控谋杀新郎"。由于是香港媒体，报道的又是印度新闻，我毫不犹豫地点开阅读。没想到，故事令人唏嘘落泪。

来自特仑甘纳邦小城米尔亚拉古达（Miryalaguda）的一对年轻人相恋。男孩儿普拉纳伊·佩鲁马拉出身中产家庭，父亲是从业30多年的保险公司职员；女孩儿阿姆鲁塔·瓦尔希尼的父亲是当地一名地产商人，家境优渥。由于前者是俗称达利特（Dalit，意为"不可接触者"）的低种姓，这让来自高种姓的女方家庭无法接受，两人为此私奔。女方家人拒绝出席婚礼，并且雇凶杀人。警方长达56页的调查卷宗显示，为了让唯一的女儿摆脱这桩跨种姓婚姻，阿姆鲁塔的父亲不惜花费了15万美金，而他用来给暴徒指认目标的竟是印有新郎新娘头像的婚礼请柬。

监控探头记录下了凶手光天化日之下施暴的过程：阿姆鲁塔眼睁睁地看着心爱的人在面前死去，当时两人刚从预约了生产的医院走出来，不久后她生下一个男婴……

报道援引相关数据称，2017年的一项调查显示，在印度仅有5.8%的婚姻为跨种姓；在这个拥有13亿多人口的国家，和普拉纳伊一样出身达利特的占比高达17%。而根据印度宪法，自1947年印度独立后，种姓制度的法律地位即正式被废除，各种种姓分类与歧视均被视为非法。

托尔斯泰说，幸福的家庭都是相似的，不幸的家庭各有各的不幸。如果把这话套用在婚姻上，似乎也并没有太大的违和感。然而在印度，也许还要补充一句：在有些人那里，幸与不幸甚至还未来得及展开，人生就已经结束了。

那是更深一重的悲剧。

一顿印式"年夜饭"

一

星巴克咖啡店里，没有了平日的拥挤和繁忙，空座位随处可见，服务员正站着聊天。斜对面的角落里，几个日本人拿着手机在打游戏；靠近门口的座位上，一对印度情侣身着传统服装相拥而谈。

2019年10月27日，我在印度迎来第三个排灯节（Diwali）。排灯节是印度教最盛大的节日，相当于基督徒的圣诞节或是中国人的春节。排灯节期间是印度人回归家庭和传统的时刻，人们要么阖家团聚，要么在团聚的路上。

"每逢佳节倍思亲。"在印度，这种感觉尤为强烈，不光是因为节日气氛引发的内在思乡之情，还因为外在着装差异突显的孤独感——除了用于遮身蔽体、防寒保暖，满目所及的节日服装更加强烈而鲜明地定义着身份，标识着传统，宣示着文化。此时此刻，作为身在其间的中国人，"异族"和"他者"的形象相比平日被放大数倍，会更清晰地听到内心的声音："我是谁？我来自哪里？"

好在此前我收到了邀请，要去印度朋友家吃"年夜饭"。

天没有完全黑下来，城市里的彩灯陆续亮了。从街边的树木、小区的围墙，到家家户户的阳台和窗户上，到处都张灯结彩。有时从一栋楼下经过，会发现墙体整面从上到下、从左到右都覆盖着彩灯，细密的LED灯泡此起彼伏地闪烁着，仿佛彩色透明的气泡在眨眼睛。

有久居印度的朋友在微信朋友圈里调侃："如果此时乘坐飞机飞越印度上空，你一定会以为，这是一个从不缺电的国家。"

玩笑归玩笑，对印度人而言，灯和光明在此刻确实是最不可或缺的。

排灯节，又称万灯节、光明节或者屠妖节，通常为期5天，于每年印度历八月里或八月前一周的第一个新月日举行，而在有些邦，八月一日是印度的新年，因此排灯节就是庆祝新年的节日。据悉，早在公元7世纪的印度梵文戏剧经典《龙喜记》（Nagananda）中，就有情节提及向新婚夫妇送灯（光明）表达祝福，也借以纪念印度教三大主神之一毗湿奴（Vishnu）与吉祥天女拉克希米（Lakshmi）的婚姻；到了公元9世纪，印度诗人拉贾塞哈尔（Rajasekhar）的作品里提到，人们有洒扫庭除以及用灯和蜡烛装饰屋子的传统；时至今日，最流行的说法来自印度教史诗《罗摩衍那》，其间记载了罗摩神战胜十首魔王罗波那（Ravana），成功解救妻子悉多（Sita）并重返故国印度，人们点亮成千上万的泥土灯以庆祝其回归。

久而久之，排灯节用知识赶走愚昧、正义战胜邪恶、光明驱散黑暗的寓意便由此而来。当然，除了全球各地的印度教徒外，耆那教、锡克教乃至一些佛教信徒也庆祝这个节日。

街上没什么车辆，马路空旷，人流稀少，与日常所见的孟买大不相同。但是在居民区，周边的夜市依然红火。无论是场面还是气氛，都像极了20世纪八九十年代春节前夕，中国农村人摩肩接踵地赶年集。

小贩们沿街叫卖，镀金的首饰在灯光下格外耀眼。从背包到服装，件件招摇地悬挂在架子上。身穿新衣的人们簇拥在摊位前，一边挑选货品，一边讨价还价。从远处看，那些五颜六色的传统服饰像是大团大团彩色的云。这是沿途唯一发生堵车的地方。一身土黄色制服、戴着白色口罩的女交警站在马路中央，手忙脚乱地舒缓着交通压力。我乘坐的欧拉（Ola，印度网约车公司）出租车从高架桥下驶过，两边的"墙上"挂满了各种娃娃照，有身体铁青的幼儿版印度教神祇黑天（krishna），也有看起来皮肤白皙的中国面孔"年画宝宝"。

我刷了刷手机新闻，微信朋友圈里流传着美国总统特朗普的推特（Twitter）截图，简短的一句话："Something very big has just happened!"（出大事了！）

二

拐过弯来没走多久，终于来到尼莫家。按照当地人的习俗，我脱了鞋进到屋里。尼莫的母亲在厨房忙活着，她的奶奶坐在客厅看电视。宾主打了招呼，我放下路上买的拜年礼物，得以坐下来稍稍喘口气。一室一厅一厨一卫，大约50平方米，到处都收拾得一尘不染，窗明几净，给人一个中产小康之家的印象。

不出所料，房间里最大的特点是灯——所有的角落都被照亮。窗台上挂着串串彩灯，跟外面大街上所见的类似，墙角的地板上则点着蜡烛。事实上，印度人传统常用的是一种用陶土烧制、名叫迪亚（Diya）的灯碗，里面灌满植物油或印度黄油，再装上一根灯芯。很多印度教神庙里至今仍在大规模使用迪亚，而在孟买的贫民窟里仍有生产此种油灯的手工作坊。但是由于生活节奏加快，或许还出于环保考虑，近年来都市家庭越来越多地选择用彩色的LED灯泡替代。

迎面墙上挂着一面老旧的钟表，时间指向7点20分。窗外开始传来噼里啪啦、或远或近的烟花爆竹声。根据印度教历，从夜里6点半到8点半，是进行祷告仪式普迦（Puja）的吉时。

在厨房一角，有个临时摆起来的神台，上面放着鲜花、大米、硬币、椰子，甚至还有几沓很早以前使用、现已废弃的印度纸币。旁边的神龛里，则是家里的主神（在我这个无神论者看来，那更像是一块用彩色颜料描出了眉眼的石头）。神和宗教在印度人的生活中无处不在，因此在大多数印度人家里，这样的神龛也必不可少，有些富裕人家还专门留有一间屋子以供敬神、祈祷之用。

尼莫介绍，由于印度教里大大小小的神太多，每个家庭常常因为不同的需求而供奉不同的神，而这种选择也受到种姓、地区等差异带来的影响。至于她家，作为来自卡纳塔克邦的婆罗门，现在常年供奉的主神也是老家那一带最为流行和最有影响力的。

7点半，尼莫的母亲拿出一本书，开始吟唱敬神的颂歌。她的奶奶站起身，慢慢挪到神台前，拿起一个事先准备好的简易托盘，依序用手指蘸起托盘里的彩色粉末，先是黄色，然后是红色，接着抓起米粒，撒向神像。放回托盘，老人家又拿起油灯，对着神像的位置顺时针旋转，一圈又一圈。一切完毕后，她双膝跪地，额头触地，向着神像叩首……

这是一套完整的程序，奶奶过后是母亲，然后是尼莫，最后一家人邀我加入。我只好现学现做：左手握住托盘，右手蘸起彩色粉末，先黄后红，然后抓起米粒，撒向神像；把托盘换成油灯，对着神像的位置顺时针旋转，一圈又一圈。一切完毕后放回油灯，正犹豫着最后一步要不要做，旁边传来善意地提醒："作为客人，你可以不用跪拜……"我如释重负，双掌合十，对着神像鞠了个躬。

15分钟过后，整场普迦结束。此时厨房里已是烟雾缭绕，呛得让人有点儿透不过气。我抽身出来，发现客厅里尼莫的母亲正向坐在椅子上的奶奶行跪拜礼，后者微含笑容，神情愉悦，并以右手轻拍前者的头顶。那场景，勾起我小时候在农村向长辈们磕头拜年以赢取压岁钱的记忆。

三

8点半了。我一边坐等开饭，一边想象中国人年夜饭的场景，同时暗暗后悔刚才在厨房祷告的时候没有借机向灶台上多看一眼，然而未承想紧接着迎来的却是自拍时间。只见尼莫不打招呼便抄起手机，熟练地在镜头前变换着姿势，同时也与母亲和奶奶互拍、合拍。

印度人喜爱自拍是出了名的，为此中国厂家开发出了自拍功能强大的手机，除了常规单人自拍，还可满足印度式多人集体自拍的需求。媒体甚至还报道，根据有关研究机构发布的一项数据，自2011年至2017年全球发生的259起因自拍而导致意外死亡的事故中（selfie death），大约一半发生在印度，排在各国之首。一些观察人士批评，30岁以下的印度年轻人最爱各种疯狂自拍，并常常因此酿成事故，有人甚至把这种现象称为"死拍"（Killfie），把由此引发的问题称为"死拍问题"。

当然眼下非比日常。

新年、新景、新衣，这是温馨美好的时刻，也是最应该自拍的场合。老中青三代人全都盛装在身，那是节日或重要场合印度女性必不可少的纱丽。尼莫和母亲还戴上了硕大的耳坠。看得出来，无论是奶奶还是母亲，身上的纱丽都很得体而自然，但对于尼莫来说则显得有些难以驾驭。那套紫色的纱丽似乎很沉，且一直在下坠，导致她不得不小心翼翼地用手提着，每隔几分钟还要整理一下。

很早以前，一个当地朋友曾对我说："服装是我们的根。每个出门在外的印度人，至少都会带上一套传统服装，女性是纱丽，男性是库尔塔（Kurta），以用于出席正式场合的活动。似乎没有人教我们这么做，可大家就是知道。"

然而在年轻一代印度人身上，情况似乎正在悄悄发生变化。

尼莫告诉我，与父辈甚至更年老的一代人相比，现在在印度，尤其是在孟买这样的大城市里，年轻人越来越习惯穿西式服装，因为感觉更时髦，而且女性由于工作的需要，穿西式服装外出时行动更方便，这也导致像她这样的年轻女孩儿越来越不会穿纱丽了。

一家纱丽专卖店

纱丽是印度最为名声在外的传统服装，但在我这个外国人看来，其实就是一块彩色的布，通过各种繁复的步骤，最后成功地"裹"在身上。在南印度出差时，我曾路过当地有名的纱丽小镇，街上到处都是经营纱丽和床上用品的门店和作坊。工人坐在一台复杂的木质织布机前，手工操作纺织纱丽。一位店主介绍，纱丽的质地有丝绸的也有棉布的，有日常普通款也有花样复杂的婚礼款。根据面料和制作工艺的不同，价格从几千到数万卢比不等。临出门时，他送了我一张广告页，正面是联系方式和门店地址，翻过背面，是示范纱丽穿法的图解，从头到尾整整10个步骤。

拍照结束，紧接着是聊天时间。我低头看了眼手机，各家媒体开始报道：极端组织"伊斯兰国"（ISIS）头目阿布·巴克尔·巴格达迪（Abu Bakr al-Baghdadi）据信已在美军突袭中身亡。与此同时，美国总统特朗普的推特上，最新一条推文仍然是"出大事了！"。再往前翻，则是他和第一夫人梅拉尼娅在白宫庆祝排灯节的视频，并向在美国的印度人问候新年快乐。

脸书（Facebook）上，莫迪到访印控克什米尔地区的新闻也开始流传。照片上，他身穿迷彩服，戴着墨镜，伸出手来给士兵喂甜食。印度媒体报道说，这是自2019年8月5日印度废除宪法第370条后，作为总理的他首次访问山谷地区。

窗外的烟花声更响亮更密集了。尼莫说，在她小的时候，每逢排灯节最爱放烟花，长大了后就越来越少放了，尤其是父亲因病去世后。听到这里，我又翻了下手机里"在意空气"应用显示的实时指数：孟买315，严重污染；德里494，严重污染。尼莫还说，以前过排灯节，亲戚、邻居和朋友们相互串门，彼此赠送和交换甜食，现在这样的传统还在，但不那么多见了。这话让我想起小时候的经历：在老家农村，每逢春节，无论谁家的饺子出锅，都会给左右邻居送去热气腾腾的一碗……

四

话题继续沿着节日习俗展开。看着地板上的蓝果丽（Rangoli）图案，我向尼莫一家请教有关女神拉克希米的故事。尼莫母亲介绍，印度人每天都会敬神祷告，但节日期间的仪式感更足，更加隆重。作为排灯节的主神，拉克希米象征着财富、光明、智慧和繁荣。为了迎接拉克希米来到家里，人们就在大门口和室内绘制彩色的蓝果丽。

我想起早先一年的排灯节，有印度朋友专门赶到我的住所"指导"过节，其中一项重要内容就是在地板上绘制蓝果丽。事实上，这是一种印度地画艺术，传统所用的绘画材料为大米、花瓣和扁豆，现在改为彩沙。只见我的朋友对着手机上搜索出来的莲花图案，先用白色的粉末画出轮廓，再用颜色不同的彩沙填满空白区域，然后再在莲花图案两侧绘出一对脚印状图案，一幅完整的蓝果丽就做成了。按照朋友的说法，莲花图案是迎接拉克希米的欢迎区，两侧的脚印状图案代表着她已经来到家里了。

尼莫母亲的英语不够流畅，有时起了个头，刚说两句就卡了壳，不得不换成卡纳塔克邦的方言。有时说到某处，她还会停下来拿起手机查一下资料，"不能说错了"，她向我解释道。尼莫临时充当起了翻译，她是全家英语最好的，业余时间还学习中文。尼莫的奶奶既不会说也听不懂英语，我们聊天时她一直坐在边上，全程保持微笑。

9点过后，只见尼莫的母亲从厨房端出一大一小两个盘子——终于开饭了。小的盘子里，是一张小麦粉制作的甜饼；大的盘子里，则是撕成三角形的罗提（Roti，一种印度薄饼）以及两份分别由土豆和茄子制作的配菜。她解释说，通常家里的晚饭时间更晚，但是因为担心我饿了，所以让我先吃。乍看之下，这排灯节"年夜饭"令人大失所望。经历了三秒钟的脑电波短路后，我回到现实，然后强行把脑海里此前回放多遍的中国年夜饭场景抛得一干二净。

实话说，就平日的饮食而言，这样的搭配在印度并不陌生，然而放在辞旧迎新的时刻，以"年夜饭"的形式出现，实在令我措手不及。我一边尝试着像印度人那样右手用餐，一边极力平复内心的起伏。终于我没有忍住，还是生硬地问了句："在印度人的新年里，什么是最重要的？"

坐在对面用手机向朋友问候新年的尼莫头也没抬地回答："普迦。"

我一下子释然了。在中国，"民以食为天"，吃是天大的事。即使在物资匮乏的岁月，贫穷人家仍会设法借钱买上二两肉，努力包一顿饺子过年。相比之下，在印度，敬神是最重要的。无论是贫民窟的"趴趴房"，还是高档社区的公寓楼，神始终在每个家庭占有一席之地。

晚上10点半，告别的时候到了。尼莫的母亲拿出一个事先准备好的手提纸袋，里面装满了各种新年传统甜品和印度小吃。"都是自家做的。"在递给我之前，她拍着纸袋郑重地说。

在很多场合，尤其是赠送礼物的时候，印度人常常会强调这点。在一个工业化程度并不发达的国家，人们对手工或自己制作的东西仍然充满信仰。一方面，人们有更多时间和闲暇自己动手；另一方面，人们对流水线上快速批量生产的产品尚存疑虑。毕竟，和冷冰冰的机器以及大量的化学添加剂相比，从厨房明火与热油之间诞生的，不仅仅是用于补充能量的食物，更是以食物之名呈现的爱心和亲情——在接过纸袋的那一刻，我实实在在感受到了家的温暖。

欧拉出租车终于来了。车门一开，年轻的印度教徒司机迎面送上一句热情的问候："排灯节快乐！"返程的路上行人寥寥，也没什么车辆，偶尔有年轻人在放烟花。闲聊中得知，司机已经结了婚，妻子是家庭主妇，目前还没有孩子。

"大年夜放弃和妻子团聚的机会，这个时候还跑出来拉活，为啥？"我好奇地问。

"排灯节很重要，但是挣钱更重要。"司机干脆地回答。

海德拉巴的怒火

一

得知我要前往"不可思议的印度"（Incredible India）工作，周围的朋友一副不可思议的表情："不会吧？""真的吗？""你在开玩笑吗？"……当确认了消息后，大家转而变得关切起来，纷纷海阔天空地提出各种问题。其中之一是印度的安全性，或说社会治安状况——这并不难理解，因为对多数普通人而言，强奸案件频发确实是印度留给外界的不良印象之一。

风暴不期而至。2019年11月底，一场由强奸案引发的抗议浪潮席卷了印度各地，我也得以近距离审视这个备受国际社会诟病的"印度疮疤"。

11月27日傍晚6点左右，在印度第六大城市海德拉巴，一个27岁的女兽医出门去看医生。路上她给家人打了电话，告知自己的摩托车爆胎了，一个路过的卡车司机主动提出帮忙，让她在公路收费站附近等着。这是女孩儿打给这个世界的最后一通电话，此后家人再没能联系上她。第二天早上，一个送牛奶的工人在天桥下发现了她已被烧焦的尸体。警方调查后证实，受害者在遇害前遭到了轮奸。

事件曝光后，瞬间点燃了印度民众心中的怒火，大规模的抗议活动席卷全国。人们举着标语横幅、挥舞着拳头、高喊着口号，一方面谴责警方行动迟缓，错失救人良机，一方面呼吁要尽快严惩凶手。舆论压力之下，当地警方将最早接到失踪报案电话的三名警察解职，同时迅速逮捕了四名犯罪嫌疑人。

对案件的追踪连日登上当地媒体头版。不少报道不约而同地提到了当年的德里黑公交轮奸案：2012年12月16日晚上8点，23岁的德里大学医学系女生乔蒂和男性友人从首都新德里的购物中心看完电影后出来，误上一辆黑公交。其间男性友人被打晕关在了驾驶室，而乔蒂则被车上的6名暴徒轮番强奸，还被用铁棒殴打乃至插入下体……公交在暗夜中行进，乔蒂则经历了她人生中噩梦般的一个多小时。随后两人被扔下车，被路人发现后送医。因为伤情惨重，13天后乔蒂不幸离世。

黑公交轮奸案曝出后，不仅整个印度深感愤怒，全世界也都对印度的强奸犯罪现状感到震惊，许多国家和机构致信印度，要求官方全力彻查，严惩罪犯。时任联合国秘书长潘基文发表声明："对妇女的暴力是永远不能被接受、不能被原谅、不能被容忍的。每个女性的权利都应得到尊重、重视和保护。"英国广播公司（BBC）甚至以此为题拍摄了纪录片《印度的女儿》。

时隔7年，旧伤未愈，新创又至。

二

"知道我在印度工作后，我的很多中国朋友都问了这样一个问题：强奸现象为何在印度社会屡禁不绝？"我试探着婉转地向当地朋友提出这个问题。

"在我们看来，被强奸的是妇女、学生和儿童，她们是受害者，但是在那些罪犯眼里，她们连人都算不上，只是发泄欲望的工具。欲望上来，他们就被冲昏了头脑，失去了理智。"35岁的亚什帕尔是一名英文专业博士生，拥有高学历但出身低种姓背景的他谈起这个话题有种出乎我意料的直截了当，表情里甚至带着咬牙切齿的味道。

他特别提醒我注意，在大多数强奸案里，受害者都来自印度的低种姓人群。"印度独立后种姓制度从法律上即告废除，各种种姓分类与歧视都被视为非法，但在实际的社会生活和人们的头脑里，种姓观念依然存在，强奸只是针对低种姓人群犯罪行为的一种。"

23岁的小狄是孟买一所高校的大学生。在她看来，印度强奸案频发也跟人们受教育程度偏低，尤其是缺乏性教育有关。

"我们的中学课本里有关于生理卫生以及性教育的内容，但是到了这一部分，老师们从来都是一跳而过，假装什么都没有发生似的。有的学生为了了解性知识，就偷偷地去上色情网站。"说到这里小狄话锋一转，"你知道'谷歌印度'上，被搜索最多的人是谁吗？一个色情明星，桑妮·莱昂内（Sunny Leone）。"

生于1981年的卡伦·马尔霍特拉是一名印度裔加拿大人，后来随家人迁居美国加利福尼亚州。在朋友的推荐下，毕业后的她以桑妮·

莱昂内为艺名，给《阁楼》等成人杂志拍摄写真，并于2003年获评杂志封面人物，此后更是进军成人影视行业。2011年，尝试回归印度的桑妮参加了由宝莱坞影星萨尔曼·汗（Salman Khan）主持的电视真人秀《大老板》，引发轩然大波。人们谴责桑妮道德败坏，电视台让她上节目则是在推广色情。有人上街游行抗议，有人甚至向印度政府进行投诉。

一部以桑妮为主角的纪录片还原了她如何从一名普通的邻家女孩儿转身成为知名色情明星的过程。谈起桑妮在印度引发的争议，片中一位受访者面对镜头说出了这样一段话："印度人都假装没有性爱这回事，我们的人口居世界第二，但我们假装没有人在做爱，连学校都没有性教育。现在突然间有一位女演员，大方谈论自己的色情职业，这满足了大多数人的最高欲望……"

表面的讳莫如深，私下的暗流涌动已成为印度社会面对性话题矛盾心态的一体两面。这让我紧接着想起两名中国女性朋友在印度的经历。

30多岁的章敏（化名）在中印之间往来做贸易多年，性格大大咧咧，做起事来风风火火，有种不管不顾的气势。她曾跟我介绍，在印度独自出差旅行是她的常态，总的感觉是南印度的安全系数比北印度高得多。

"早年间不了解情况，一个人在印度坐火车旅行，在大城市有时会乘坐城际铁路，后来发现太危险了。只要人一多，车厢里变得拥挤起来，立马就有很多双手在你身上游走……"

另一位某驻印中企员工的家属也讲到了自己的亲身经历：有次假期

印度街头在拍照的年轻女孩儿们

带着孩子来孟买探亲，由于气候湿热，她便很自然地穿起了国内常穿的短裙装。后来带着孩子下楼玩，周围几乎所有的男人——从小区住户到电梯工和大楼门卫——都在盯着她看。起初她以为他们只是好奇她是外国人，后来才发现他们是在看她的腿。"那种毫不掩饰的眼神真的就像是一把把刀子，赤裸裸，齐刷刷，直勾勾，感觉分分钟就能把一切剁碎！"

印度学者莎嘉·达尔米亚曾在《华尔街日报》撰文《印度需要一场"性革命"》，其在文中称，在印度，街头性骚扰就像司机遇到堵车一样平常，只要踏出家门就会不可避免地遇到，因此这从根本上改变了印度女性走路、说话乃至穿着的方式。

"我记忆中第一次穿布卡（穆斯林女子穿着的服饰，主要由长袍、头巾和面纱组成）大约是在少年时期，当时我和母亲一同前往位于新德里家附近的一个市场，一群男人开始对我们怪叫、吹口哨，还唱起宝莱坞的歌曲。母亲示意我快速走过，不要说话，也不要与那些人有任何眼神接触。有的时候，如果父亲同我们一起，这些大声的骚扰则会转变为鬼鬼祟祟的手势。如果是在人多的公交车上或公共场合，这些低级的骚扰就会变成明目张胆的'折磨'，男人们通常会趁着拥挤对女性上下其手。母亲教导我要利用自己的胳膊肘或者随时待命的安全针保护自己。时至今日，这些方法仍在女孩儿中口口相传。"

三

海德拉巴的怒火就这样在印度全国各地延烧。

从11月底至12月初，抗议和游行持续占据各大媒体头条。除此之外，新的强奸案件以及与此相关的新闻也不断被报道出来：在马哈拉施特拉邦，一名5岁的女童遭到强奸，并在反抗时被凶手残忍杀害，尸首分离；在喀拉拉邦，一个强奸幼女致死案的嫌犯在菜市场遭到人群攻击，人们愤怒地冲着他大喊"强奸犯"；在北方邦，一名强奸案的受害女性被5名男子从村庄拖到野地里浇上煤油纵火……

作为背景资料，相关官方数据则一再被媒体引用：2017年印度警方登记了33658起强奸案，平均每天发生至少92起。官方报告还透露，有远超过60%的强奸案没有报告或者立案。此外数据显示，2016年末，印度法庭等待审理的强奸案件数量为133813起。

社会活动人士和专家学者也纷纷展开谴责。印度尼赫鲁大学著名学者狄伯杰（B. R. Deepak）在一篇报纸文章上言辞犀利地指出："在这个国家，'吃人'永无尽头！海德拉巴的悲剧之后，又一个年轻女孩儿被地狱猎犬吞噬，还有一个因为跳了舞而被枪杀，最新的一例则发生在特里普拉！在努力成为'世界导师'（Vishwaguru）之前，印度需要把自家的房子先打扫干净！这种可耻的、可怕的、非人的行为是无法通过雇用任何一家国际形象公司来包装或修复的！"

然而就在舆情沸反盈天之际，处于风暴眼的海德拉巴却出现了惊人的反转：当地时间12月6日凌晨，四名嫌疑人被警方带回犯罪现场指认案发情况时，突遭击毙。按照警方的说法，事发时嫌犯试图偷取警察的枪支然后逃跑，所以被警察击毙。而且在此过程中，两名警察也受伤了。

消息传出后，受害者的妹妹在接受媒体采访时表示，警方的行动非常出乎意料。虽然这不能让姐姐死而复生，但是一个很大的安慰。她还说，由于警方的行动，潜在的罪犯将会三思而后行，可能不敢再做这样的事情。

除了个别人权组织发声质疑警察有法外行刑的嫌疑外，印度社会上下转眼间从怒不可遏模式切换为普天同庆模式。在社交媒体上，人们为警察点赞鼓掌，称赞他们替天行道，伸张正义。电视画面上，数千民众自发前往枪杀现场聚集，人们将玫瑰花瓣和糖果撒向在场的警察，一度造成严重的交通堵塞，早先抗议的口号也换成了"警察万岁"。

在新德里，就连当年黑公交轮奸案受害者乔蒂的母亲也站出来表态，对警察枪杀嫌犯的做法表示赞许。她在接受印度媒体采访时表示，她对这种惩罚非常满意，称警方做得非常好。

嫌犯被就地正法，受害者家属确认正义被伸张，民间的怒火得以平息，警方和政府的作为受到赞扬……备受关注的海德拉巴强奸案就此落幕，一切都显得那么正确，却又让人隐隐觉得哪里有什么不对。

在孟买媒体人迪乌亚坎特·索兰基看来，印度强奸案的高发其实是冰冻三尺，非一日之寒，背后的原因也是多方面的，诸如人们受教育程度偏低、男尊女卑观念根深蒂固、宗教传统的影响等，但最大的问题在于司法的无能。"由于量刑轻、耗时长，很多案犯得不到及时有力的惩处，从而难以对新的潜在的犯罪行为形成震慑和阻遏作用。"

他告诉我，在引发国际关注的德里黑公交轮奸案中，2013年1月3日，即被害人死亡5日后，警方即对6名嫌疑人提出指控，除一名未成年人被单独审理外，剩下5人均被指控犯有强奸、谋杀、绑架、抢劫和攻击罪。此间除一名嫌犯上吊自杀外，剩下4人均在同年9月获判死刑。即使如此，4人真正被执行绞刑则是在2020年3月10日，此时距离案发已经过去了7年之久。

　　"针对强奸案件多发，早期官方往往会顺应民意，倾向于修改、制定更为严格的法律；当人们发现有了严格法律但得不到落实，又转而诉诸私刑，于是类似警方法外行刑的情况便越来越多，"索兰基说，"所有这些调整，常常是在被动中选择最容易操作的那一个，没有任何一方想到要去做系统性改变，比如从学校开始切实推行性教育，从社会层面改变人们的性观念，如此等等。而在系统性改变发生之前，印度性侵案件高发的态势仍将难以缓和。"

"战谣"从娃娃抓起

一

2020年2月的一天，过来打扫卫生的清洁工阿姨神情严肃地告诉我："不……鸡肉……新冠，新冠……"由于几乎不会说英语，她表达的时候用手势辅助着，拉高了嗓门，费力地让那些单词一个一个地从口中"蹦"出来。

听到"新冠"的时候，我恍然大悟。其时疫情正在多国蔓延。1月30日，世卫组织宣布新冠疫情为"国际关注的突发公共卫生事件"。这一决定促使国际社会启动了"反应机制"，也滋生了全球范围的恐慌情绪。作为世界第二人口大国，印度截至1月底有3名从中国返回的留学生被确诊。尽管暂未发现本土病例，但坊间关于新冠疫情的谣言已是屡见不鲜。清洁工所说的"鸡肉可以传播病毒"就是其中一例。

在印度生活得越久，就越能发现谣言是日常的一部分。

事实上，很多初到印度的中国人，和当地人的交流极可能都是从辟谣开始的。我所经历的一个版本是这样的：见面寒暄后，当地人好奇地问"为什么中国人那么爱吃狗肉？"，当我反问起消息来源时，对方便掏出手机展示优兔（YouTube）频道上的视频——那是有关韩国狗肉火锅的一个片段。

是偏见催生了谣言，还是谣言助推了偏见？就印度人有关"中国人爱吃狗肉"的偏见而言，实在难以一言蔽之。但日常生活中印度式谣言的泛滥和流行，确乎有着更为广泛而深刻的社会背景。

2018年10月，一位常驻印度的中国媒体同行从喀拉拉邦出差回来。他跟我讲了采访所见的有趣现象：由于深受谣言所害，当地学校从娃娃抓起，正在开展如何辨别"假新闻"（fake news）的课堂教学。

在喀拉拉邦的坎纳诺尔（Kannur）市，几十个身穿校服的中学生挤在一所公立学校的教室里，投影仪打出一个问题："what is fake news？"（什么是假新闻？）幻灯片滑过，紧接着答案呈现："Fake news is completely false information, photos or videos, intentionally created and spread, to confuse the public, spread mass panic, provoke violence and get attention."（假新闻是故意制造和传播的完全虚假的信息、图片或视频，意在混淆公众，散布集体恐慌，挑起暴力，引起关注。）

"当你在WhatsApp上收到信息，说坎纳诺尔明天会发生地震，你会相信并转发给你的朋友吗？"站在教室前的老师发问。

"会。"个别声音弱弱地响起，大部分同学表现得有所迟疑。

"应该转发吗?"老师紧接着追问。

"不!"回答的声音变大变整齐了,更多的同学加入进来。

"你要保持怀疑,同时交叉验证你在 WhatsApp 上收到的信息。"老师说。

二

印度是 Meta 公司旗下互联网应用 WhatsApp 的全球最大市场,WhatsApp 是一款世界流行的类似于微信的移动社交软件。有关数据显示,截至 2019 年,印度全国智能手机用户超过 5 亿人,其中 4 亿人同时也是 WhatsApp 用户。每天数不清的信息通过这一平台流转,内容从清晨问候、笑话段子到社区通知、新闻报道。然而在方便人们即时沟通的同时,这里也成了各种谣言和假新闻的滋生地,近年来相关问题在印度呈愈演愈烈之势。

坎纳诺尔市市长穆罕默德·阿里在接受采访时介绍,2017 年冬,当地政府在给儿童进行麻疹、腮腺炎和风疹联合疫苗接种时发现,大约 25 万名儿童的家长拒绝接受接种,理由是社交媒体尤其是 WhatsApp 流传的信息显示,接种了疫苗后孩子会生病,这使得政府免疫计划一度大面积停摆。

同年 5 月,在邻近的科泽科德(Kozhikode)市,9 人因确诊或疑似感染尼帕病毒死亡。该病毒可实现动物传人、人传人,也可以通过被污染的食物传给人,目前还没有有效药物或疫苗。谣言伴随着恐慌情绪又一次在坎纳诺尔流传开来,其中一个版本声称,大约有 60% 的本地鸡肉已被污染并携带有相关病毒，一时间市场商贩门庭冷落，养殖场主叫苦不迭。

一再发生的谣言让当地政府认识到辨别真假消息的必要性和重要性，坎纳诺尔市为此发起了一项名为"真理必胜"的计划，力图在全市600所公立学校逐步推行辨别假新闻教育。这是一堂长达40分钟的课程，以幻灯片播放形式进行，使用英语和当地的马拉雅拉姆语（Malayalam）两种语言进行教学。"战谣"教育走入校园，这在印度是历史首次。

老师展示的图片或视频包含了近年来发生在当地人身边的典型谣言或假新闻案例：可乐含有艾滋病病毒的警告、一条三头蛇导致交通拥堵、有公司免费提供机票和运动鞋、中央银行以彩票形式向人们发钱……

穆罕默德·阿里说，学校不能只教授学生知识文化，也要教授他们人生技能。"在我读书的时候，如何辨别谣言和假新闻并不是一个必要的技能，因为书本上的知识都是经过验证的。不过在今天这个互联网时代，网上的信息良莠不齐，而这些信息会影响人们做出理解和判断，因此今天的孩子一定要具备这样的意识和能力，从手机和互联网获得信息后，一定要先验证真伪，再决定接受与否。"

作为一名新闻专业出身、从业十多年的记者，阿里的话让我想起那些日积月累的训练：考察消息源，相对来说，有消息源的信息比没有消息源的可靠，来自权威消息源的信息比来自一般消息源的可靠；交叉核实，两家甚至多家媒体都有报道的消息更为可信；比起简单的文字来说，带有图片或视频的消息通常更不容易造假……

对于媒体从业者而言，这些都是融入血液的业务常识，但在社会大众那里，不能不说这些是"隔行如隔山"的媒介素养。想让普通人乃至孩子们在短时间内形成一定的判断力，谈何容易。

三

事实上，就在坎纳诺尔市从娃娃抓起推行辨别假新闻教育的时候，其所在的喀拉拉邦因为遭遇历史罕见的洪灾，相关谣言也随之而起，造成洪水之外的二次恐慌。

一段视频里，一位身穿军服的"印度士兵"面对镜头声称，喀拉拉邦首席部长叫停了军方对于洪灾地区的救援行动。视频在广泛流传后遭印度军方出面辟谣。

一个录音片段里，有个痛苦的男声向人们发出警告说，位于喀拉拉邦和泰米尔纳德邦交界地带的穆拉佩里亚鲁（Mullaperiyaru）大坝正在渗漏，溃坝迫在眉睫。该男子还表示，消息来自其在总理办公室工作的朋友，"请告诉你的家人和朋友尽快撤离"。警方随后介入调查。

一张疯转的图片显示，停车场上近百辆汽车被淹水中。配图说明声称，这是喀拉拉邦首府科钦（Cochin）一家汽车专卖店在洪水中的惨状。该图片甚至还被当地媒体刊发。然而不久后经证实，这是拍摄于5年前的一张旧图。

无论是瘟疫还是洪水，当灾难突然而至，人们倾向于相信从朋友、身边人那里获取的信息，同时也倾向于把类似信息分享给身边的朋友、熟人以达到预警目的——灾难带来恐惧，恐惧催生谣言，而爱和信任又助推了谣言的扩散。然而这只是问题的一个方面。

根据2011年的人口普查，印度全国识字率为74%，其中男性识字率是82%，女性是65%。喀拉拉邦识字率是94%，为全国最高，最低的比哈尔邦识字率仅为64%。以当时12.1亿的印度总人口计算，全国共有超过3亿文盲，他们大部分生活在农村。而另一项数据显示，互联网大跃进在印度开启的时候，对应的城市用户年增长率为7%，农村用户年增长率则高达22%。2016年9月，当Reliance Jio公司为了抢占市场而推出免费4G服务后，用户月均数据流量使用量从2MB猛然飙升至1.3GB。

英国广播公司记者走访了位于特仑甘纳邦格德瓦尔（Gadwāl）镇的几个村庄，这是全印度最穷的地区之一。当地以种植水稻和棉花为主，但大部分村民并没有土地，只能靠进城务工为生。村子里，具有读写能力的人几乎不到一半，但每个家庭至少有一部智能手机——通常是一部二手中国机，价值大约2000卢比（不到170元人民币）。

互联网浪潮呼啸而来，貌似一夜之间填平了不同阶层之间的信息鸿沟，其实却不尽然。对于受过良好教育的城市精英而言，这是21世纪的福利之一；而对于从未有过信息消费习惯，乃至压根儿就是文盲的草根人群来说，智能手机打开的不光是一个超越时空的全新世界，更带来了被急遽拖入信息海洋所产生的不适和窒息感。这是问题的另一个方面。

四

从世界范围内来看，印度并非孤例。

2018年，英国广播公司在印度、肯尼亚和尼日利亚等国开展了一项调查。在连续7天时间内，研究者对受试者的手机日常使用情况进行跟踪，重点考察其分享了哪些信息、与何人分享，以及分享的频率。结果发现，人们在分享社交媒体信息时很少进行鉴别，也极少尝试去探寻虚假信息的源头。报告认为，"数字信息的泛滥正在加剧这一问题"。

在印度偏远落后的农村地区，恐惧和谣言相互纠缠着螺旋式演进，甚至引发了外人难以想象的暴力流血事件。观察家们说，在光纤中，流言和疯狂的人性也在以光速传播。

2018年6月8日，两位来自阿萨姆邦最大城市古瓦哈蒂（Guwāhāti）的年轻人，29岁的音响工程师尼洛特帕尔·达斯和30岁的数码艺术家阿布哈吉特·纳特，前往景区自驾游。当户外越野车行驶至邦内的卡比昂隆（Karbi Anglong）县一个名叫潘久里·卡查里（Panjuri Kachari）的村庄时，两人停下来问路，被当成绑架儿童的坏人遭到拦截。在恐惧和愤怒的裹挟之下，闻讯而来的上百名村民变成了一伙暴徒，活生生将两人围殴致死。

现场视频里，生命即将走到尽头的达斯惨叫着求饶："不要杀我……请不要打我。我是阿萨姆人。相信我，我说的是真的。我的父亲名叫戈帕尔·钱德拉·达斯，我的母亲名叫拉荻卡·达斯……请放过我。"

警方事后逮捕了20多人。调查显示，悲剧源于此前在村民手机上流传的一段视频：戴着头盔的两个男子骑乘着摩托车，从街头一群正在玩耍的孩子身边经过。忽然间摩托车转过头来，后座上的男子跳下车，抱起一个孩子，再跳上车，摩托车加速驶离……人们相信，这是一起典型的绑架儿童案件。当然，伴随着视频一起流传的还有善意的提示：请务必看好你的孩子，请留意村庄里的陌生人。

尼洛特帕尔·达斯和阿布哈吉特·纳特的悲剧既不是起点，也不是终点。从2017年5月起，类似的视频就开始在印度流传，并且在不同地区有不同语言的版本。除了绑架儿童的画面，有的还增加了倒卖人体器官的情节。在一些地方，甚至还有当地媒体给予报道，进而让谣言变成了"新闻"。恐惧和愤怒先后导致大约30名无辜者被暴力处死，其中既有初到城市的打工者，也有去邻村访友的年轻人，还有衣着古怪的变性人。但无一例外，他们通通是"不明真相就遭遇不幸的路人"。

事实很快得以查明，上述视频是被别有用心者剪辑过的片段。真相是，这是一段在巴基斯坦拍摄的呼吁人们注重儿童安全的公益宣传片。完整的视频显示，两名"头盔男"带走儿童后很快又拐了回来，此时后座上的男子用双手打开横幅，上面写着："在卡拉奇街头，只需片刻工夫就能绑架一个孩子。"

尽管各地政府纷纷辟谣，警方也开始逮捕行凶暴徒，真相似乎仍然追不上野火一样延烧的谣言。从南到北、从东到西，类似的恶性事件持续至2018年八九月份。在很多村庄，刚至傍晚，农民就丢下田里的活计，把还在村口玩耍的孩子赶回家，关门闭户。还有的在村口设置路障，由年轻的壮劳力自发组成巡逻队，轮流守护全村安全。

这让人不由地想起《叫魂：1768年中国妖术大恐慌》里的故事。在这本学术著作里，美国汉学家孔飞力描述了乾隆年间一场由流言而引发的群体性歇斯底里事件：1768年春，中国浙江德清出现"叫魂"案件，据传施法者可以通过对写有被害人姓名的纸条、被害人的衣物等物品作法，斩断他们的辫子，继而吸取其灵魂精气。短短几个月内，妖术谣言迅速传播至长江上游、华北、陕西境内，引起各地百姓的恐慌，民间出现自发的对妖术的惩罚行为。

从1768年的中国到2018年的印度，从"叫魂"妖术到绑架儿童，尽管谣言从原始的口口相传进化到了以智能手机为媒介的信息化传播，但250年过去了，人类有关恐惧、愤怒乃至群体性歇斯底里的本性似乎并没有太多改变。

针对泛滥的谣言及其引发的社会问题，印度电子信息技术部发出警告，要求相关互联网平台公司立即行动，采用适当技术对这类信息的传播加以限制。不久后便有消息称，一家美国公司赢得了向脸书印度提供内容管理服务的合同，将在当地高薪招聘掌握泰米尔语、旁遮普语等语言的应届大学毕业生担任社交平台信息内容评审员。

重重压力之下，WhatsApp公司则宣称推出一个名为"检查站"（Checkpoint）的项目，允许用户把可疑信息以英语或其他四种印度地方语言的形式，发送到指定机构进行核实。根据结果，用户将被告知该信息是真实的、错误的、有误导性的或者有争议的。

然而技术专家指出，社交媒体的匿名性和可大量复制的特点使其很容易成为各种谣言和虚假信息的温床，脸书和推特等平台公司的隐私保护政策则让事实核查难以进行源头追踪，比如WhatsApp就对用户交流信息进行了点对点加密。如何在保护用户隐私和杜绝虚假消息间取得平衡，似乎是一个难题。

"没有人——包括WhatsApp公司自身——能够看到、读到、过滤或者分析信息内容，一切看起来像个黑洞。"

近年来还有研究显示，除了散布虚假信息，一些机构甚至出于政治目的通过WhatsApp群组有组织、有计划地传谣，以达到混淆视听、收割选票的目的。显然，这是超出普通谣言之外的新的挑战。

喀拉拉邦布列尼大学社会学教授贝基认为，社交媒体带来了很多积极变化，但是也创造了一种流言文化，传递了仇恨信息，把人类社会原始的仇视和分裂的不良心态搬到了互联网上。他表示，"战谣"教育走入校园，正是要把怀疑的精神注入孩子们的心中。

孔飞力说："一个政府的有效运作取决于对信息流动的仔细掌控。"对印度而言，这场指尖上的谣言阻击战似乎才刚刚开始。

第二部

次大陆上的
中国痕迹

对于国人来说，印度向来是个"神奇"的国度。在中文互联网世界，有关印度的或奇幻或魔幻的故事屡见不鲜。而在印度，人们对于中国的认知同样存在着这样或那样的偏差和误解。某种程度上，两个庞大的邻国堪称一对儿"熟悉的陌生人"。

不过，一直以来，仍有很多的交流在打破那些"刻板印象"和错误认知，双方悠久的历史文化至今仍有着千丝万缕的联系。

随着越来越多的中国企业走向世界，无处不在的"中国制造"让印度人眼里的中国形象为之一新。双方日益紧密的联系，也让人们放下成见，了解彼此。相信在未来，中印人民一定能够越来越多地互相了解、互相尊重。

小学生的"印度书签之问"

一

2019年底，我驻外后回国休假。正在上小学三年级的女儿麦子挑了些我带回去的书签，作为礼物送给班里的好朋友。书签是木制镂空的，带有象头神彩绘图案，是典型的印度风。未承想，这看似平常的举动，竟引出了一场意外"风波"。

放学归来，麦子的脸上挂着犹疑，似乎欲言又止。细问之下，原来是当她把书签分别送给四个要好的同学时，旁边有个别同学质疑，说这书签不是印度的，因为"印度不可能做出这么好看的书签"。这让她有点沮丧而不知所措。

乍一听到这个消息，我愣住了，紧接着问她："收到礼物的时候，好朋友们开心吗？"

"开心！"她肯定地回答，脸上的表情也轻松了下来。

"这书签是爸爸从印度带回来的，你同学说不是印度的又没证据。

带给女儿的印度风格书签

你是相信爸爸，还是相信你同学？"我又问。

"嗯，相信爸爸！"她点了点头，如释重负。

一番疏导和安抚后，麦子没事了，我却陷入了沉思：一直以来，国人对印度的"刻板印象"都是巨大的客观存在。实地工作后，我对此感受尤深。长期关注南亚问题的青年学者毛克疾甚至专门撰文指出："在中文互联网世界，印度是少数能够长期保证流量的热点话题——所谓'有印必火'，诚不我欺。'神奇''奇葩''开挂'已经难以形容这个国家，围绕印度还演化出'老仙''恒河水''布朗运动''十天十夜都没想通'等一套接着一套的'黑话切口'，足见其火爆程度。"

但万万想不到的是，这种影响已经波及了小学校园。

二

思绪回到两年前。其时我正在国内一边等待签证，一边做着各种赴印前的准备工作。为了应对可能发生的水土不服，我在网上查阅了大量的旅行者攻略，试图从背包客那里了解一些在印度日常生活中的"经验和教训"，比如雨季防蚊虫、高温下户外防晒、如何避免饮食不当闹肚子等。

至今仍然记得，其中一篇帖文介绍，如果刚好是在户外，周边又缺乏干净的水源，可以使用提前备好的净水药片（water purification tablet）杀毒；另一篇文章提到，夏季印度户外高温可达四五十度，但按照当地的宗教习俗，去神庙参观需要脱鞋，因此建议从国内出发前多带几双厚袜子，这时就可以派上用场……

或许个体经历不同，从我后来在印度的实际生活情况来看，一些"攻略"确是经验之谈，比如对我这个天生爱招蚊子的人来说，防蚊虫药物自然是必需品；净水药片之类的建议压根儿就没用上，因为无论是在城里还是出差下乡，瓶装水基本都能买得到；至于印度夏季的极端户外高温，非必要情况下完全可以"错峰出行"……

两年多过去，回看出发前的种种忐忑和不安，未免觉得可笑。但事实上，类似的未知恐惧在印度人看中国的时候同样存在。

帕拉维·艾亚尔是《印度教徒报》常驻北京的印度女记者。在她根据5年驻华经历写作的《烟与镜：亲历中国》一书中，开篇就谈到了她临出发前的心情：

"只有当我决定前往中国的时候，我才感受到那种对于真正未知的恐惧（the fear of the truly unknown）。对我而言，先前生活过的城市没有一个是全新的，因为语言和殖民主义而产生的纽带把我和它们连接在一起。

"但是我对中国了解多少呢？一门看起来难以理解的外国语言，一个难以捉摸的民族，一种异国风味的菜肴。我无力地想到了自行车。然后我想到为了自我提升，最近在我的新家虔诚地读到的时事文章。

"我意识到在中国出现了经济'奇迹'，全世界的媒体都对此议论纷纷。北京赢得了奥运会的举办权，中国还通过谈判加入了世贸组织。

"我告诉自己，马路上不再只有自行车了。准备好看到汽车，还有一些更高级的车辆。除此之外，我发现很难去想象接下来一年我就要生活在那里的某个城市。在我的精神世界地图上，喜马拉雅山以北有一大片中国形状的空白。"

可以想象，来自中印的职业媒体人对另一方国家的了解尚且如此，在普通人群中流行各种各样有关"刻板印象"的段子也就见怪不怪了。

三

结束休假前往首都机场的路上，得知我要返回印度工作，出了名能侃的北京"的哥"立马谈兴大发：

"印度人老能吹了，GDP才几万亿，还老爱吹超过中国，说比中国先进20年。没厕所，满大街拉屎撒尿。来到中国一看就傻了，厕所都不敢进，感觉像是五星级酒店。

"从哪儿看来的印度新闻？手机上都有啊，微信上哪儿都是，小视频也很多。

"1962年中印边境自卫反击战时，我3岁，那会儿我们都快（打）到新德里了……前面我们换条道，多走两三千米但不太堵车，咱们还能多聊会儿天。您看怎么着？

"军事论坛里老有个印度专家，一说中国问题都是夸夸其谈。等到中国专家一发言，随便问了几个问题，印度专家立马傻眼……"

一个多小时的车程中，"的哥"高谈阔论的话题不停跳跃，从政治到经济、从国内到国际，但只要涉及印度，一切都是熟悉的味道。唯一让我这个前方记者略显失望的是，就印度话题而言，他没有主动向我提出一个问题，几乎全程单向输出自己的观点。但想到他北京"的哥"的身份，我很快又释然了。

除了这些亲身经历之外，日常微信群和朋友圈里各种有关印度的"奇葩说"也比比皆是。一篇吐槽印度航线是"全世界空乘的噩梦"的文章令人印象深刻：

"从空乘看到自己的航班计划有印度航班出现时，心情就像坠入冰窖一样，而上了飞机，看到这一长串的特殊餐旅客名单，也会明白这注定是个不平凡的夜晚……

"这还不算最麻烦的，印度旅客上了飞机后很喜欢不对号入座，但发放特殊餐是需要按旅客座位号的，可是如果你去问一个座位上的印度旅客：'您有没有预订特殊餐？'那么按照印度人的习惯，不管他有没有订，都一定会点头的！

"而且不仅仅是空乘，连我们的地服人员要接印度回来的航班，也会头大，印度旅客知道中国候机楼都比较大，走起来远，所以他们特别喜欢向航空公司要求轮椅服务……

"那天我跟朋友聊天，我说你飞新德里感觉最痛苦的是什么，他抬头仰望着星空，淡淡地吐了一口烟，说：'是我的鼻腔。'这一点我相信大家都深有体会，不过这也跟很多方面有关系。印度人一直在比较炎热的地方生存，汗腺进化得比较发达，据说他们也没有特别好的卫生习惯，再加上爱吃咖喱和各种香料，所以体味会有些复杂。"

根据不同的槽点，文章还配上了图片：打印出来的长长的特殊餐旅客名单，候机楼通道口挤作一团的轮椅上的旅客……

以我在印度的观察，这些描述大抵属实——正如多数时候人们耳熟能详的那些"传说"，包括以牛为神、用手抓饭、贫民窟、如厕后用水冲洗，如此等等。然而属实的"标签"也仅是"标签"，并非事实的全部。当然，或许这也是"刻板印象"作为一枚硬币的两面，一方面它让人短时间内形成对某一事物或现象的快速认知，另一方面又因这种简单化的先入为主而压缩了获取更丰富认知的可能。

四

事实上，对于印度的"刻板印象"并非今人所独有。中国台湾学者陈建维通过对民国时期教科书中所涉"印度话题"的梳理，发现近乎一个世纪前国人对于印度的认知就存在着诸多的"想象与偏见"。

在1933年唐卢锋、戴渭清编撰的《社会课本教学法》里，有一对母女（鹤儿）的对话谈及印度："气候既很炎热，又多高山大河，所以毒蛇猛兽时时出没，住在那里的印度人，常常感触到这些自然界的危险和害怕，没有什么方法可以防御解除，便由疑惧而发生恐怖，由恐怖而崇拜鬼神；结果便发生了许多迷信的思想。"

鹤儿在听了母亲叙述后，接着讲出自己的想法："恒河是一条河流罢了，什么圣水不圣水！洗澡是要洗去身体上的肮脏，什么消除罪恶不罪恶！这是我们孩子都晓得的，他们竟迷信到如此，真是笑话。"

除了宗教迷信等既定印象外，1933年由蒋息岑、沈百英、施颂椒编写的《新生活国语教科书》第四册，通过《印度人的故事》一文呈现了更多对于印度人的偏见：

（一）由于印度天气很热，印度人身上穿的衣服都很少。

（二）印度女人喜欢带（戴）镯子和穿鼻子；印度的男人喜欢用有颜色的布裹头。

（三）印度的小孩子上学读书，刚走到学校，便脱下鞋子，放在门外。

（四）小孩子上课不用纸笔，只用一根小树枝在沙上写和画。

（五）我们（中国读者）难得听到印度人读书的响声，非常难过。

在同期由孙慕坚、冯鼎芬、朱荄阳所编的《国语教学做法》，针对此课进行教学上的指导，除了上述的偏见之外，特别提到"印度地方的人都很懒惰。他们田里种很多很多的鸦片烟，无论男女老少十分之六七吸鸦片烟的。印度人只知享乐主义，而不知有国家有社会，所以要亡国"。

这让我想起曾做过的一篇有关印度教科书里的中国的报道。

根据查询到的马哈拉施特拉邦、古吉拉特邦、北方邦、比哈尔邦、中央邦等地学校的教科书发现，其涉华内容多出现在历史、社会科学乃至常识课中，通常是在叙述某段印度历史的过程中，以"小贴士"形式谈及当时的中印交往以及中国历史，或者从地理角度谈到印度邻国，往往配有插图或表格。

总体而言，这种描述多停留在常识阶段，比如世界上人口最多的国家，国旗、首都、语言以及所用货币等；稍微详细点儿的，则说到中印之间以喜马拉雅山为天然分界，发源于青藏高原的雅鲁藏布江在流入印度境内后，被称为布拉马普特拉河等。

历史教材出现涉华内容的概率明显较高。比如在一段介绍印度笈多王朝（公元4世纪至6世纪）的中学历史书内容中，特别提到中国僧人法显来到印度，及其对当时王朝统治的描述；作为马哈拉施特拉邦通用教科书，在谈到玄奘游历印度时，还详细地引用了玄奘对当地的赞誉："他写到，马哈拉施特拉邦的民族是一个骄傲的民族，他们从未忘记别人对他们的帮助……他们甚至不惜牺牲自己，去帮助身处困境的人们。"

相比古代史中对经贸往来、佛教传播等内容的平实描述，在近现代史中的涉华内容则充满了负面情绪。

在马哈拉施特拉邦九年级历史与政治科学的教材中，有一条以问答形式出现的涉华描述。在"中印是友好国家"的陈述句后面，紧接着给出明确判断——"上述说法是错误的"，具体原因包括中印存在领土纠纷；中巴友好对印度安全是一个威胁；印度多次做出努力改善中印关系，但收效甚微等。

在印度近现代史中，1962年中印双方的战争是个绕不开的话题。在对这场战争的描述上，一些教科书采用的是中国"攻击"了印度的说法，另一些则直接指称为中国"侵略"印度。

除此之外，为了维护民族荣誉感和自尊心，印度一些地方还不惜进一步篡改历史。在中央邦，其所辖多所学校的梵文教材中竟然声称："众所周知的1962年中印双方的战争，其结果是印度战胜了中国。"

印度教科书的涉华描述所造成的影响可以想见。

一位毕业于尼赫鲁大学的中国留学生告诉我，上学期间无意中说起中国人民抗日战争暨世界反法西斯战争胜利70周年的纪念活动，印度同学们表示惊奇："难道中国也参加了二战？"直到看了网上"中日战争"的词条才算相信。

另一次，面对我提出的"中国和印度的战争到底谁赢了"的问题，一位毕业于孟买塔塔社科院且工作多年的印度年轻人先是将信将疑地给出"印度赢了"的答案。过了片刻后，又修正为"两国没有胜负之分，最终达成了协议"。

五

当然，除了"刻板印象"，我也听到一些对于中印差异的有趣看法。

在一次聊天中，资深的孟买媒体人巴斯卡说了这么一个故事：很久以前，一个印度人借钱后无力偿还，债主提出用他的女儿相抵，并且设下赌局——将一黑一白两颗石子装入口袋让女孩儿盲选，如果是黑，要么还钱，要么拿女儿抵债；如果是白，则所有债务一笔勾销。印度人没有别的选择，只好答应。但是当债主低头去捡石子的时候，女孩儿发现他捡了两颗黑色的石子……

讲到这里，巴斯卡眯起镜片后面的小眼睛，意味深长地问我："如果是中国人，会怎么反应？"我几乎是冲口而出："他在作弊啊！"

巴斯卡哈哈大笑，同时伴以印度式的摇头继续讲述。女孩儿假装什么都没看见，随便抓了一颗石子扔出去，然后说："刚才抓的石子不小心掉了，但我们可以看下口袋里剩下的那颗。如果是黑的，那我抓到的就是白的；如果是白的，那我抓到的就是黑的。"

"印度人从小就被训练随时随地准备接受任何可能的变化，而这些变化很多都是非组织的、无序的，因此印度人很擅长无序状态下的思考。相比之下，中国人从小到大都生活在秩序中，擅长有组织、有秩序地规划和行动。如果两者合作，一定会是杰出的团队。"巴斯卡说。

这样的解释为中国人理解中印差异，尤其是理解印度提供了另一重维度。回顾数千年的古印度历史，经过兴都库什山脉和苏莱曼山脉之间的开伯尔山口，雅利安人、波斯人、希腊人、大月氏人、阿拉伯人、突厥人先后来到次大陆，不同烈度的战争与征服、冲突与融合使得这片土地成了多元种族、宗教、文化的大熔炉，人们被裹挟在"随时随地任何可能的变化"中，一代代匍匐向前。或许，这正是今日印度之"不可思议"的根源。

谈话让我想到了一个印度人的口头禅"Jugaad"。作为日常流行的印地语词汇，其含有勉强凑合、将就之意，也有灵机一动、将计就计的小聪明之意。在这背后，则是深层复杂的社会文化心理，其中既有资源匮乏下的无奈变通，也有走一步看一步的得过且过，还有因应变化而随时准备突破规则获利的狡黠——事实上，很多国人看起来"奇葩"或"开挂"的印度现象，放在这一语境下观察都是逻辑自洽的。

在孟买大学孔子学院的中文老师潘美丽看来，中印之间虽然有着很长的边界线，但并不意味着有很多的共同点。至于常说的人口大国、发展中国家身份和环境污染话题，更多的是双方面临的共同挑战。从文化和社会层面来说，两国交往首先应该认识和接纳对方的差异，这是实现彼此尊重和理解的前提。

"如果中国和印度一样，我还有必要去学中文吗？比如筷子，这是印度社会从未有过的东西。差异化是这个世界的迷人之处，也是我们为什么愿意相互了解和学习的地方。不幸的是，大部分时候人们在寻找并不存在的相似之处，结果必然是失望和抱怨，甚至走向误解和冲突。"她说。

潘美丽还告诉我，随着中国正在崛起、日渐走入世界舞台中央，今天的中国人如何看待包括印度在内的外部世界，如何与外部世界沟通和相处，是全世界都在关注的话题。她希望中国的年轻一代能够抱持更加开放的态度，去了解和拥抱世界，而非在过度的自信中滑向傲慢与狭隘。

似乎是对此的呼应，毛克疾也表示："我长期在研究机构从事印度政经研究和中印合作实践，见到印度话题火爆一方面欣喜不已，庆幸工作对象受到热捧，但另一方面又非常担心，因为'印吹''爆款''印黑'文章不仅无助于大众更好认识印度，反而强化刻板印象，促成'信息茧房'，导致更严重的误解甚至误判。"为此他还提出了一个由"邻国""大国""发展中国家"构成的看待印度的"三国框架"。

他说："无论如何，对于印度这样一个对中国心存芥蒂的巨大邻国，重视比轻视好、客观认识比主观臆断好、耐心说理比情绪宣泄好。"

但愿小学生的"印度书签之问"只是一个偶然的插曲。

在佛故乡遇见佛弟子

一

"回望历史，玄奘、菩提达摩等高僧大德梯山航海，匹马孤征，沿着古丝路，留下动人佳话。"

中印两个文明的交流中，佛教是重要内容。每谈及此，官方文章里便经常看到对上面这句话的频繁引用。然而当我驻印后发现，想要在佛教的诞生地遇见佛弟子，并非易事。加甘·马利克（Gagan Malik）是我遇到的不多的印度佛教徒之一。

42岁的加甘·马利克有着传奇经历。早年间，其曾效力于印度职业板球队。在从事了12年的板球运动后转行模特、演艺事业，并一度获得全国"最上镜印度先生"奖。在宝莱坞，由于外形俊朗，马利克先后主演了多部佛教题材影视剧，其主演的《罗摩衍那》曾在印度轰动一时，并在南亚和东南亚享有盛誉；2013年，因为在电影《佛陀》中的出色表现，最终获得联合国主办的世界佛教电影节"最佳演员奖"。

正式场合，加甘给人的常见印象是一身白色西装搭配墨镜。加上"印度先生"的精致面孔，一米八的修长身材，走到哪里都是玉树临风，想不引起注意都难。

然而加甘告诉我，其实自己出生在一个印度教家庭。在演艺生涯早期，由于拍摄了佛教题材电影，他开始接触并了解佛教及其相关知识，最终皈依佛教。2016年加甘首次访问中国，其间专程拜访了杭州灵隐寺，并被灵隐寺方丈光泉法师收为俗家弟子。

2018年3月，由中国文联、中国佛教协会联合举办的中国佛教文化遗产图片展在孟买举行。现场展示了有关少林寺、灵隐寺等国内重要寺庙的近百幅优秀摄影作品，从多角度呈现了中国佛教文化的发展历程和历史变迁。这也是我驻印期间第一次零距离感受两国的佛教文化交流。

活动提供的资料显示，中国佛教文化遗产是佛教作为世界级宗教的最典型代表。从数量上看，中国目前拥有52项世界文化和自然遗产，其中属于佛教文化的遗产有8项，与佛教文化重点关联的有2项，佛教文化与儒道文化并融的11项；从内容上看，中国佛教文化遗产不仅融合了北传、南传、藏传三大佛教，还创造性地融合了外国与中国本土的佛教文化元素，展现在寺、阁、塔、石窟、壁画等诸多文化载体上。

随团的中国佛教协会副秘书长、杭州灵隐寺方丈光泉法师告诉我，作为世界两大文明古国，在中印两千余年的友好交往中，佛教起到了重要的纽带作用。图片展让观众在欣赏相关光影杰作的同时，也得以

加甘·马利克参加中印交流活动

感受丝路两端的文明对话。

中印之间的文化交流活动，已经有很多成功的事例。来自中国文联的带队领导介绍，为促进两国文化艺术交流与合作，早在2016年中国文联和印度文化关系委员会便签署了《合作备忘录》，为双方建立机制性的交流合作奠定了良好基础。2017年5月，中国北京和南京分别举办了"多彩印度"文化节；2018年2月初，印度新德里举办了"今日中国"艺术周，受到两国观众的热烈欢迎。"这次作为回访艺术交流活动，展出的是从造像、建筑、圣物、庆典活动、教育、典籍等十余方面的80幅图片作品，意在通过图片让印度观众直观地感受佛教在中国的融合和发展。"

为期5天的图片展吸引了来自印度奥兰加巴德市的僧侣团、孟买高校佛教研究中心的学者以及当地普通市民的参观，也让人感受到了来自佛教故乡的热情。然而以我驻印以来对印度社会观察的有限经验来看，在今天的印度，佛教徒早已是少数中的少数，日常实在难得一见。印度政府2015年发布的宗教人口普查数据显示，截至2011年，印度全国约有佛教徒840万人，占总人口的0.7%，相比之下印度教徒高达9.66亿人，占总人口比例为79.8%。

当地朋友告诉我，即使在现有的几百万佛教徒中，很多也是由原来信仰印度教的低种姓人群"改宗"而来。说起这个话题，不得不提一个印度城市——那格浦尔（Nāgpur），以及一个印度政治家——比姆拉奥·拉姆吉·阿姆倍伽尔（Bhimrao Ramji Ambedkar）。

二

2017年12月，因为济南要与那格浦尔签约，互为友好城市，我从孟买出发，前往那格浦尔出差。飞机升空后，可谓"极目楚天舒"，舷窗外巨大的云朵在远处凸起，像是棉花一样绵延不绝，又仿佛终年不化的雪山。午后的太阳照着，一片片金光熠熠。在近处，像是刚开始解冻的辽阔的冰河，棉花般的云朵有时密集状如冰块，有时又相隔很远空出大块的蓝色，就像解冻后蓝色的水在缓缓流动。此情此景，让我勾想起以前在国内经常报道的黄河凌汛，也一扫连日来孟买浓重雾霾所带来的压抑。

一个多小时后，飞机重新穿过厚厚的深灰色云层开始下降。舷窗外巨翅摇动，依次能看到隐约有绿色的格子状农田，纤细如带子一样、不知延伸向何处的道路，一片一片、白色或灰色的建筑物。偶尔也有墨绿色的河流，像毛细血管一样纵横联通。一片水塘如同一头大象，向前方伸出一根长长的鼻子。除此之外，大部分还是土黄色。飞机继续降落，房子开始变得立体，像火柴盒一样，能看到有汽车在马路上行驶……思绪来不及收回，飞机的轮子已经着地，接着是轰然而猛烈地滑行。

那格浦尔是马哈拉施特拉邦的第三大城市，有橘城和蛇城之称，大约有240万人口。据传在殖民时期，英国人把这里当成印度的地理中心，为此还在市区火车站附近立起了一个"零英里石"（Zero Mile Stone）作为标记。从今天的印度版图来看，那格浦尔在区位上堪比郑州之于中国。因此，莫迪政府围绕这个中心点，提出打造由北方新德里、南方金奈、西边孟买、东边加尔各答所构成的"钻石四边形"高铁网。从机场去酒店的路上，沿途所见也都是正在如火如荼进行中的地铁修建工程。

然而对印度的佛教徒和佛教史而言，那格浦尔有着比地理中心更为重要的特殊意义。

1956年10月14日，阿姆倍伽尔带领着大约50万人在那格浦尔举行皈依佛教的仪式。他向集结的人群满怀深情地宣布："1935年我发起了放弃印度教的运动，从此我一直在战斗，这次皈依给了我极大的满足和无法想象的愉悦，我有从地狱中解脱的感觉。"不久后，阿姆倍伽尔猝然辞世，但在他影响下的印度佛教复兴运动愈演愈烈。根据统计，截至1961年，印度皈依佛教的人数达到300万人，而到了1991年，印度佛教徒高达640万人，30年间翻了一番。为此史学界把这一天称为印度佛教的"阿姆倍伽尔纪元"，认为发生在那格浦尔的这场具有历史性的皈依庆典改变了印度的佛教史，具有划时代的意义。

阿姆倍伽尔1891年出生在印度中央邦的一个农村家庭，由于身为种姓制度中的"贱民"阶层，从小到大饱受歧视。例如，他不能和其他种姓的学生共处一室，只能在教室外面旁听，不能和高种姓的学生一同吃饭、饮水，甚至不能触碰学校里的水井……印度独立后，出任尼赫鲁内阁司法部部长的他，利用主持制定印度第一部宪法的机会，通过努力废除了不可接触制，以及一切基于种姓之上的歧视，以宪法的形式保障公民平等、宗教自由，由此被誉为印度"宪法之父""贱民领袖"。

尽管宪政改革取得了历史性的进步，但是距离阿姆倍伽尔的社会改革目标还相去甚远。他感到"贱民"所遭遇的不公正根源在于印度教种姓制度的信条，而在佛教中他发现了"众生平等"的思想，于是便有了那格浦尔的集体"改宗"行动。

采访活动结束，我来到当年阿姆倍伽尔率众皈依佛教处，一个印地语名叫迪克沙布米（Deekshabhoomi）的地方，这里多年前已经建起了号称亚洲最大的舍利塔。这座舍利塔是巨大的穹顶形建筑，里面显得格外空旷，中间摆放着一座金色的神龛。访客们赤脚进来，围绕四周瞻仰，也有人择一处空地，双膝跪地虔诚膜拜……我看着眼前的一切，脑海中不断闪出一些画面：从佛陀在菩提树下证悟，到阿育王推动佛教文化传播、派遣使者东往，再到中国高僧法显、玄奘、义净等人到印度求学取经、朝拜圣迹……往事越千年，历史深处的回响让我觉得既疏离又伤感。

三

根据著名华人学者谭中先生的论述，佛教在佛故乡的衰落是多种原因造成的。其中主要原因包括：印度教的主要传播者婆罗门阶级有自己的经济收入，不会成为社会的负担，而印度的佛教僧侣是没有经济收入的，没有统治阶级的支持很难供养起这一阶层；印度教文化与各地的传统都能够有机结合，而摆脱本地文化的佛教则很难在印度维持主导地位；佛教把修习中心放在自身修养上，不关心社会现实，无法满足种姓制度中下层反抗上层权威的诉求；从公元10世纪开始，来自次大陆外部的穆斯林入侵印度并建立王朝，此间大量的佛教徒被杀，佛寺及书籍被焚。种种原因都使得佛教最终失去立足之地。

我的朋友、印度媒体人巴斯卡在一次与我的闲谈中，也对这一问题给出了大致相同的回答。他说，因为相信众生平等，没有对神的崇拜，佛教的出现让饱受印度教种姓制度束缚的人们找到了新的寄托，由此逐渐兴起。但后来因为穆斯林、蒙古人、伊朗人和阿富汗人对印度的入侵，佛教遭到破坏和打压，中国僧人带走了经书，保护了佛教教义，而佛教在它的故乡从此衰落了。

然而巴斯卡对阿育王推行佛教的说法不以为然。在他看来，阿育王是个残暴的君主，曾经设立了印度史上首个刑讯室，在统一北部奥里萨邦时残忍杀死了很多人。人们相信阿育王醒悟后皈依佛门，推广佛教。但巴斯卡认为，真实的情况应该是，因为战争结束了，阿育王

一处寺庙里的僧侣们

把士兵遣散回全国各地传播佛教，以此避免对其政权的威胁。

"他感兴趣的是权力，而不是佛教。"巴斯卡说。

不久后再次见到加甘·马利克。他兴致勃勃地告诉我，最近正着手以影视为媒推动佛教传播。在他看来，电影作为影响力广泛的现代传媒手段，加之中印两国广大的市场，如果能够充分结合运用，在新的历史时期以此架设两国间佛教文化沟通的桥梁将充满诸多可能。"中国很多地方都有与佛教文化相关的历史名胜古迹，在印度也一样。我们需要做的，是让两者更多地沟通，更深地交流，更好地融合。"

"巨人不再跛行"

一

"我叫安伦,在孟买一所大学学习企业管理。2015年的时候,去中国台湾做交换生开始学习中文,到现在已经三年了。今天我给大家表演的节目是唱歌和绕口令……"

2018年4月,一个普通的周末,第十七届"汉语桥"印度预选赛在孟买大学举行。选手们依次上台,从唱歌、跳舞到诗朗诵,乃至中国武术,各展所长。这也是我第一次接触到如此多的学习汉语和中国文化的印度人——随着中印两国从官方到民间、从经济到文化的交流不断走向深入,近年来印度各地悄然兴起了"汉语热"。

第二个上台的选手是女孩儿易莎,伴着《茉莉花》的背景音乐,她手持折扇,翩翩起舞。表演结束后进入提问时间,尽管中文听说还比较吃力,但面对评委老师的征询,易莎仍然坚持选择了中文提问、中文回答。

"我爱中国,我觉得中国的文化很好,我很喜欢不同的文化,中国的舞龙舞狮我都喜欢，希望有机会能够到中国学习。"她说。

在回复我的书面采访时，印度尼赫鲁大学中国与东南亚研究中心教授狄伯杰表示，汉语是联合国的工作语言之一，又是世界上使用人口最多的语言，但是长期以来，汉语一直在推广前进的道路上步履蹒跚，仿若一个身患畸形之症的巨人……"（眼下）中国的经济奇迹似乎已经治愈了汉语的畸形之症，巨人不再跛行，其脚印也遍布全世界。全球中文热潮背后的原因，无疑是中国经济和政治的崛起。"

印度的汉语课程及汉学研究可以追溯至英殖民时期：1822年，一个名叫马士曼（Joshua Marshman）的英国传教士，为了传教的目的，经过十多年的努力，在印度加尔各答翻译并出版了全套中文版《圣经》。

早先学术界普遍认为，世界上首部中文《圣经》出版于1823年，为近代来华的首个新教传教士马礼逊（Robert Morrison）翻译。然而新近研究发现，英国牛津大学图书馆保存的马士曼中译本《圣经》修正了这一结论。更令人惊叹的是，在马士曼等传教人士的领导下，印度工匠还成功地采用铅活字印刷了中文版本的《圣经》，这也是世界上最早采用汉字铅活字印刷中文的尝试。

马士曼一行从英国朴次茅斯港出发、远渡重洋前往印度的时间为1799年5月，当时清朝乾隆皇帝病逝于紫禁城没多久；一个多世纪后的1918年，加尔各答大学开设了汉语课程，意在更好地了解彼时的中国。在当时的印度人眼里，1911年孙中山领导辛亥革命推翻清政府，是亚洲复兴的标志——然而由于招生不足，该课程最终被迫取消授课。

直到1921年，诺贝尔奖获得者泰戈尔在寂乡（Santinketan，又译森蒂尼盖登）创办了印度国际大学，从此印度开始真正表现出对中国和汉语的兴趣。泰戈尔于1924年访华，1928年邀请中国学者谭云山前来任教，1937年两人合力创建了印度国际大学中国学院，成为印度著名的寂乡汉学派的源起，其主要特点在于重视语言和中文佛学典籍的研究。这为印度培养了包括师觉月（P. C. Bagchi）在内的最早也是最优秀的一批汉学家。

1962年中印边境自卫反击战爆发，成为印度的汉语和汉学研究的分水岭。其后，以德里大学和尼赫鲁大学为代表，印度的汉学研究转向中国的政治、经济、国防和安全等方向，汉语教学研究相对陷入沉寂。直到近年来，伴随着双边经贸和人文交往的深入，汉语教学研究才得以再次升温，并以培养交流技能、探讨当代事务为重点。

演出持续进行 —— 穿越两个世纪的历史风云，以汉语为纽带的交流互动，正在眼前这方小小的舞台上产生回响。

一位25岁的穆斯林大学生朗诵了苏轼的《水调歌头·明月几时有》后，略显腼腆地表示，特别喜欢中国的月饼和面条；个头不高的尼希塔紧接着介绍了中国农历新年的传统，她告诉大家，自己坚持自学中文已经三年多了，同时还是五六个印度孩子的中文老师。

来自古吉拉特邦中央大学的乐客西和马龙，通过中国政府的相关奖学金计划，同时于2016年前往北京留学一年学习中文，两人也是现场仅有的拿到国际汉语能力标准化考试五级证书（最高为六级）的参赛选手。

"印度和中国在文化上有很多相通的地方。利用在中国留学的时间，除了北京之外，我也去了西安、河南很多地方，为了体验中国的高铁，我还专门去了天津。"乐客西说。

留着浓密胡须的马龙告诉我，在中国的一年时间，他参加过很多节日庆祝活动，特别喜欢春节和元宵节，还看了很多中国电影，喜欢张艺谋导演的作品。"可以说印度现在也流行'汉语热'，因为这里是一个很大的市场，有很多中国企业过来，以后还会越来越多，学了中文就能有更多的机会。"

二

一线学生的直观感受和专家学者的研究分析堪称殊途同归。

在狄伯杰看来，印度当下"汉语热"的流行，主要有以下几大原因：一是中国是印度最大的邻邦，印度各政府部门急需掌握汉语的人员；二是中印两国经贸近年来明显增长，带来大量的就业机会；三是大量印度学生、商人前往中国留学、经商乃至开展跨国贸易，在抵达中国之前，他们都希望掌握一点儿基础的汉语日常用语；四是两国间旅游业的发展也刺激了汉语在印度的发展；五是印度的公立和私立学校都将汉语视为第三语言。

中国驻印度大使馆提供的数据显示，截至2019年，印度约有20所大学设有中文课程，8所设有中文专业，在校生中就读中文专业的学生约2000人，印度全国学习汉语人数约2万人。大使馆教育处的工作人员还介绍，早些年，印度的"汉语桥"比赛都是由韦洛尔科技大学孔子学院承办的，近年来随着参赛人数的增多，已经增加到了4个赛区。

孟买大学孔子学院教师潘美丽告诉我，该校的孔子学院成立于2013年，截至2016年学习汉语的有50多人，到了2017年的时候就增加到了100多人，"现在甚至能承办一场'汉语桥'比赛活动，从唱歌、舞蹈到武术，内容丰富多样，这在以前是不敢想象的事情"。

"经过近年来的发展，孔子学院取得了很大进步，现在汉语学习在印度正成为一种潮流。"孟买大学孔子学院印方院长苏瑞娜说。

由于学习汉语的人员规模越来越大，在高校之外，印度社会上也涌现出了大大小小的汉语培训机构，"汉语热"正呈现出商业化的发展趋势。

很平常的一个周末，位于孟买市中心维瓦大厦10层的一间教室里，学员们坐得满满当当，正在聚精会神学习汉语。从走廊到办公室，随处可见中文教科书和中国结。

身着一袭色彩鲜艳的纱丽，印华中文学校校长伍莎向我讲述了她与汉语结缘的故事。"我是2007年初次接触汉语的，当时因为个人兴趣，我选择在印度德里大学中文系学习中文，那时很多身边的朋友都对我的这个决定感到诧异。"

那为什么还要坚持学习中文？面对追问，伍莎直言不讳："因为我看到印度和中国之间的贸易在不断增长，旅游文化交流也越来越热，印度社会对中文人才的需求一定会越来越多。"就这样，2010年伍莎从新德里移居孟买，之后就创办了自己的中文学校。

印华中文学校开班时仅有6名学生，随着业务越做越大，截至2019年已在新德里、孟买、浦那等多个城市开设了共计35所分校，拥有70多名教师和1000余名学员。

阿迪亚·帕塔克在这里学习汉语已有5年。帕塔克的父亲在中国郑州做生意，为帮助家族企业拓展在中国的业务，父亲希望他学习汉语。"印中是两个最大的发展中国家，印中贸易往来会越来越多，掌握汉语就能有更多的机会。"帕塔克说。

参加中文歌唱比赛的印度选手在孔子学院合影

越来越多前来印度开展业务的中资企业是机会的另一面。在此背景下，选择学习汉语后到中资企业求职，依靠稳定的收入改变个人乃至家庭命运，日渐成为不少印度年轻人的新风尚。26岁的印度姑娘易娜正是此间代表。

早在2015年，由于成功申请到了政府奖学金项目，易娜前往中国留学学习汉语。归国后，凭着这一"特长"，她于2016年10月顺利加入中国国航孟买营业部。不到两年时间，易娜已明显感觉到学习汉语给自己带来的命运转机。

"加入中国国航后，我的生活发生了不小的变化，以前家里没人选择这样的工作，现在我变得财务稳定，能够负起更大的家庭责任，也影响了身边的朋友学外语，我赢得了人们的尊重，也让我的父母感到骄傲。"易娜说。

中印咫尺汉语培训学校的校长艾佳说，自己在印度从事汉语教学十多年了，每年招生100人左右。据她观察，近年来印度"汉语热"的一个显著变化是，越来越多的在职员工走入汉语学习课堂。"以前不少人学汉语是因为对中国文化感兴趣，或者计划去中国留学，需要准备汉语水平考试，现在越来越多的学员与中国有贸易往来，他们需要更实用的汉语，这样社会上的汉语培训机构也就越来越多。"

三

随着汉语培训规模的扩大和商业化程度的加深，学员们的身份和背景也越来越多元。我注意到，为了更加适应这种持续升温的"汉语热"，印度的汉语教学和培训开始呈现出本土化特色。

早在2016年，狄伯杰编写了《汉印英三语对话》教材，该书最大特色是用罗马字母和印地语标注汉语字词发音，由此成为印度第一本同时照顾到印地语和英语读者需求的汉语课本。近年来，这种兼顾更广泛印度汉语学习者的趋势扩大到了很多社会培训机构。

29岁的印度青年尼西斯·阿维纳什·沙阿曾留学中国学习汉语，因为对中国传统文化的热爱，他甚至借用了三个中国朝代给自己起了个颇有特色的中文名——唐汉明。毕业回国后，唐汉明在孟买的一家中资企业工作，业余时间在当地推广汉语，并开办了一家名为"中印学院"的汉语培训班。

他告诉我，目前在印度学习汉语的主要是商务人士、教师和大学生及中学生。但随着中印两国多层次交流的深入，"汉语热"持续升温，近年来一些新的变化和需求开始出现。

"通常来说，印度汉语教学用的都是中国汉办的教科书，这也是汉语考级使用的标准教材，一般是中英文对照讲解，"唐汉明说，"近年来印度出现的新情况是，一些汉语爱好者和学习者不会说英语，这样只能用印地语甚至一些方言讲解，我们就试着编了一些简易的印地语和印度方言汉语学习教材。"

潘美丽也告诉我，由于印度人学习汉语的热情越来越高，加上中国的发展日新月异，孔子学院的汉语教学正在从以前的"学生不够多"向现在的"教材不够用"转变，为此她决定自己动手编制一本教材。已经完成的部分章节显示，新的教科书纳入了很多中国社会发展中的热点话题，以及流行的互联网文化，诸如"微信红包""无现金支付"、表情包"皮皮虾，我们走"等，还分别配上了插图。

潘美丽说："风靡中国的这些互联网现象，以及流行的网言网语成为教科书内容，一方面能够增加人们学习汉语的兴趣，另一方面也能让大家更好地了解教材之外的、不断变化的中国。"

20多名选手、两个多小时的比赛很快进入尾声。评委之一的印度索迈亚大学国际部主任萨丁德应邀上台发言，他动情地回忆起十多年前作为留学生前往中国厦门学习、生活的情景。

"印度和中国互为邻国，又都是历史文明古国，两国应该有更多的交流——文化、教育、经贸等各个层面的，"他说，"中文是一座桥，我们要学会用它去理解中国。希望大家要争取亲自去中国，学习或者旅行。我特别想说的是，要学习中文，还要学习中国……"

此时台下有人用中文高声插话："活到老，学到老！"

笑声和掌声同时响起，充溢在舞台上下。

在孟买感受"中国乡愁"

一

巨大的活动海报上，李小龙稳扎马步，目射精光，双手五指叉开做格斗状，赤裸的上身块块肌肉凸起——2018年11月27日，孟买安德里（Andheri）一家体育俱乐部，来自印度全国各地的功夫迷在此聚首，纪念中国功夫巨星李小龙的78周年诞辰。

地下室里，几十个年轻人戴着护具，两两相对，腾挪闪躲，正在比武格斗。裁判员之一的萨里塔·普拉贾帕蒂介绍，作为纪念活动的一部分，当天有1000多名来自印度全国各地的功夫迷前来参赛，最后决出的优胜者将在晚上接受颁奖。

7岁的女孩儿芭伍雅是现场年龄最小的参与者之一。她的父母告诉我，虽然女儿开始学习中国功夫没多久，但是真的很喜欢。"参加俱乐部的培训班以前，我们征求了她的意见，这是她的选择。在印度，女孩儿和男孩儿一样喜欢李小龙和中国功夫。"

采访开始没多久，我的中国面孔在现场就引发了一阵骚动，尚未开始比赛的选手"呼啦啦"围上来一圈，七嘴八舌地提问："你会中国功夫吗？""我是布鲁斯·李的粉丝，你喜欢布鲁斯·李吗？"……以采访别人为业的记者临时变成了被别人采访的对象，这样的体验实在别致，但也再次证明，作为一个在印度生活和工作的中国人，在与当地人沟通交流时，李小龙和中国功夫是永不过时的话题。

几位来自宝莱坞的影星参加了当天晚间的颁奖环节。活动结束后，组织者之一奇塔·亚杰内什·谢蒂告诉我，过去十年，每逢李小龙的诞辰，印度都会举办类似的纪念活动。

"作为一名功夫教练和宝莱坞功夫片导演，我的工作就是与功夫打交道。虽然李小龙已经去世多年，但他创造的功夫世界至今仍然带给人们愉悦，他的粉丝在印度有增无减。"他说。

偶遇的萨义德是现场最为特殊的一位功夫迷，他长得黑且瘦，头发乱蓬蓬，随身背着个双肩包，远远地站在人群之外，一副特立独行的样子。未承想，稍一接触他便打开了话匣子。

28岁的萨义德来自孟买本地，从事服装生意多年。但他表示，自己作为李小龙粉丝的时间更长，至今已自学和练习中国功夫长达10年。虽然没有参加纪念活动的任何比赛，但仅仅作为旁观者就足以让他享受和着迷。

"我最早知道李小龙是看了电影《唐山大兄》，从此以后就迷上了他。我看了他的所有功夫片，业余时间还收集关于他的各种资料。每年的纪念活动我都参加。"

萨义德一边说，一边在草地上打开他的双肩包，我这才发现那其实是个"百宝囊"。除了一个又老又笨的笔记本电脑之外，里面装满了各个时期的李小龙海报、有关书刊乃至媒体剪报。最后，他甚至从包里掏出了一副双节棍，旁若无人地舞动起来。

在印度，中国功夫的影响甚至改变了一些人的命运。

第一次见面时，得知我来自中国郑州，尼西斯·阿维纳什·沙阿（中文名字唐汉明，上一节"巨人不再跛行"中提到过他）激动地用汉语连说了好几个"老乡"，因为热爱中国文化的他曾留学郑州大学学习汉语。

"其实我和中国文化、中国影视一直有缘。20世纪90年代初的时候，香港的《射雕英雄传》出了印地语版，画面上中国人在比武打斗，冲口而出的却是印度人的语言，当时才几岁的我就很着迷。"他说。

2018年7月，国产电影《我不是药神》上映后迅速引爆话题热点。因为汉语说得好，唐汉明被剧组找到，在片中饰演男主角徐峥前来印度买药时的司机和翻译，那满脸的络腮胡子和大大的锡克头巾，在银幕上刮起了一股浓浓的印度风。

二

除了中国功夫，在孟买能勾起华人乡愁的另一样"中国元素"便是中餐了。

专访宝莱坞影星阿米尔·汗（Aamir Khan）时，他告诉我，除了印餐以外，最喜欢的就是中餐，"大街小巷走一走，随处可见中餐馆"。然而久居印度的中国人都知道，印度人所说的中餐其实是经过改造后的印式中餐。真的吃了以后，"中国胃"多半是要失望的。当然，对于吃惯了印式中餐的印度人来说，他们在中国吃到地道中餐时的心情也是类似的。

在孟买，我去过最多的两家中餐馆，一是在南孟买繁华之地的林阁（Ling's Pavilion），二是离机场不远的喜达屋酒店中餐馆。

林阁被誉为孟买最为正宗的中餐馆，老板是印度华裔二代的兄弟俩。20世纪三四十年代，其父从广东过来帮忙打理家族长辈的百货生意，因为思念家乡的味道，于是便开了一家中餐馆。未承想，这生意一做就是80多年，中餐业务版图也扩大到了新德里、加尔各答、奥兰加巴德等城市，如今第三代人正逐渐接过家族生意的大旗。

每次去林阁，总会看到林家兄弟俩的其中一个在门口招呼客人。由于两人长得太像，常常分不清谁是谁，但只要见到胖胖的他们坐在熟悉的中式太师椅里，心里就莫名觉得踏实而温暖。"素炒小白菜，还是红烧猪肉，煎饺要不要？"看到是中国客人过来，点餐的时候，他们会用简单的中文提问。

为了保证菜品质量和口味，多年来林阁的餐食原料始终来自同样的供应商，这也让其收获了大批忠实的印度顾客，其中不乏宝莱坞影星、政界高官和商业名流。在这里，携家带口的印度人聚在一起大快朵颐是常见的画面。一次，我看到一位母亲带着两个女儿坐在邻桌，点了两盘很大的肉包子，蘸着印式调味料吃得不亦乐乎。

"我们从来没觉得有打广告或做市场营销的必要，来这儿的都是老顾客，人们口口相传。许多家庭好多年来都是我们的客人，现在他们的孩子甚至孙儿们也一样。"在接受当地媒体采访时，林家老大骄傲地说，"父亲教导我们诚实、勤劳，心中有神。我们一直信守此道，如果自己都不吃的食材，我们绝不会供应给客人。"

与历时三代人打拼出一片天地的林家人相比，单枪匹马在印度生活了20年的中国厨师"梁哥"是另一种传奇。

早在1983年，时年21岁的"梁哥"便获得北京市争办奥运烹饪大赛金牌，随后在90年代日渐崭露头角，并因获评"全国最受瞩目的青年厨师"称号而登上《美食》杂志封面，先后到泰国、美国、秘鲁、澳大利亚等国表演、讲学和工作。直到2000年来到印度，一待就是20年。

"那时印度人对中餐了解很少，我向当地人展示、推广真正的中餐文化，并结合当地饮食特点改造中餐，让更多印度人有机会吃到中餐。"回忆过往，"梁哥"如是说。

如今，作为喜达屋集团印度地区中餐及亚洲餐行政总厨的他早已荣誉满身，包括多次获得由《印度时报》举办、素有"印度美食奥斯卡"之称的"时报美食大奖"；曾接受印度美食电视节目专访，被编入《印度最佳厨师名人录》；2018年底，还曾受邀作为印度首富穆克什·安巴尼女儿婚宴的中餐主厨。

如果一个人去喜达屋酒店中餐馆，我会习惯性地点一碗陕西的油泼辣子面，一边坐下来慢慢地享受那份筋道，一边听"梁哥"讲他在印度的经历和见闻，而中印餐饮文化的差异总是绕不开的话题。

在他看来，中餐讲究色香味形，而印度人吃饭口味重，加上爱用各种各样的香料调味，不管做什么在中国人眼里就是"糊糊"。事实上，印度人也注意到了两种餐饮烹调方式的差异。一些当地朋友就曾告诉我，印度菜不管食材是什么，鱼、鸡肉、羊肉还是别的，经过混合香料熬成的马沙拉"汤汁"一浇，最后都混在一处，煮出来后都叫咖喱；中国菜做出来端上桌，荤的素的，干的稀的，青的红的，食材和原料仍然一清二楚。

但我与"梁哥"结缘并非仅是因为中餐。

那是我刚到孟买的第一个春节，"梁哥"作为组织者和参与者，通过网络聊天室策划了一场跨国戏曲春晚，我前往报道。身在国内的晚会主持人介绍，由于为人热心，夫妻俩都爱唱戏，"梁哥"主持的戏曲聊天室成员从开始的60多人扩展到了200多人。除了日常表演外，"梁哥"每逢重要节日也都会安排相关主题的晚会。

"梁哥"告诉我："久居异国，每个海外华人的肠胃里都住着一份乡愁。我虽是一名中餐厨师，可由于从小受到家庭影响，我的乡愁藏在京戏里。上班时间我在厨房煎炒烹炸各种美食，下班后我进到聊天室听戏会友，就这么过了好多年。"

三

除了中国功夫和中国美食，位于南孟买的关公庙是见证孟买华人社区传承与变迁的唯一建筑。金漆的雕龙、刺绣的帐幔、红色的大门——每年除夕之夜，当地华人便汇聚而来，在庙前表演舞狮，在庙里烧香祈福。

守庙人谭先生介绍，大约在1919年，其祖父和另外9户华侨一起出资兴建了这座关公庙。由于祖父、父亲都是木匠，庙里的香案供桌都是他们亲手制作，而壁画则由他自己绘成。"因为全孟买只有这一个中国庙，就把观音、孔子都请了进来，一楼是观音，三楼是关帝，二楼则是孔夫子像。庙里一角还挂着签卦，供大家占卜取乐。"

一个世纪以来，阿拉伯海潮起潮落，这座关公庙仿佛灯塔一样屹立至今，也见证了当地老华人的风流云散。

谭先生介绍，世事变迁，另外9家修庙人早已不知所终，之前关公庙先由他母亲看守，母亲去世前交由他看护。家里共有10个兄弟姐妹，除他之外都已移民到美国或加拿大了，后来就连他的儿子也去了加拿大，目前只剩他还留在这里，而整个孟买也仅剩数百名老华人散居各处，其中大部分从事餐饮、理发工作，或是当牙医。

据了解，中国人从18世纪末开始移民印度，早期大致分为两支，一支来自广东江门的四邑，主要在阿萨姆邦及喜马拉雅山的多个山城茶园里做工；另一支来自广东梅县，以客家人为主，在加尔各答从事炼糖或者制革业。鼎盛时期，加尔各答华人一度达数万之众，且拥有自己的学校、报纸、社会俱乐部。1901年，戊戌变法失败后的康有为游历印度时，就曾在当地的华人社区居住逗留。

然而出于各种各样的原因，近现代以来印度华人持续移民他国，华人社区大幅萎缩。官方数据称，目前仍在加尔各答生活的老华人大约只有2000人。

2019年除夕之夜，我在孟买关公庙遇见了中国传统舞狮队的领队刘彼得。他告诉我，多年前父辈从广东来到印度，自己出生在加尔各答，那里的华人一直保有春节舞狮传统。4年前，自己和家人把这项表演带到了孟买的关公庙。

"我们不是专业的团队，就是以这种方式欢庆春节，吸引更多的华人聚到一起开心开心，也希望能借这个机会让印度人更多了解中国文化。"虽然眉眼之间仍是一副中国面孔，但眼前的刘彼得只能用英文接受采访了。

四

官方介绍，加尔各答至今保有全印度唯一一条唐人街。据去过的中国朋友描述：旧房子，灰灰的路，一条窄窄的臭水沟，杂乱的绿化，平平无奇的样子。唯一的特色是街边的中餐馆，用金色、红色、绿色或者是北京、上海、龙等名字强调自己的"中国元素"，感觉更像是一座"唐人村"。

一位多年从事国际旅游业务的中国朋友告诉我，从世界范围来看，中餐、唐人街、华人社区，只要有华人的地方都能找到这些"中国元素"，而像印度这样老华人社区一直在萎缩的国家确实不多见。

在他看来，一方面，印度本身是文明古国，本土传统文化比较强势；另一方面，普通印度人生活成本很低，也属于吃苦耐劳型的民族。如此一来，以勤劳和吃苦精神著称，在其他国家能够很快扎根并且开枝散叶的华人，在印度的竞争优势就没有那么明显了。

这些说法的确具有一定道理。但在印度华人心中，还有一个更深层次、难以触碰的原因，即1962年中印边境自卫反击战之后集体遭受的痛苦和不公。资料记载，在印度西北部拉贾斯坦邦境内的沙漠腹地，有一处废弃多年的二战战俘营——德奥利集中营。1962年中印边境自

孟买街头偶遇中国旅游团

卫反击战爆发后，印度以国家安全为名，强行将多达3000名华侨押上火车发配至此。受尽折磨多年，平白蒙冤的华侨获释回家后，却发现房屋财产不是被没收，就是被拍卖，或是被洗劫一空……

在伤心绝望中，逃离印度似乎成了最好的选择。此前，《淡忘了的一族——生长在印度的华裔》一书的作者谢明通接受中国媒体采访，谈及印度华裔的境遇变迁时说："每一个人都想离开"，而他一家也在多年前移民加拿大了。

时代风云激荡，新时期中印两国逐渐加强经贸人文交流。2006年10月30日，中国国航首飞北京—德里航线；2015年10月25日，中国国航开行北京直飞孟买航线，成为当年中印交往十大新闻事件之一。

有关数据显示，截至2019年，中国是印度第11大入境来源国，印度是中国第9大入境来源国。未来5年，中印航空市场年均增长率预计为8.8%。

2018年12月初，就在参加了李小龙诞辰纪念活动后没几天，我在孟买街头和一群来自中国浙江的游客偶遇。得知我在印度工作，他们热情地邀我到附近一家中餐馆小聚，并好奇地提出有关印度的各种问题。这也是我驻印后第一次在当地遇到组团的中国游客。

中餐、筷子、普通话、中国面孔——短短两个小时的晚餐很快过去了，我竟有了他乡是故乡的恍惚之感。或许，随着越来越多的"中国制造"、中国游客出现在南亚次大陆的这片土地上，未来在印华人华侨的乡愁将不再无处安放。

来自"未来"的一拨人

一

2019年4月末，新德里，阳光酷烈。

通往古尔冈（Gurgaon）的交通干道上，各式车辆排成长龙，艰难地向前挪动着。车窗外到处灰蒙蒙一片，分不清是雾、霾，抑或是扬尘。手机里，"在意空气"应用显示，PM2.5指数为154。沿途不时有施工路段，导致堵车间歇性发作，"突突"车（电动三轮车）、摩托车、小轿车、公共汽车横七竖八挤成一团，行人见缝插针顶着尖利的笛声横穿马路，现场令人心生绝望。

经过一个小时左右的磕磕绊绊，车子终于驶入古尔冈市区。远远望见一处带有vivo标志的人行天桥，霸气的V15 Pro手机海报横贯两侧。"照相和音乐"——英文广告简洁明了地宣示着卖点。走近了才发现，这其实是一处vivo冠名的地铁站。

古尔冈与新德里的直线距离为30千米，人口约百万，从空间上看相当于后者的新城区或卫星城。公开资料显示，其经济发展起步于20世纪70年代，从印度本土汽车制造商马鲁蒂和日本铃木公司在当地合资建立汽车工厂开始，目前已有250多家世界财富500强公司在此开设办事机构，古尔冈随之成为印度主要的新兴经济和工业城市之一。

我此行要拜访的中国手机企业vivo也在这里。

"就印度市场而言，30年前投资的是日本企业，20年前投资的是韩国企业，目前中国企业属于第三拨。以前是别人来到咱们国内投资，现在终于轮到我们（出海）了……我们是'来自未来的一拨人'，现在印度正在经历的，国内四五年前都经历了，比如从功能机向智能机的转化，消费者认知度的提升，等等，但是印度这个阶段比我们当年来得快，竞争更加激烈。"

没有过多寒暄，单人办公室里，坐在我对面的刘赞（化名）直奔主题，侃侃而谈。这个1985年出生的年轻人，8年前通过校招进入中国广东的步步高母公司，从手机销售员做起，一路摸爬滚打，目前已是vivo印度市场部门的"一把手"。

二

驻印工作期间，我接触和采访过形形色色的中国人，尤以智能手机为代表的互联网高科技行业从业者令我印象深刻。总体而言，他们身上带有诸多类似的标签：大多是"80后"甚至"90后"，英语流利，受过良好教育，看似稚嫩却个个独当一面。他们踌躇满志，胸怀世界，相信技术和市场的力量，敢闯敢拼，虎虎有生气。这是中国国际化进程中的全新面孔。

中国手机进军印度市场，最早可以追溯至2007年。彼时，乔布斯在美国旧金山刚刚宣告了苹果手机的诞生；印度市场被摩托罗拉、诺基亚等国际品牌所垄断，本土手机则依托来自中国深圳华强北的代工和贴牌，形成"百家争鸣"之势。

真正的改变始于2014年：以小米、vivo、OPPO、华为、一加为代表的中国品牌智能手机大批量登陆印度市场，一路高歌猛进，竞相发力。

2015年，小米在新德里首次举行新品发布会，首席执行官雷军用带有湖北口音的英语演讲，留下一句后来被改编成各种"鬼畜"视频的问候语："Are you OK？"2017年，雷军再次访问印度并与总理莫迪会面，红米4A创下线上4分钟卖出超过25万台的纪录，此时印度已是小米最大的海外市场……

市场调查机构Counterpoint Research提供的市场监测数据显示，截至2019年一季度，中国智能手机在印度的市场份额再次创下历史纪录，占比高达66%，同比增幅高达20%，其中小米以29%的市场份额高居榜首。韩国三星位居第二，占比23%，这也是唯一进入前五位的非中国手机品牌。小米之外，增长强劲的中国品牌还包括vivo、真我（realme）和OPPO等，其中vivo的销量增长达到惊人的119%。至于印度本土品牌则被综合归类为"其他"，共计占比22%。

就短短5年的时间跨度而言，这着实是一份亮眼的出海成绩单。而颠覆印度市场格局的，正是以刘赞为代表的"来自未来的一拨人"。他们将"中国模式"嫁接印度市场，行动灵活快速，出手既重且狠，

印度街头的小米手机专卖店

这背后是由产品系列的高性价比、贴近本土的持续创新、高效务实的企业管理、精准密集的广告轰炸等多种要素编织而成的系统工程。

三

此间，两组数据和一个细节广为流传。

截至2016年，拥有14亿人口的中国，智能手机年出货量超5亿台，而拥有13亿人口的印度则不到2亿台，过半数人仍在使用功能机；2017年2月，印度电信运营商Jio宣布过去170天时间获得了1亿4G用户，这比用433天时间达到1亿用户的微信还快。

几乎同时，出海印度的中国互联网圈子津津乐道着这样的"传说"：为了迅速抢占户外广告位，一家中国手机公司临时改变财务管理制度，允许市场人员带着财务人员签了字的空白支票去谈协议。价格定下来后，现场只需给公司打个电话进行确认，钱很快到账。

快速爆发的市场以及白热化的竞争由此可见一斑。

"当时是把国内的地推模式搬过来了，把全印度分成多个不同的'战区'，销售人员深入乡镇一级去抢地盘。"刘赞说，"现在'拼刺刀'的阶段已经过了，公司正在做的是从市场到服务的纵向提升。"

紧接着，他向我谈起了印度市场的特点：手机用户以男性为主导，男女用户比为9∶1；印度95%的用户都非常熟悉手机性能，相比之下中国消费者"懂手机"的只占44%；印度13亿人口，真正有消费能力的只占一半，因此对价格非常敏感……基于此，vivo以26岁左右的印度男性为目标人群，并有针对性地展开市场推广，一是启用阿米尔·汗进行明星代言，二是冠名印度板球超级联赛，三是抢占机场户外广告牌。

这让我想起一个久居孟买观察到的生活细节：在通往孟买国际机场的高架桥转弯处，长年累月立着一块巨大的广告牌，左边雷打不动的是一款三星手机，右边则是一家中国品牌手机，时而vivo时而OPPO——南来北往、世界各地的旅客必经此路，那是窥探印度手机江湖的窗口，也是资本鏖战市场产生的回响。

对中国互联网公司而言，印度智能手机的普及还意味着移动端电商、游戏和广告三大商业模式机会窗口的出现，这意味着更多的人将从"未来"穿越而至。

在阿里UC的新德里办公室，其负责人李强（化名）向我讲述了内容出海在印度市场的演进：2017年还是以信息流为主，到了2018年就变成了短视频，最具代表性的就是抖音海外版TikTok，下一阶段大家关注的是能否与电商结合，尝试变现。

"全球范围看，印度的互联网发展并不算慢。横向对比的话，这里相当于中国移动互联网的2012年或2013年，但印度市场太多样化了。在中国，有个微信或拼多多就可以撬动整个或大部分市场，在印度这种打法就不太适合。"李强说，"印度数字广告的体量在15亿～16亿美元，规模很小，光是谷歌、脸书两家差不多就占据了10多亿。目前我们的月活用户达到1.4亿，未来希望在业务量和变现能力上也达到这样的水平。"

四

1991年出生的阿新（化名）在诺伊达（Noida）的手机工厂接待了我。

从地理位置上看，这里位于北方邦境内。但为了协调规划征地和基础设施建设，印度在1985年成立了国家首都辖区（National Capital Region，NCR），以新、旧德里为中心，把包括哈里亚纳邦的古尔冈、北方邦的诺伊达等在内的周边卫星城划为一体，也叫德里大都会区。

刷卡进门后方才见到vivo标识，厂区内部和国内的企业园区并无太大不同。办公楼一层，"爱印度，爱vivo"和"印度制造"组成的巨幅招贴画覆盖了一整面墙。正是中午时分，室外是42℃的高温，阳光亮得晃眼，挂着工牌的工人散落在阴凉角落里，或者聊天，或者玩手机。

阿新介绍，厂区一共两条生产线，约7000名工人，每月生产手机两三百万台。产线工人大多高中毕业，年龄在19岁至27岁之间，主要来自周边的农村、小镇。因为劳动强度大且出于安全考虑，女工很少。普通工人薪酬水平约为1500元人民币（相当于1.8万卢比），工人多在附近租房，工厂提供三餐和班车服务。

"印度的人力资源总体来说很充沛，但是劳动力素质不高，没有技术含量的装配工很容易招，熟练的技术工人很难招，来了以后也很容易跳槽，物以稀为贵嘛。"阿新一边走一边说，"我们是劳动密集型产业，未来可能要推动印度的劳动法升级。印度上一版的劳动法是1960年制定的，规定每季度最多加班50个小时，去年更新了一次，提升到100个小时，目前看还是不够用。"

话题自然绕不开跨文化企业管理的难度。

阿新透露，有一年某中国手机厂区的垃圾堆里发现了印度国旗，工人们为此举行罢工抗议，事情闹得很大。后来vivo从中吸取教训，决定厂区只用一面大号的印度国旗，在重要活动或节日举行集体升旗仪式，随处悬挂的小国旗则一律用相同颜色的气球替代，以避免不必要的麻烦。

除了这些可能发生的意外，最令中国管理人员头疼的是印度员工思维方式的不同。

"布置任务的时候，印度人张口闭口'no issue'（没问题），时间长了才知道他们重视过程而非结果，但中国人更在意结果而非过程，这些刚开始都带来了很多困扰。印度的管理水平跟国内比要落后五六年，但我们首先要保证合法合规，其次要尊重当地的习俗、文化，在此基础上争取把国内的优秀管理经验、企业文化带过来，最终走向全球化。"

这位年轻的"90后"还谈到了对于"中国模式"以及"西方模式"的理解：欧美的企业有着天然的自我优越感，无论到哪里都希望推广一整套制度，别人只要照做就行了。相比之下，中国出海企业是变通的，摸着石头过河，因此也更接地气，更有本土视角。

这让我想起前面两位负责人说过的类似的话。

在刘赞眼里，vivo与对标的三星相比差距明显，"三星掌握了上游技术，内存、手机屏、摄像头，但有一点我们是比较强的，文化层面上我们对新的市场充满敬畏之心，战战兢兢，安守本分，三星给人居高临下的感觉"。

李强认为，就出海而言，游戏规则大多是西方企业定下的，作为后来者的中国企业多数时间处于追随状态，"西方是技术驱动，我们更多的是运营驱动。在印度市场，脸书和谷歌的受众是懂英文的精英层，而我们的目标是下面更大的那块蛋糕"。

看到差距而不妄自菲薄，既自我警醒又信心满满——这是一种踏实笃定、明天在手的"未来人"气质。

五

告别vivo工厂，我跟着谷歌导航指引，前往正在建设的OPPO新厂区。沿途经过无数个路口，两边是大片的农田，收割后的地里留下崭新的麦茬。有时会穿过村庄，黑色的水牛成群结队在吃草和散步。偶尔也穿过小镇，店家和小贩几乎把生意做到马路中央，街道陡然变得狭窄，车辆和行人在路口堵成一团，地上有一摊一摊绿色的污水。

半小时过后，远远看到高耸的施工塔吊，绵延四周的围墙，大门口持枪的保安，来来往往的重型卡车，以及躲在阴凉处休息的工人，崭新的厂房正从农田里生长出来……眼前所见瞬间激活了旧时记忆。2014年春节前后，我在豫东地区采访，其时中国的产业转移正从沿海向内陆推进，当地随处可见产业集聚区从城市边缘拔地而起，大量的农民工得以实现家门口就业。这意味着，此前年复一年上演的中国农民外出务工潮，正从"候鸟式迁徙"向"钟摆式运动"过渡。

一些业内人士告诉我，随着越来越多的中国手机品牌进军印度，买地设厂，相关产业链的上下游，诸如包装盒、中框、摄像头等的供应商也开始向印度转移，"预计未来供应商本地化将达到80%～90%，而目前这一比例还不到20%"。

农田和工厂，农民和工人，乡村和城市……时隔5年，在异国他乡所见所闻，一切是那么熟悉，一切又是那么不同。

重新出发，前行30多千米后，终于来到三星园区。大门口是醒目的企业标识，通勤大巴停在路边，有韩国面孔的员工站在树荫下抽烟。园区斜对面散落着一些村庄，载着建筑装备的大卡车驶向一片空旷的农田。附近的村民介绍，那是即将开工的三星新厂区。

我拍了照片发给阿新，同时感叹三星在印度的规模真是大啊。他很快回复："全球最大的三星工厂，上次文在寅访问印度，和莫迪一起去的就是这个厂区。"正说话间，微信朋友圈里跳出来一篇推送，是《中国企业家》杂志刊发的有关国内手机行业竞争态势的报道，标题为"10平米肉搏战：华为、荣耀、OPPO、vivo、小米的线下江湖"。

返程的路上，终于有空和司机素德·辛格聊天。38岁的他来自北方邦，长得又矮又胖，稍微一动便气喘吁吁。因为天气太热，他把白衬衫的领口敞开，一小撮胸毛露在外面，不禁让人想起美剧《绝命毒师》里的警察汉克。

素德·辛格家里一共兄弟6个，一个在当兵，一个是老师，一个是房产中介，还有两个留在老家种地。他们的老家是一个距离新德里100千米的村庄，开车要3个小时左右才能到达。附近没有什么工厂，当地人以种地为生，主要作物是甘蔗和小麦，扣除各种生产资料成本，户均差不多有5万卢比的年收入。

大约10年前，素德·辛格来到德里谋生，一家三口至今寄住在表哥家。虽然省了房租，但700卢比的水费和1500卢比的电费是每月的必要开支。作为司机，他的收入为保底工资5000卢比外加公司绩效，实际月薪通常在8000卢比至10000卢比之间。但由于妻子没有工作，还要供养11岁的女儿上学，日子过得也并不容易。

"你的梦想是什么？你幸福吗？"我问道。

"梦想？"他皱了下眉头，歉意地表示没听懂。

我耐心地在手机上打出英文，他看了一眼，再次摇了摇头："No（不）!"

我心中诧异，有点着急地追问："没有？你不想有自己的房子吗？不想有更高的收入吗？"

"No, sir（不，先生）!"他愈加听不懂了，费力地想了半天后回答，脸上的歉意堆得更多了，似乎是因为始终没能提供一个我想要的答案。

"你做司机开心吗？"我换了个话题。

"是的，我很开心。"转眼间，他脸上的歉意融化成了笑容，或许是因为想起了开心的工作经历，又或许是因为终于以肯定的语气回答了我的问题。

"女儿长大了，你希望她做什么？"我紧接着问。

"希望她能考上大学，毕业了找一份工作，比如当公务员，或者进厂当工人。如果实在找不到，就结婚，然后做家庭主妇。"

我陷入了沉默，想起了那些来自"未来"的人，那些在农田里日夜生长的工厂，心里冒出另一个问题："眼下发生的这一切，未来会给素德·辛格或者他的女儿带来怎样的改变？"

Cinema
book my show
CINEMA
आतापासून
book my show
INDIA'S
BATLA HOUSE
15TH AUGUST
रोज ४
हिंदी

『电影王国』的两面

说起印度，电影是绕不开的话题。抵印不久，我就有幸采访到《摔跤吧！爸爸》的主演阿米尔·汗，由此也开始了对印度电影行业的零距离观察之旅。

从演员的个人经历和职业发展、电影行业的历史，到电影产业的发展模式——我尝试从不同维度来观察和记录。

经历半个世纪的发展，印度的电影产业已经成为其现代化和走向国际的重要名片、民族文化认同和自信的象征，同时也成为中印文化交流的一座桥梁。

在宝莱坞电影城，我看到了印度电影产业运作的缩影，也观察到了印度电影艺术、产业发展和其悠久文化历史的密切关联。

然而，在光鲜表象的背后，印度的电影产业同样存在着不少问题和挑战，资本垄断、裙带关系等顽疾，给印度的电影业蒙上了一抹灰色，也限制了这个产业的进一步发展。

从电影演员的人生起伏，再到电影产业的跌宕发展——印度体量庞大且具有广泛影响的电影产业，如同这个古老的南亚大国一样，一边拖着沉重的传统桎梏，一边在努力跟上这个现代化世界的脚步。

与阿米尔·汗面对面

一

　　司机桑尼载着我一路穿行。

　　初始是宽阔的城市主干道，车窗外不时可见黄黑相间如大黄蜂一样的"突突"车，耳边充斥着此起彼伏的鸣笛声。不久后，汽车拐了两三个弯，进入一条尘土飞扬、坑坑洼洼的小道，两边是早起的人们和摆摊的小贩。

　　孟买市中心，2018年1月13日9点半。这是又一个繁忙而喧闹的早晨。

　　然而一切似又有所不同，因为眼下要去见的人叫阿米尔·汗。

　　公开的资料显示，1965年出生于孟买的阿米尔·汗是宝莱坞当红影星，同时也是在中国最受欢迎的印度影星之一。截至目前，由其主演的电影至少有9部进入中国院线，票房和口碑都有不俗表现。尤其是2017年上映的《摔跤吧！爸爸》，在中国内地的票房达13亿元人民币，一举创下印度电影在海外的票房纪录。

而在印度本土，阿米尔·汗的身份非常多元，他不仅是多才多艺的演员，也是出色的制片人、导演、编剧、慈善家和社会工作者，曾4次获得印度政府颁发的国家电影奖，并2次被授予印度公民最高荣誉奖"莲花奖"。因其在社会领域的贡献，他登上2013年《时代》周刊封面，并被媒体称为"印度良心"。

除了以上资料，为了准备这次采访，我还特意在各大网站翻看了阿米尔·汗的有关历史视频。2012年，在芝加哥拍片的他接受国外媒体专访，谈的不是电影，而是作为一个明星的社会责任。在另一段视频节目中，他回忆起自己感受弱者处境的思维方式的源头：

"我年轻时曾经在一场网球比赛中获胜。我把获胜的消息告诉妈妈后，她很高兴。但是那天晚上，当我独自一人在房间里回味这场胜利时，妈妈敲开了我的房门说，儿子，你认识那个被你打败的男孩儿吗？我真的很担心他的母亲此刻会怎么想。

"这时我突然无语，因为我根本就不会从这种角度来看待自己的胜利。而妈妈那天其实也并没有试图教我任何事情，但是她却用主导她生活的思维方式让

孟买郊区波维一角

我明白了一些事情。"

此前，阿米尔·汗最近的一次中国之行是在2017年4月。为了推介新片《摔跤吧！爸爸》，他配合宣发公司在四川成都开展网络直播，手机镜头前尽显耐心和友善……

这样的采访备课让我得以从连续多日的"鸡毛蒜皮"中抽离——大约10天前，原租房屋的合同即将到期，因其太过老旧而要大修，我从孟买老城的克拉巴（Colaba）搬到了地处郊区的波维（Powai）。或许新租的房屋久无人居，搬进来的第一个星期，从电源短路到网络故障，再到煤气罐阀门锁死，各种问题层出不穷，而且看似不起眼的小问题背后，常常隐藏着一个又一个新的小问题，继而在不知不觉间发展成一个中等问题，然后无可救药地变成一个大问题。你很难说那像是从同一枝丫上结出了几串葡萄，还是由一颗种子最终长成了一个南瓜。仿佛网络游戏里的冲关打怪，面对这些，唯一能做的便是迎难而上，努力用耐心和时间去化解。

大约45分钟后，车子在一处院落门口停下。桑尼在路上介绍，孟买是印度的电影工厂，很多电影在"宝莱坞城"拍摄和制作，但也有越来越多的明星在外面成立自己的电影工作室。眼前的院落，就是相当有名的一处。

由于工作人员事先打了招呼，待报上家门后门卫欣然放行。此时距离采访开始还有近一个小时。我一边往里走，一边琢磨如何打发这段时间。不经意间，随行的摄影师用英文悄悄提醒道："哦，他就在那儿呢。"我一抬头，只见一个戴着宽边眼镜、头发齐齐束向脑后的中年男子，坐在一楼的台阶上小声地打电话。灰T恤、运动鞋，一身休闲装扮，最醒目的是两头翘起的标志性八字胡——正是阿米尔·汗。在他面前，停着一辆白色的越野车，一个身形高大的保安站在车后，此外再无其他。

我略略吃惊——没想到这么快就见到了传说中的印度"国宝"，还是以如此近乎随意的方式。擦身而过的时候，我冲着阿米尔·汗挥了挥手，后者也抬手致意，彼此算是打了招呼。按工作人员的指示，走向二楼时，我的脑海中闪过几个月前初把阿米尔·汗写入采访计划的情景。

二

当时我正在国内等待赴印签证。与此同时，国内暑期档的电影市场一片沸腾——凭借少见的军事动作题材，国产片《战狼2》连续刷新票房纪录：2017年7月27日晚上映后，先后拿下华语片单日票房冠军、首周票房最高纪录、最快破10亿票房等成绩；8月6日下午3点半，上映仅11天，《战狼2》的票房（含服务费）即突破30亿元，超越《美人鱼》保持的33.92亿元（不含服务费）票房纪录已成定局……

作为一部现象级的作品，该片的经典桥段之一是，吴京饰演的主角冷锋手臂套着五星红旗，带领一众车队安然无恙穿过非洲某地的交火区。有评论认为，有关"中国崛起"的主题已然成为国内一个宣传和创作的素材宝库。"也许在不久后，中国也会像好莱坞一样，生产许多'中国式英雄主义'的大片……"有网友评论道。

就在《战狼2》不断创造影史传奇的同时，在喜马拉雅山的另一侧，阿米尔·汗也在关注着中国市场。通过其拥有近百万粉丝的新浪微博官方账号可以看到，早在6月28日，阿米尔·汗就发布了两张他在新电影中的角色照片；7月31日，首次上传了新作《神秘巨星》的英文版海报；8月2日，甚至还发布了一段电影片花，并用英文向中国粉丝问好。

与《战狼2》的"中国式英雄主义"不同，《神秘巨星》讲述的是一个励志故事，混合了青春逐梦与伟大母爱、女性地位与家庭暴力等诸多话题元素。片中14岁的少女尹希娅突破歧视与阻挠，在由阿米尔·汗饰演的音乐导师的帮助下，坚持追寻音乐梦想。在阿米尔·汗官微发布的电影片段里，这位梦想唱歌的穆斯林小女孩儿说："我想让全世界都听到我的声音，我想让全世界知道我是最优秀的歌手……"

按照计划，这是继《摔跤吧！爸爸》之后，即将引入中国市场的又一部阿米尔·汗作品。然而不巧的是，其时中印关系正因洞朗对峙事件陷入多年来的低谷，情势已是剑拔弩张。负责影片宣发的一位公司负责人私下里告诉我，《摔跤吧！爸爸》的成功，给中国电影市场留下深刻印象，让阿米尔·汗隔三岔五通过微博与影迷互动，但考虑到目前双边关系的现状，新片的引进和宣发只能暂时搁置。

转眼近半年过去，洞朗对峙事件最终和平解决。最新的消息显示，《神秘巨星》也定在了2018年1月19日与国内观众见面——这也是我此番专访阿米尔·汗的背景。

三

工作室去往二楼转角的墙上，贴满了颜色鲜艳的电影海报，一水儿宝莱坞风格的明星脸。仔细看过去，除了阿米尔·汗之外，能认出来的没几个。

胖胖的助理女孩儿苏珊娜带着大家来到走廊尽头，一处不到10平方米的房间，简单地摆着一张茶几和几个沙发，貌似是一间化妆室，看起来并无特别之处。她介绍说，当天阿米尔·汗在此地拍片，采访会按约定的时间进行，让我们稍候。

在摄影师看来，无论是光线、背景还是空间，这里都远算不上一个好的采访环境。大家设想了各种可能的调整方案，正在七嘴八舌地讨论时，阿米尔·汗斜挎背包，一个人悄悄地走了进来。看看时间，恰是事先约好的11点整。简单的寒暄和问候之后，他坐在了正对门的沙发上，采访开始了……

话题从新片《神秘巨星》开始，讲到这次中国之行的路线安排，然后回忆起宣传《摔跤吧！爸爸》的成都之旅，大熊猫、火锅、中国美食……继而谈到中印电影合作的过往和前景。说到认识的中国电影人，阿米尔·汗甚至翻出手机通讯录，用不太标准的中文念出了一串人名：邓超、俞白眉、贾樟柯、王宝强……

整个采访过程中，阿米尔·汗几乎有问必答。他谈到拍完《摔跤吧！爸爸》之后的体重，谈到那些最喜欢的自己的电影作品，谈到为了正在拍的新电影而设计的胡须造型。他也足够随和平易，当着记者的面在裤子上擦手机，坐着不舒服就换个姿势蹲下来，用英语和印地语向影迷打招呼，并在采访结束的时候现学了中文的"我爱你"。

约定的时间很快到了，阿米尔·汗站在一面巨大的海报墙前，一一与众人合影。

尽管整个采访并不长，所谈也不够深入，一些细节仍给我留下深刻印象。

一、每谈电影，他开口必说"好故事"，即使是在客气地表达了想同中国影人合作的愿望之后，仍不忘补充一句，"这首先取决于要有一个好的故事"，由此可见其对好的电影作品的专注与执着。

二、当被问到其电影作品的产出率为何如此之低时，他坦承一方面好的作品需要时间，另一方面自己每年要花相当的时间从事社会工作，这不由让人想起他在主持电视节目《真相访谈》（*Satyamev Jayate*）时透露出的责任感：

"我读报纸、看新闻、与朋友闲聊、和陌生人交谈，总有一些事触动我的心弦。

"一方面，印度在崛起，蒸蒸日上，作为一个印度人，我感到高兴和自豪。但是，在社会中还有很多令人心酸的事实，我们却对此熟视无睹。这些苦难让我深感不安，感到哀伤。

"有时我会想，干吗要去思考这些与我无关的事情呢？我的生活幸福美满，别人的苦难与我何干？但是它确有干系。因为我也是这个社会中的一分子。

"我无心激化矛盾，只为能尽力去改变这个时代。无论是谁的心

与宝莱坞影星阿米尔·汗合影（对页）

中，只要有星星之火，必将成燎原之势。"

三、即使外表平易友善，但只要面对面接触，仍能感受到阿米尔·汗由内而外散发出的一种笃定和力量。那双眼睛告诉你，他的心灵时刻打开，准备迎接一切，但他又确乎知道自己想要什么，不想要什么。正如一本印度记者写作的阿米尔·汗传记标题所言：我行我素。

四

1月19日，《神秘巨星》在中国内地如期上映。有朋友陆续给我发来观影反馈，表示仍是一如既往的"米叔"风格电影。与此同时，阿米尔·汗在一年之内的第二次中国之行也顺利进行。从他的新浪官微和各种新闻报道可见，所到之处粉丝成群，受欢迎程度有增无减。

不能不提的一个巧合是，在稍早前上映、已发酵为热门话题的国产片《无问西东》中，被人们津津乐道的一个情节也跟印度有关：来华访问的印度诗人泰戈尔，作为精神导师般的存在，站在人群中讲述"对自己的真实"是多么重要，由此启迪乃至影响了那个年代一群卓越的中国年轻人。

然而历史的真相远比这复杂得多。

于坚在《印度记》里曾说：

"20世纪30年代泰戈尔访问中国，带着诗歌和善意。与那个时代汹涌而来的西潮不同，泰戈尔逆潮流而动，……这位耄耋老者在一群西装革履的新青年中间，语重心长，谆谆教导要尊重中国自己的传统，不要沉迷于物质、西方文化。印度思想在现代化开始之际就对它的异化有着高度警惕，现代化并非天经地义。"

然而，在泰戈尔过世多年后的今日，中国已经步入工业化的现代社会，在中国人心中，对于印度已不再是"玄奘时代的顶礼膜拜"，印度不再是"神的故乡"。

如今，近乎一个世纪过去，历史与现实在银幕上交汇。作为泰戈尔之后印度之于中国的又一张文化名片，阿米尔·汗正携带"宝莱坞制造"扑面而来，两个正在崛起的大国之间，又将如何续写新的篇章?

从《大篷车》到《调音师》

一

2019年3月的一天傍晚，我突然接到来自普里塔姆·夏尔马的电话，他问我近期有没有空，将安排一场重要的采访。电话那头的他显得很激动，以至于原本就不太能听得顺溜的印度英语变得更加难懂了。普里塔姆来自印度北部拉贾斯坦邦，从20世纪90年代开始以公关经理的身份混迹于孟买娱乐圈，手里握有一票宝莱坞影星资源，同时又跟各家媒体相熟。把合适的人牵线搭桥给合适的媒体是他的拿手好戏。

挂掉电话不久，普里塔姆很快发来邮件，原来是海南岛国际电影节的"美丽亚洲之印度"2019年春季影展，计划3月底至4月初在三亚、博鳌、海口等地同步放映多部印度佳片，其中的开幕影片选定为当年风靡中国的《大篷车》，而要采访的这位人物正是电影主演、宝莱坞传奇影星吉滕德拉（Jeetendra）。

对于今天的"80后"乃至更晚出生的年轻人，《大篷车》实在是太过陌生。作为最早进入中国的印度电影之一，该片拍摄于1971年，由吉滕德拉和阿莎·帕雷克（Asha Parekh）主演，讲述了一个富家女在经历其父被陷害和丈夫的背叛后，假扮乡下姑娘，藏身于流浪吉卜赛大篷车中伺机复仇的故事。20世纪七八十年代，该片在中国上映后，主题曲《大篷车》、插曲《爱的旅途》《啼笑皆非》传遍大江南北。要论其当年的流行程度，可以说远超今天年轻人热捧的漫威电影。

按照约定时间，我和雇员早早来到位于孟买约胡（Juhu）海滩不远的一处私家别墅。这里也是宝莱坞许多明星的聚居地，从阿布舍克·巴强（Abhishek Bachchan）到阿米尔·汗等一众大咖都在这条街上拥有私宅。以往每次行车路过，出租车司机都会指着门牌号如数家珍地介绍。

等待的人们一阵骚动，吉滕德拉走了进来。墨镜，身材修长，蓝色衬衫外套着浅色夹克，头发高高向后梳起，右手上三颗戒指亮得晃眼，举手投足间透出明星范儿，丝毫看不出已经是76岁的老人——转眼间，我就把提前准备好的"我爸爸的爸爸是你的粉丝"的客套说辞抛诸脑后了。

陪同采访的印度中国电影协会主席基肖尔·贾瓦德介绍说，考虑到中国观众对《大篷车》的美好印象，及其在中印电影文化交流中的标志性意义，印度中国电影协会和海南岛国际电影节主办方决定，将其作为印度影展的开幕影片放映。

吉滕德拉很是兴奋。他表示，作为最喜欢的代表作品之一，《大篷车》能在中国广受欢迎，自己感到非常荣幸。

"时隔多年，《大篷车》重回中国，并且作为海南岛国际电影节印度影展的开幕影片上映，我十分高兴，"他说，"举办这样的活动，对于推动中印两国电影文化的交流非常有意义。"

出于特殊原因，接到海南岛国际电影节主办方邀请的吉滕德拉难以成行。为此他专门给电影节和中国影迷录制了一段视频。"作为宝莱坞的一员，我衷心祝愿电影节成功举办。我也听说海南是个非常美丽的地方，希望下次有机会能够到访。"

二

长期关注印度乃至南亚文化的中国学者何赟说，新中国成立后中印两国文化交流曾有过巅峰时期。至20世纪70年代末80年代初，《大篷车》《流浪者》等诸多印度经典电影在中国广为流传。之后因为市场经济改革，中国进口电影的来源国更多转向欧美，印度电影在华影响不及从前。直到21世纪初，部分宝莱坞影片进入国内，印度电影再次被中国年轻观众所认知。

"此间最有影响的代表人物之一就是阿米尔·汗，他第一部被中国观众所熟知的影片是《三傻大闹宝莱坞》，后来发行的《我的个神啊》等也都收获不错的票房和口碑。"何赟说，"尤其是2017年上映的《摔跤吧！爸爸》，在排片率较低的情况下一路逆袭，中国内地票房达到惊人的13亿元人民币，一举创下印度电影在海外的票房纪录。"

在新一轮印度电影输华热潮中，阿米尔·汗在中国产生了巨大的影响力，同时，其成功效应也吸引了其他同行的关注，越来越多的印度电影人开始前来中国市场"淘金"。在我驻印的这段时间里，恰好见证了这一轮热潮，并有幸与多位宝莱坞影人交流，拉妮·慕克吉（Rani Mukerji）即是此间的另一位。

生于1978年的拉妮·慕克吉，是最有知名度的宝莱坞女星之一。在20多年的从影生涯中，她多次获得"印度影后"荣誉。2018年10月，其担纲主角的校园励志电影《嗝嗝老师》在中国上映，拉妮在片中饰演一位患有图雷特综合征（Tourette Syndrome）的女教师奈娜。图雷特综合征是一种罕见的神经精神障碍，患者会经常不受控制地抽搐，同时发出怪异又类似打嗝的声音。尽管面对歧视和嘲笑，奈娜依然勇敢追逐梦想，并最终用爱感化了被全校师生视为"毒瘤"的一群学生。

尤为令印度媒体津津乐道的是，《嗝嗝老师》是拉妮·慕克吉在经历4年休整后出演的首部电影。尽管预算仅为170万美元，但因其出色演绎和打动人心的剧情，该片最终成为2018年度最卖座的7部宝莱坞电影之一。在其斩获的2600万美元全球票房中，大部分收入来自中国。

"中国是世界上重要的电影大国之一，尤其是中国功夫片享誉世界。多年来，中国电影人广泛学习世界上先进的电影技术和制作理念，取得了很大的进展。中国还有着世界上最为成熟的观影人群之一，他们能够欣赏和接受各种类型的电影……"拉妮说，"欢迎中国电影人常来印度，同时我也热切期待着两国电影能够开展更多交流，尤其是进行合作拍摄。我乐意出演中国电影，也欢迎中国演员出演印度电影。那些看到这次访谈的中国电影人，欢迎你们带着想法与创意前来。"

在谈到期待参演的电影类型时，拉妮表示，那些在带给观众娱乐的同时又能引人思索的电影故事是最吸引自己的。"比如，一部电影在讲述浪漫爱情之外，又能够深刻揭示家庭的价值，以及人类普遍情感中失而复得的部分——对我来说，能够参与这样的合拍电影，并借机体验中印两国的不同文化，那将是很棒的经历。"

她同时强调，中印两国电影人的合作不应只是为了简单的高票房，而是应真正发自内心地去讲述能让两国观众产生共鸣的好故事。

阿尤斯曼·库拉纳（Ayushmann Khurrana）是我采访过的印度电影人中最年轻的一位。34岁的阿尤斯曼·库拉纳是宝莱坞电影的新生代力量之一，在2012年进入宝莱坞后，其电影表演多次获奖。作为"多栖艺人"，演戏之外他还是歌手、诗人以及电视节目主持人。得益于中国市场的票房收入，其主演的《调音师》已跻身史上最卖座的印度电影行列。

"很开心我主演的电影能够在中国上映，但能够收获这么高的票房是我此前从来未敢想象的。"访谈伊始，阿尤斯曼就直言该片的中国票房表现"是一个巨大的惊喜"。

《调音师》讲述了一个假装成盲人的钢琴师意外卷入一桩谋杀案，从而遭遇各种离奇经历的故事，情节设计充满了反转悬疑和黑色幽默。自2019年4月初在中国上映后，其票房收入超过3亿元，在近年来国内引进的印度电影票房收入中排名第三，仅次于由阿米尔·汗主演的《摔跤吧！爸爸》和《神秘巨星》。

影片中，阿尤斯曼·库拉纳饰演的主角钢琴师随着剧情变化，在"真假盲人"间自如切换，其惟妙惟肖的表演令人印象深刻。谈起幕后花絮，他表示为了演好剧中的盲人角色，曾特意在孟买一家盲人学校拜师学习了三个月。

"即使把《调音师》制作成一部无声电影，人们仍然能够看得懂那些反转、悬疑的情节设计。"阿尤斯曼说，"这部电影在中国的成功让我再次认识到，好的故事永远有能力赢得观众，好电影会超越国界、文化和语言。"

三

采访完吉滕德拉没多久，2019年3月23日《印度时报》刊出一篇报道："中国何以成为宝莱坞最大海外市场？"文章罗列了一系列数据：2018年印度在海外放映的电影达到332部，印度电影海外票房总收入300亿卢比。当年在中国市场放映的印度电影为10部（此前的2016年和2017年分别为2部和1部），占其海外放映电影数量的三十三分之一不到，但票房收入高达180亿卢比，占其海外票房总收入的60%。

"中国观众喜爱现实主义题材的好故事，认为这同样能够达到娱乐的目的。《摔跤吧！爸爸》的成功就是最好的例证，阿米尔·汗在那里家喻户晓。同时，某种程度上中国也增加了对印度电影的进口。"文章这样解释称。

"好故事"——这是我在与多位宝莱坞影人对话时最常听到的高频词之一，确实也暗含了新一轮印度电影输华热背后的秘密。

西南大学新闻传媒学院教授付筱茵认为，从《大篷车》到《调音师》的发展，可以看到印度电影努力探索在"变"与"守"之间建立平衡，在现实性与娱乐性之间建立平衡，"既注意尊重本民族文化传统，保留民族电影的优良叙事传统和审美特性，增强其品牌建构和民族认同感、凝聚力，又积极进行全球化、现代化的文本改良与突破，积极适应电影的全球化生存语境"，致使其影响力不断扩大。

北京大学南亚研究中心主任姜景奎撰文指出，宝莱坞影响遍及世界，除了有产业发展的需要，很大程度上还跟印度将电影视作一种国家战略来对待的态度高度相关。印度是一个多元社会，加之实行民主制度，宗派和政党林立，电影对内能起到凝聚人心的作用，对外则可以提升印度的国家软实力和国际影响力。

根据美国电影协会发布的2017年电影市场报告，该年度全球票房收入创下新高，达到406亿美元。其中北美达111亿美元，仍为全球最大电影市场，但美国观影人数触及22年来的新低。相比之下，亚太地区则是全球电影票房增长的主要推动力。中印两国的票房分别为79亿美元和16亿美元，分列第2位和第5位。

付筱茵说，中印电影界各自都与好莱坞有深度合作，且成熟度均不低，但是反观中印之间的合作还处于起步阶段。"双方应该总结各自与海外合作的经验，将其运用到中印电影的合拍当中去。总之，两国电影合作应该由易至难，从民间交流开始，进而发展到由市场因素助推，最终实现合作共赢。"

宝莱坞并非只有歌舞

一

提起印度，不能不提宝莱坞。

对于大多数中国观众来说，宝莱坞堪称印度电影的代名词。女主角们衣着华丽，演员们一言不合就跳舞，这也是大多数中国观众对宝莱坞或者说印度电影的直观印象。

然而在印度孟买，当地人所称的宝莱坞通常指的是"宝莱坞电影城"，始建于1977年，占地1600公顷，是一处位于该市西北郊的影视基地，距离孟买国际机场大约半小时车程。隔着屏幕看片与到宝莱坞实地参观，观感自然大有不同。

在简易窗口购票后，我便排队乘坐观光巴士进入宝莱坞。通过车窗可见，电影城坐落在高低起伏的山坡上，道路蜿蜒向前，两边是野生的杂草、废弃的垃圾、成片的树林，以及农庄、寺庙、别墅样的建筑。由于正值旱季，到处灰蒙蒙一片，这样的场景，与之前想象中珠光宝气的宝莱坞相距甚远，一度让人产生一种走错了地方的怀疑。

戴着牛仔帽的导游小哥热情洋溢，沿途侃侃而谈地给大家介绍，遇到合适的景点还会让乘客下车短暂停留，以供拍照留念。游客中有学生、年轻情侣，还有扶老携幼、远道而来的家庭团，但无一不聚精会神，那表情让人觉得这不是一次观光游，而是一场朝圣之旅。不由想起在印度广为流传的一句名言："印度人只在两件事上能达成全国共识，一是板球，一是宝莱坞。"

公开的数据显示，观众基数高、语言多样化、电影产量位居世界前列，是印度作为传统电影大国的重要特征。早在20世纪70年代，印度故事片年产量便从400多部发展到700多部，超过日本跃居世界

孟买宝莱坞电影城售票窗口

首位，电影产业也由此成为印度十大工业之一。到90年代初期，其年产量已有900多部。进入21世纪后开始超过1000部。

然而事实上，因为语言、文化、地域的多样性，宝莱坞并不能同印度电影简单地画上等号。位于孟买的宝莱坞，只是印度最大的电影生产基地，主说印地语，其电影票房在印度全国占比超过40%，其他如印度南部泰米尔纳德邦的泰莱坞、西部加尔各答的加莱坞等也都占相当比例，这些电影城共同构成了印度的庞大电影业。

观光巴士停在一处复合型建筑跟前，建筑正面挂着"最高法院"的标牌，紧走两步转到另一面，则是一座西式教堂的入口。此时，小哥取出手机向众人展示视频片段，分别是在此地取景的两部宝莱坞电影。看到置身之所变成毫无违和感的电影画面，众人不由得张口惊呼。

继续前行，道路两边不时闪过施工现场：成堆的沙土、巨大的木板、在脚手架上爬上爬下的工人。导游介绍，又有新的剧组要开工了。与此同时，一些用过的取景建筑则日渐破损，成块的石棉瓦裸露在外。

车在半坡停下来，恰好遇到一剧组正在露天拍戏。众人下车步行，在安全距离外静静围观。年轻的女演员、穿红衣服的胖子、长胡子的帅高个儿——三人在一辆车前展开对手戏。伴着阵阵的乌鸦叫声，导演喊出"action"（开拍）。三位演员正演得投入，忽然传来摩托车的轰鸣，原来是附近的村民骑车路过。那声音由远而近，越来越响。现场工作人员连忙去阻拦，骑车人于是停在半道上，却并不熄火，忽高忽低的马达声夹杂着乌鸦叫，竟成了拍戏的背景音，引得众人窃笑。

想到印度每年拍摄的电影有20多种语言、电影发片量约2000部，其中大多都是在这样的外景环境下完成的，我内心里再次回响起"不可思议的印度"的赞叹。

导游小哥带着众人又转到了另一露天剧组附近。仿佛置身婚礼现场，洁白的桌椅、红色的帐幔、彩带和鲜花，身穿白色礼服的女主角在镜头前一遍遍奔跑，不由让人联想起那些常见的宝莱坞歌舞片剧情：命运不佳的情侣，严厉愤怒的父母亲，沦落风尘的善良女子，失散已久的亲人和被命运分开的兄弟姐妹，如此等等。

二

一直以来，歌舞长片确实是印度电影给人的普遍印象。早在1931年，宝莱坞诞生的第一部有声电影《阿拉姆·阿拉》就包含了7首歌曲以及多个舞蹈场面。而通常情况下，印度电影长达两三个小时，由于时间过长，在电影院播放期间还会有10～15分钟的中场休息。相关分析认为，印度一年中大部分时间都很炎热，观众们希望能在影院里一边乘凉一边打发时间。尤其对于广大贫民来说，花一笔小钱在电影院里待上半天，看美女唱歌跳舞是莫大的享受。为了迎合大众需求，久而久之便形成了印度电影的这种固定类型风格。

除了这种地理决定论外，有关印度电影"一言不合就跳舞"的解释还有多种。其中比较学术的一种说法认为，印度电影的歌舞传统源自波斯剧场的"双幕"戏剧形式。

为了躲避征服波斯的阿拉伯人的迫害，很多波斯人（拜火教徒）在8—10世纪迁徙到了印度。由于擅长商贸，他们逐渐通过积累的资本在印度投资设厂，并在出版、铁路、通信等印度经济的方方面面取得领先地位。从19世纪起，印度境内的波斯裔开始从当时的英殖民者手中陆续买下剧场。在经营的过程中，他们为了扩大市场，吸引观众，随之引入了"深幕"和"浅幕"两个场景的戏剧形式，"深幕"之上画的大多是宫殿或花园这样肃穆的场景，而"浅幕"悬挂的则是热闹的街景。通常戏剧的主要剧情都在"深幕"中演出，而"浅幕"里则会有许多甚至从未在剧情中出场的人涌现，并且尽情地舞蹈或夸张地表演。

对于不识字、互相之间语言又不通的印度平民大众来说，节奏欢快的歌舞与一些看似夸张但表现力强的表演自然喜闻乐见，且能尽情欣赏；对于识字的、有一定水平的观众，"浅幕"也可以使大家放松情绪，能够更专注于之后深刻的剧情。"深幕"和"浅幕"的配合穿插，由此打破语言障碍，广受各阶层欢迎。多年后，当波斯戏剧的制作人变身为宝莱坞电影制片人后，自然而然地把这种传统带到了电影创作中，久而久之也就形成了印度电影"一言不合就跳舞"的风格。

然而近年来，在全球化和互联网浪潮的双重裹挟下，印度人尤其是年轻观众对他们的国产电影越来越挑剔。特别是由于激进的市场推广和发行策略、内容的本地化，好莱坞电影在印度市场的份额不断扩大。"内忧外患"之下，印度电影开始转型和创新。

比较明显的是，现在的印度电影主打古装英雄史诗大片和现实主义商业电影两大类。古装史诗一直是印度电影的重要题材，在全球化背景下，这类电影既追求大投资、高新科技等全球化的商业素质，同时也注意保持浓郁的本土文化意蕴。近年来的《巴霍巴利王》系列就是此间代表。

在现实主义商业电影方面，又包含两种：一是表现家国情怀，旨在促进国族认同的体育题材类影片，其中最为中国观众熟悉的便是《摔跤吧！爸爸》；一是集社会思考深度、艺术创新意识和娱乐价值于一体的社会题材影片，如《我的个神啊》《三傻大闹宝莱坞》《厕所英雄》《小萝莉的猴神大叔》等。

长期关注印度电影的西南大学教授付筱茵把这股新潮流概括为"新现实主义"。在她看来，近年来印度电影在守成中坚持创新的发展趋势，有意识地改变了以往的甜腻爱情模式，以及传统电影叙事混杂、低逻辑性的局限，增强了对现存问题的关注，拉近了与观众的距离。与此同时，这股现实主义创作热潮与印度影史上的其他现实主义运动又有明显不同，即它们不但不排斥商业性，而且在反映现实的前提下最大限度地追求商业性。

"印度电影工业从题材选择到叙事手法的这种转型与探索，是印度社会及印度电影全球化程度加深的反映，同时其在国内外票房和口碑上的持续双丰收，也是印度电影在世界电影格局中快速崛起的重要标志。"付筱茵说。

三

作为宝莱坞电影的新生代力量之一，阿尤斯曼·库拉纳因为主演《调音师》大获成功而备受中国观众瞩目。在一次采访中，他对我提出的印度电影新变化做出回应称，新时期现实主义题材电影的流行，不光发生在宝莱坞，而是一种全球电影发展的潮流。

"在典型的印度电影中，你经常会看到满屏歌舞。而现实题材的故事，更容易与观众产生共鸣。或许有一天'马沙拉'电影（传统歌舞长片）会过时，但好故事永远不会过时。"他说。

"马沙拉"（Masala）是印度人爱喝的一种奶茶，由香料和牛奶混合制成，看起来是咖啡色，但口感分外甜腻。出售"马沙拉"的茶摊遍布印度大街小巷，深深地融入了当地人的生活。我当然认同阿尤斯曼"好故事永远不会过时"的理论，但想起我家附近路口那个"马沙拉"茶摊，每到下午4点茶歇时间就围满印度上班族的情景，又对他的"有一天'马沙拉'电影会过时"的看法表示怀疑。

近两个小时过去，游客们最后来到一排排的巨型建筑前，其中一处大门敞开，电锯声声，火花四溅，其实这里是正在制作道具和布景的车间。导游介绍，在整座宝莱坞电影城，外景场地共有60多处，永久性室内设施则有16处。设施虽然简陋，但租赁价格便宜，而且通常从实际情况看也并未影响拍片效果。这是宝莱坞电影城在建成后这么多年，仍然受到众多印度影人青睐的重要原因。

观光巴士载着众人重回出发地。我一边与导游小哥握手再见，一边再次回想刚才的所见所闻。对于这个世界上最大的电影制作国，以及戏里戏外的宝莱坞，我不免又有了新的别样的认识。

当红影视小生之死背后

一

2020年6月14日晚，在位于孟买班德拉（Bandra）的家中，印度影星苏尚特·辛格·拉吉普特（Sushant Singh Rajput）在吊扇上上吊自杀，年仅34岁。现场没有遗书，但发现了抗抑郁药物以及医生处方等物品，警方初步调查后怀疑其可能因过度抑郁而轻生。

印度总理莫迪第一时间在推特发文表示哀悼："苏尚特·辛格·拉吉普特……一位聪明的年轻演员，走得太早了。他在电视剧和电影领域的表现都很出色。他在娱乐界的崭露头角激励了许多人，留下了许多令人难忘的表现。他的逝世令我震惊。我与他的家人和粉丝们同在。"

其时，新冠疫情正在印度次大陆肆虐。官方数据显示，当天印度全国累计确诊新冠病例超过32万，日新增上万人，而孟买所在的马哈拉施特拉邦累计确诊也接近10.5万人，约占三分之一。在持续长时间的封锁之后，迫于经济下滑的压力，一些城市和地区正在有限度解封——相比受到世界关注的印度疫情，一个名字相对陌生的年轻影星的离世，起初并未引起我太大的注意。

"南美洲的一只蝴蝶轻轻扇动翅膀，可以在美国的得克萨斯州引起一场龙卷风暴。"

此后一个多月乃至更长时间发生的事情，证明苏尚特之死正如那只扇动翅膀的蝴蝶，它揭开了以宝莱坞为代表的印度电影娱乐业的另一面：除了梦想和坚持、红地毯和闪光灯、俊男美女以及功成名就外，还有灰色地带的欲望、行业内的倾轧和挣扎，以及外人看不见的食物链上的弱肉强食。

二

熟悉宝莱坞的影迷或许会记得，在阿米尔·汗主演的喜剧电影《我的个神啊》中，有张年轻帅气的面孔，那正是短暂出演配角的苏尚特·辛格·拉吉普特。除此之外，对中国观众而言，这几乎是一个完全陌生的名字。然而在很多印度影迷眼里，苏尚特堪称宝莱坞年轻一代演员的代表，他的人生经历积极向上，充满励志色彩。

1986年1月，苏尚特出生于印度北部比哈尔邦的巴特那（Patna）市。从小便是"学霸"的他，在读书时一路"开挂"，最终以全国第7名的成绩考入德里工程学院。此外他还拿过奥林匹克物理竞赛的全国冠军。没有意外的话，他将沿着这条路一直走下去，成为一名拥有专业技能的工程师。

然而上大学期间，他报名参加了舞蹈班，并在同学的影响下开始对表演产生了兴趣。"这段经历非常自由，我意识到我可以与观众进行交流。我知道，我要一辈子做这件事。"在多年后的采访中，苏尚特如此回忆道。

2006年，20岁的苏尚特入选第51届印度国家电影节的伴舞团成员。电影节在宝莱坞基地孟买举行。获得当年度最佳男主角和最佳女主角的分别是《黑色的风采》（*Black*）里的男女主演：阿米特巴·巴强（Amitabh Bachchan）和拉妮·慕克吉。那是苏尚特人生中第一次零距离接触宝莱坞众星，而他跳舞的现场距他后来在孟买的住所也仅咫尺之遥。

因为频繁参加舞蹈和表演，苏尚特无法继续完成学业，在大学还剩一年就毕业的时候，他背着家人选择肄业并加入娱乐圈。他先期曾试水电视广告、电视剧，小有名气后开始"触电"大银幕……由此一路打拼，人生轨迹也就此转弯。

苏尚特去世后，人们试图在社交媒体账号上寻找他的过往：他的推特账号背景画是凡·高的名作《星空》，最后一条推文停留在2019年12月27日，似乎是给某家银行做代言的广告帖。更早的2019年10月28日，他向粉丝们问候印度传统节日光明节快乐，后面附着一连串的表情符号，包括双手合十、爱心、干杯、鲜花、闪闪的星星，以及飞向天空的烟花。

苏尚特的脸书账号被粉丝当成了网络上的纪念园地。2020年6月16日，他自杀两天后，一条帖文写道："他不在了，但他还活着。我们在此向他承诺，要把这里变成他所有思想、学养、梦想以及希望的汇集之地，由此把他留给这个世界的正能量记录下来。"

在"照片墙"上，他有多达1415万粉丝，却仅有87条帖文，大部分是各类演出或电影剧照，那张脸庞轮廓分明，笑容温暖，却又透出隐隐的忧郁。剩下的是有关星空或宇宙的美图，以及各种神像。其中第二张照片格外显眼，是印度教的湿婆大神沐浴在日光中的一尊巨大坐像。

事实上，粉丝们潮水般的怀念只是表面，蝴蝶轻拍翅膀引发的另一场风暴正在互联网上迅速积聚。人们对宝莱坞的裙带关系和家族垄断发起了愤怒的声讨和抵制，认为这是导致作为"外来者"的苏尚特受到排挤，最终引发其抑郁自杀的根本原因。

"在宝莱坞，裙带关系、拉帮结派、秘密团伙等恶习大行其道，对于他们而言，一切皆可交易。但不能以苏尚特为代价。我想要他回来。"一位粉丝写道。

另一条帖文如此控诉宝莱坞："任人唯亲正在让真正的人才失业，尤其是现在，没有任何家庭背景的人很难成名，从而陷入抑郁。失去像他这样的明星是一个巨大的损失。"

更有粉丝制作了对比图，把苏尚特和一位"星二代"的头像放到一起，同时罗列了以下事实。

某"星二代"：银幕首秀"灾难"、获得最佳新人男演员奖、印度电影节获奖、演戏不用心、裙带产物、零演技、花花公子、高考失败。

苏尚特：银幕首秀大卖、未获最佳新人奖、电影连续大卖却难获奖、圈内打拼多年、白手起家、演技精湛、慈善人士、高考全国第7名。

与苏尚特早年合作演戏的影星马诺伊（Manoj）说，如果人们的愤怒因你而起，那你一定要问这是为什么。"当我说，一群人买票让我的电影大卖是对的，那么如果同样一群人向我发问，我就有义务回答他们。"

还有人高度怀疑苏尚特可能死于宝莱坞家族为了利益而实施的封杀行动，并由此呼吁印度中央调查局介入。

舆情持续延烧，到了7月初，甚至连现执政党印人党元老、前内阁部长萨勃拉曼尼亚·斯瓦米（Subramanian Swamy）也出面写信给印度总理莫迪，公开呼吁印度中央调查局回应民意，给苏尚特之死以公正而透明的彻查。苏尚特老家所在的比哈尔邦前首席部长也向现任印度内政部长阿米特·沙阿（Amit Shah）写信，发出类似请求。

一位跟宝莱坞有深度接触的中国影人告诉我，在宝莱坞，家族垄断和裙带关系比比皆是，这让新生代演员难以获得更大的上升机会。对于像苏尚特这样没有任何背景的"外来者"而言，想要立足乃至取得成功尤为艰难。比如知名制片人卡兰·乔哈尔（Karan Johar）在这次风暴中饱受影迷攻击，很大原因在于长期以来他只和宝莱坞的家族影人合作拍片；另一位知名宝莱坞巨星的妹夫是一名电影出品人，他22岁的女儿从未接触过大银幕，但疫情暴发前家里就计划好为她在2020年推出3部电影，而这正是宝莱坞家族造星的惯常套路。

该中国影人说："有关苏尚特死于谋杀的说法未必是真，但粉丝们对他的悼念，以及对宝莱坞家族电影的抵制行动，其实是他们长期以来对印度电影业这种不正常裙带关系的不满情绪的集体发泄。"

三

在印度社会，宝莱坞家族早已是公开的秘密。其中最有名的，莫过于以沙鲁克·汗（Shahrukh Khan）、萨尔曼·汗为代表的"汗"家族，此外还有卡普尔家族、侯赛因家族、杜特家族、巴强家族等。以在中国家喻户晓的阿米尔·汗为例，他就是侯赛因家族的二代，其父亲、伯父以及堂兄都是电影制片人和导演，他的弟弟如今也是一名演员。早年风靡中国的印度电影《大篷车》正是阿米尔·汗父亲和伯父两人携手打造的经典之作。

"早期的印度电影人勤奋、有才华，他们拍出来的电影也很精彩，等到其子女辈加入后，有的还能保持较高水准，比如阿米尔·汗；但也有不少压根儿不会演戏，只凭家族资源或者人脉关系就可以拍片不断。因为从事这个行业可以名利双收，现在越来越多电影家族的第三代也开始出现在大银幕上，但所有人都忘了如何用心演戏，正是这些人挡住了'外来者'苏尚特的上升通道。"

一个印度朋友向我咬牙切齿地吐槽完后，随手转来一篇文章，标题就是"依靠家族资源入行的39名宝莱坞影星"。打开链接是诸多熟悉的面孔，其中仅为中国观众所知的就包括萨尔曼·汗、阿米尔·汗、拉妮·慕克吉、卡琳娜·卡普尔（Kareena Kapoor）等。

按照印度电影人的划分，宝莱坞兴起于19世纪90年代，此后于20世纪40年代至60年代进入黄金时期，70年代至80年代则进入经典时期，从90年代起至今则被称为新时期。

"满目皆是裙带，一代不如一代。"人们以此形容新时期宝莱坞的裙带关系现象。

另一位曾长期营销印度市场、多次赞助宝莱坞活动的某中国公司市场人员表示，印度是世界第一电影生产大国，仅宝莱坞的印地语电影每年就多达千部，从票房保证上说，其中真正能火的电影多是那些有影星出演的，垄断头部资源的家族影人们自然会选择"肥水不流外人田"。

"激烈的竞争环境下，通常女星们容易受到年龄限制，等到年老色衰自然会淡出舞台，从而给新人留出机会；相比而言，男星们的银幕统治力更强，有的长达几十年而不倒。如果比较20年前后的宝莱坞电影，男主角可能一直是那几位，比如巴强、'三大汗'、阿克沙伊·库马尔（Akshay Kumar），但女主角可能已经换了两三茬儿了。因此在宝莱坞，没有背景的新人男星想要成功尤为不易。"

四

抗议的风暴不断升级。一些电影从业人员也纷纷站出来谴责、揭批宝莱坞潜规则，一场有关电影业内"外来者—内部人"的讨论随即展开。

说起苏尚特之死，印度女星米拉·乔普拉（Meera Chopra）发推文控诉："没有人帮助他，他也得不到机会去饰演自己喜欢的角色，他的才能被当成为世家子弟抬轿的工具，而只要一部戏票房不理想，他就会被当成'不可接触者'而遭到抛弃。"

苏尚特生前的朋友之一、女星瑞恰·查达（Richa Chadha）言辞更加激烈。在接受媒体采访时她表示，很多人把宝莱坞圈子里的人分成"外来者"和"内部人"，其实整个生态系统里只有"好人"和"恶人"。

"在我这样的'外来者'眼里，这个系统的运作更像是一条食物链……当下那些为不公而愤怒的人，可能也会在明天残酷地对待后来者。人们一边痛恨霸凌者对自己的不道德行为，一边又对比自己更低层级的人展开霸凌。"

瑞恰甚至透露，在宝莱坞，一些导演可以滥用自己的权力在最后一分钟换掉饰演女主角的演员，仅仅因为对方"拒绝跟自己上床"。这让我想起此前曾席卷宝莱坞的"MeToo"运动。

2018年10月，宝莱坞资深影人苏巴希·卡普尔（Subhash Kapoor）被一名女演员公开指控性骚扰，随后原本计划在其执导的传记电影中出任制片人的阿米尔·汗，以及阿米尔·汗的妻子、时任孟买电影节主席的基兰·拉奥（Kiran Rao）通过社交媒体发布联合声明，表示立即退出相关合作，强烈谴责任何性侵或性骚扰行为。

根据《印度快报》提供的一份详单，在宝莱坞"MeToo"运动持续发酵的一周多的时间内，至少有10名宝莱坞知名演员、歌手、资深导演和制片人卷入其中。

观察人士指出，家族垄断、裙带关系除了让没有背景和资源的新人们的上升通道变窄之外，还让宝莱坞的生态系统变得封闭、僵化、保守，长期而言将给印度电影业的发展带来负面影响。

2020年7月22日，印度疫情进入新的暴发阶段，全国确诊新冠人数超过百万，成为全球受疫情影响第三严重的国家。当天，来自新德里、孟买、金奈等多地的印度音乐人，联合制作了一部音乐视频短片发布在网上，中间穿插了苏尚特的部分电影片段，以此再次向其表示哀悼。

此时距离他去世已经过去了38天，那只蝴蝶扇动翅膀引发的风暴仍在继续。

第四部

步履蹒跚
的
大国梦

印中互为邻国，也有很多共同点：悠久的历史、广阔的土地、众多的人口……近代史中，二者同为第三世界国家，又几乎前后脚走上独立发展的道路。

在很多观察家眼里，独立之初的印度，很多方面远胜过当时一穷二白的中国，英殖民帝国留下的庞大铁路系统就是此间典型。然而时至今日，中国已建成全球最大的高速铁路网，而印度铁路系统的更新迭代仍然步履蹒跚，堪称其近代工业化的缩影……

此外，人口众多也是支撑印度拥有"大国雄心"的重要因素。但是如何突破各种掣肘因素，把潜在的人口优势转化为"人口红利"，仍然有待进一步观察。

置身其中，观察日久，就能发现，印度的现代化之路，要面临诸多自身独有的挑战：殖民历史的遗留难题、多元复杂的民族现状、烦冗拖沓的制度陷阱……如此种种，无不束缚着这头大象起舞的节奏和速度。

某种程度上，印度蹒跚的发展之路，正是很多发展中经济体现代化的一面镜子。

马克思的预言因何落空

一

"现在他们正打算在印度布下一个铁路网……如果你想要在一个幅员广大的国家里维持一个铁路网，那你就不能不在这个国家里把铁路交通日常急需的各种生产过程都建立起来，这样一来，也必然要在那些与铁路没有直接关系的工业部门里应用机器。所以，铁路在印度将真正成为现代工业的先驱……"

1853年7月22日，马克思在英国伦敦写下了上面的话。在这篇名为"不列颠在印度统治的未来结果"的文章中，他乐观预言，大不列颠殖民者在印度修建铁路的计划，将打破印度因缺乏现代交通工具而导致的生产力瘫痪状态，进而引导印度快速转化成工业化国家，甚至最终瓦解阻碍其进步和强盛的以种姓制度为基础的分工方式。

英国人确实帮助印度建起了近代铁路系统，而且这个铁路系统还曾经是世界最大的铁路系统之一。然而一个半世纪过后，印度仍然在工业化的道路上步履蹒跚。事实上，印度是所有基本具备发达铁路系统的国家当中唯一没有完成工业化的国家。

马克思的印度预言为什么没有实现？

二

一个普通周末，在当地朋友的引导下，我在孟买尝试体验火车出行：从居住地波维出发，先乘坐15分钟的"突突"车到附近的火车站。入口处的自助售票机前，一名身穿工作服的员工态度热情，正以娴熟的动作成功地将机器模式变回人工模式。要去的地方名叫新孟买（Navi Mumbai），相当于孟买的新开发区，票价15卢比。相比打车五六百卢比的费用以及难以把握的堵车时间，着实便宜。

站台上人来人往，广播里不时传来女播音员通报的各种信息。小贩们在兜售各种零食和小商品，也有乞丐向来来往往的行人乞讨。一张寻人启事张贴在栏杆上，上面印着一张少年的照片，身穿蓝色花格子衬衣。人潮在天桥上分岔，行色匆匆，脚下则是去往不同方向的铁轨。

列车缓缓进站。有人下车，有人上车。由于适逢假期，且不是出行高峰时段，车厢内并未感到过于拥挤。一两分钟后，车身缓缓地动了起来。人们或坐或站，多数都在刷手机，有触屏的，也有按键的，极少数人在读报纸。抬头看去，各种肤色深浅不一的手抓住吊环，有的手腕上戴着腕表，有的扎着兄妹节的护身绳，有的空无一物。

两侧车门开着，有人悬吊在车厢之外，正是传说中的"挂火车"。

风从两边吹进来，在气候湿热的孟买，这可真算是难得的享受。车轮撞击铁轨的声音低沉坚实，节奏一成不变。我的脑海中莫名漂过印度电影《午餐盒》里的经典台词——有时错误的火车会将你带往正确的车站（Sometimes the wrong train takes you to the right station）；同时又想起绿皮火车流行中国的年代。

根据学者梅新育的研究，印度铁路建设启动于1850年。1881年，即印度铁路建设启动31年之后，中国第一条实际运营的铁路，唐山—胥各庄铁路方才建成。"一战"前夕，印度铁路里程已经超过3.4万英里（约5.47万千米），而新中国1949年成立时只有2.18万千米铁路，1984年中国铁路营运里程增长至5.48万千米，达到英属印度第一次世

印度街头小贩

界大战前的水平，但彼时中国铁路干线客运列车最高运行速度仍然没有赶上印度。20世纪60年代末，印度就把主要干线客运列车最高时速提升至120千米，1988年提升至140千米；在中国，直到1997年4月1日全国铁路第一次大面积提速，京广、京沪、京哈等既有干线才第一次大面积开行时速120千米的旅客列车，比印度晚了近30年。

如今，当中国高铁以"国家名片"的形式走向世界的时候，大部分印度火车仍在当年英殖民时期建造的系统上运行。由于年久失修，印度火车不但运行缓慢低效，而且安全事故频发。2012年的一份政府报告说，印度铁路事故每年导致1.5万人遇难。

耐人寻味的是，一个半世纪过后，时任新加坡总理李光耀针对印度的基础设施和工业化，做出了与当年马克思几乎一样的论断："印度不同的城市之间缺乏快速连通性……一旦印度的公路、港口、铁路等基础设施到位并削减繁文缛节，它不仅能在信息技术产业创造就业机会，还能在制造业和其他一切产业全面促进就业。工作机会越来越多，整个国家将焕然一新。"所不同的是，伴随这段预言，李光耀还给出了悲观的预期："印度的规章制度错综复杂，官僚主义极其严重，令人感觉如堕雾中，看不到出路何在。"

在这篇名为"令人窒息的国家：印度的未来"的访谈对话中，李光耀还提到了一个细节：英迪拉·甘地的儿子去世之后，李光耀对她说："抓住这个机会，开放印度，改变印度的政策。看看海外的印度人，看看他们在英国、在新加坡、在世界各地都非常成功。是你们的政策和官僚体制限制了他们，束缚了他们。"英迪拉回答道："我做不了。事情就是这样。印度就是这样。"李光耀觉得，"在推行改革方面，除了她，没有其他合适的人选了，她有宣布紧急状态的魄力。既然你有魄力做这件事情，你就应该有魄力改变体制，让印度企业摆脱束缚。因此，听完她的一番话之后，我就认定印度将发展得很慢。也就是在那时，我看到中国正在崛起……因此我知道这场竞赛不会是一场势均力敌的竞赛，我收回之前对印度的乐观判断"。

或许，当年马克思在畅想铁路可能给印度带来巨变的时候，脑海中闪过的是蒸汽机车助推英国第一次工业革命的画面。然而一方面，殖民者的本性决定了英国人所进行的任何投资和建设，根本出发点仍在于资源和利益的攫取，而非为了印度人民的利好；另一方面，即使在英国殖民者离开后，印度一度坐拥较为发达的铁路系统，但由于这些并非内生，结果就是在独立建国后缺乏对其总体的驾驭能力，只能做到勉强维持。

三

说到这里，就不得不提我驻印期间两次跟火车有关的采访经历。

2017年9月29日，孟买城铁途经商业中心的一处车站的天桥因恐慌而引发踩踏事故，造成15人死亡，20多人受伤。这也是我驻印期间遭遇的第一起突发事件。同去现场采访的同事介绍，在孟买这样拥有2000多万人口的大都市，目前仅有一条地铁快线。日常承担大部分上班族通勤任务的，仍是拥有百年历史、老旧失修的铁路系统。"此外还有条地铁3号线正在建设，按照现在的进度，到你离任的时候能实现通车都算快的了。"

同事随口所言让抵印不到一周的我将信将疑，但一年后的又一次采访加深了我对他的理解。

由于在征地过程中遭遇当地农民反对，印度规划的首条高铁工程进展受阻。2018年8月，我在孟买以北3小时车程外的博伊萨尔（Boisar）火车站看到，简陋的大厅里排着购票长队，老旧的火车缓缓驶入站台。拖着蛇皮袋行李的人们不顾广播提示，抓住一切间歇横穿铁轨……镇上一家餐馆老板善意地提醒说，尽可能避免进入周围的村庄，"最近一段时间以来，因为征地引发抗议，那里到处都是愤怒的农民"。

2017年9月，采用日本新干线技术的印度首条高铁举行开工仪式，总理莫迪和时任日本首相安倍晋三联袂出席。根据规划，该项目全长508千米，连接印度金融中心孟买和古吉拉特邦首府艾哈迈达巴德（Ahmadābād），其中92%的路线为高架铁路，建成通车后最高时速可达320千米，将把两地的交通时间从7小时缩短至2小时。沿线共12个车站，其中一个同名站点就在博伊萨尔老火车站附近。

当地村民尤盖希·帕提尔告诉我，与外界通常所认为的不同，农民们对高铁项目的抗议，并非单纯因为政府补偿过低。"从博伊萨尔到孟买，乘坐普通火车往返票价只有50卢比，高铁修好后票价将会高出好多倍。为了这个项目，人们失去的是赖以生存的土地，换来的却是乘坐不起的高铁。"

这无意中呼应了一年前孟买天桥事故后当地媒体展开的大讨论。当时，诸多愤怒的声音指出，这个造价高达170亿美元的高铁项目不过是政府的"面子工程"，"对于印度来说，当务之急是升级建设一个现代、洁净、安全、快速的铁路系统。修建高铁只会使少数有钱人受益，昂贵的票价将让绝大部分普通人可望而不可即"。

根据规划，高铁项目原定于2018年12月完成征地，2023年底完工。但直到2020年1月29日，新冠疫情在印度大流行之前，也只完成了47%的项目征地。观察人士表示，由于高铁连接的古吉拉特邦和马哈拉施特拉邦是执政的印人党的传统据点，且经济发达，堪称印度发展高铁条件最成熟的区域，如果连这条线路都难以取得预期效果，那印度其他地方高铁项目的命运就可想而知了。

通勤中的孟买城铁车厢内景

四

在比较了新中国成立和印度独立后的发展轨迹之后，毛克疾认为，虽然印度国父甘地主张禁欲系的"家庭小工业""回到农村"，但独立后的印度和中国一样选择以苏联的工业化道路为模板。开国总理尼赫鲁主张用大计划、大工程、大发展来推动印度的经济独立自主，希望在极其薄弱的农业国基础上快速实现工业化。

"虽然独立后几年工业化建设搞得风风火火，但是印度很快就出现了后劲不足的严重问题。与中国、苏联不同，印度实施高度集中的计划经济并没有相应的社会和政治机制与之配套，这就带来了多方面的挑战，从资源动员到运行体系都出现了严重的问题。"

世易时移，一个半世纪已经过去，铁路没有带领印度完成工业化。从殖民时期的铁路系统到如今雄心勃勃但步履蹒跚的"高铁梦"，印度铁路的变迁和命运，堪称其工业化进程的缩影。

如果马克思活在今时今日，不知又会做出怎样新的论断。

绝望的土豆

一

15英亩（约6公顷）土地，收获19吨土豆，销售完毕扣除运费等成本仅剩490卢比，相当于不到50元人民币……

2019年1月，印度土豆大规模滞销。面对入不敷出的土豆账，绝望与愤怒之下，农民普拉迪普·夏尔马把490卢比的土豆收入以"新年礼物"之名汇给了总理莫迪，并附言"你收着吧"（Aap rakh lijiye, You can keep it），事情一夜之间登上了印度各大媒体头条。

普拉迪普·夏尔马所在的村庄位于印度北方邦阿格拉（Āgra）市，这里以泰姬陵而举世闻名。但在当地人看来，无论是绝美的世界文化遗产建筑，还是百多年前莫卧儿皇帝的浪漫爱情故事，都没有毫不起眼的土豆来得实在。

印度是仅次于中国的世界第二大土豆生产国，北方邦则是印度最大的土豆产区，约占其全国产量的35%。和当地大多数农民一样，普拉迪普·夏尔马和家人一直以种植土豆为生。然而由于连年丰产导致供过于求，当地市场挤满了前来售卖土豆的农民，却少有买家。无奈之下，普拉迪普·夏尔马只能把土豆拉到约1000千米之外的马哈拉施特拉邦的阿科拉（Akola）市场。

"土豆批发价约为4~5卢比/千克，扣除20万卢比的运费开销，还剩下490卢比的收入，我全家一共14口人，这点钱够什么用？"夏尔马说，"我有两个儿子，一个读八年级，另外一个在大学读艺术专业。我的弟弟在阿格拉市每月能挣不到1万卢比，勉强够大儿子的大学费用。"

无独有偶。稍早前，在纳西克的批发市场，一位农民的750千克洋葱仅卖了1076卢比，每千克售价约1.4卢比。作为抗议，该农民把这笔洋葱款捐给了总理办公室的救灾基金（Disaster Relief Fund of the PMO）。为了汇款，他还额外支付了54卢比。

从2018年初开始，关于农产品销售困难以及农民收入惨淡的话题一直是印度各大媒体讨论的热点之一。所有人都心知肚明，五年一

孟买街头市场一角

度的印度大选于2019年4月开始举行，而作为最大票仓的农民利用大选前最后的机会向现政府施压，以争取最大的利益。事实上，在首都新德里和经济中心孟买，早些时候人们已经见证了多次大规模农民抗议活动。在中央邦、拉贾斯坦邦和切蒂斯格尔邦，因为农民对现状的普遍不满，印度人民党连续在三个邦的地方选举中败北。

在印度，小小的土豆和洋葱不光关乎农民生计，更关乎政治——即使抛开大选背景下的话题炒作，类似普拉迪普·夏尔马所处的绝望境地，仍是成千上万印度农民不可忽视的现实。

二

2018年11月，宝莱坞影星阿米特巴·巴强在自己的博客上宣布：他已经帮助1398名印度农民还清了超过4000万卢比（约合50万美元）的银行贷款，这些农民都来自他的家乡北方邦。1942年出生的巴强从影40多年，出演过约200部电影，是宝莱坞教父级的演员。他的善举自然吸引了媒体的广泛报道，却也在无意中把印度农民的债务困境曝于聚光灯下。

我第一次读到有关印度农民负债的新闻是在2018年3月的《印度时报》上，当天该报报道了马哈拉施特拉邦一位48岁的农民跳井自杀的消息。在遗书里，这位农民留言称，由于连年干旱导致作物持续歉收，加上背负巨额债务，他不堪重负，被迫自杀。大约一年后，马哈拉施特拉邦官方披露的一份有关印度农民自杀的报告显示，从2015年1月至2018年底，3年间该邦农民自杀数量多达11995人，而自2011

年至2014年，该邦农民自杀数量为6268人。两相比较，农民自杀数量激增超过了90%。而2015年的全国数据显示，当年印度农民自杀数量为12602人，其中马哈拉施特拉邦最多，达到4291人。

气象灾害导致农业歉收，风调雨顺带来农产品卖难——"靠天吃饭"的背景下，大部分印度农民徘徊在这样的两难中，支撑他们的是越滚越多的银行债务。这是一个长年累月、逐渐紧绷的链条，一旦发生严重的天灾或者市场价格暴跌，超出链条承受的压力，农民的破产和自杀便在所难免。很早以前，一位英国作家曾经写道："印度农民生在债务之中，活在债务之中，死在债务之中。"放在今天，这话依然没有过时。

作为世界人口大国，印度的农民问题以及粮食安全一直备受关注。公开数据显示，印度国土面积虽约为中国的三分之一，但因为印度次大陆土地肥沃，几乎所有土地都可以耕种，其耕地面积约为1.6亿公顷，占全球耕地面积的十分之一，高于中国的约1.2亿公顷。然而由于生产水平低下，虽然全国人口60%以上都是农业人口，但长期以来其农业占国内生产总值的比重不足20%。在这种情况下，印度农民的境遇可想而知。

三

2018年5月，我前往位于南印度的泰米尔纳德邦出差，得以近距离观察印度农村。

从金奈出发，沿着紧邻孟加拉湾的海边高速一路向南，可以看到白色的盐田、满是彩色房子的村庄，以及大片大片的绿色——那是水

稻田、香蕉林以及甘蔗田。中途停下来小憩，恰遇有农民在忙着灌溉，胳膊粗的水管从远处引水过来，脚下是干涸龟裂的土地。

通过司机向导的翻译，浇地的农民告诉我，因为气候湿热，当地作物可以实现一年三熟，但有没有水对于收成的影响极大，"没有水，就没有收成"。

从20世纪60年代至21世纪初，印度农业先后开展了两次"绿色革命"，不但摆脱了国内的粮食危机，还摇身一变成为粮食出口国。但基于工业基础薄弱、水利设施匮乏等多种因素，其农业生产严重依赖季风降雨；而土地革命的不彻底，又产生大量的佃农或无地农民，进而在农民群体中形成两极分化。

一位孟买市民朋友曾在闲谈中告诉我，印度的农民分成两种，一种是有钱的农民，超级有钱，雇人种地，可谓有钱也有闲，于是便投身政治——印度大约一半的政治人物就来自这些群体；一种是没钱的农民，非常贫穷，常常穷到绝望，穷到被迫自杀。

对页上图：旱季的印度乡野景色
对页下图：印度乡村插秧劳作现场
右图：印度乡下人家

在印度农村，妇女们头顶水罐的场景仍很常见

　　此后一年的雨季，我前往探访马哈拉施特拉邦境内的山村。所到之处位于西高止山脉的余脉，古朴的村落掩映在山岭之中，田里随处可见忙着插秧的农民，有时会有拖拉机驶过，有时又能遇到"二牛抬杠"。当地向导介绍，因为农时不等人，村里各户采取互助模式，大家把劳动力集中起来，你家忙完了忙我家。当然，也有专门的插秧客，除了中午一顿饭，每天还能挣150卢比左右。

　　村外的路进行了简单硬化，入村后则是"泥水路"。迎面碰上女孩儿和妇女结队前往村口的公用手压井取水，个个头顶水罐，徐徐而行。热情的村民纷纷发出邀请，并以现煮的印度甜茶招待客人。人们在客厅席地而坐，墙角便是敞开的土灶，用木柴或晒干的粪饼生火，也有人家用上了罐装液化气，灶台直接放在地上。几乎每家每户都有上百个坛坛罐罐，大小不一，形态各异，它们被摆放得整整齐齐，仿佛随时准备接受检阅。收获的稻谷被装在一个个蛇皮袋里，或者用巨大的粮囤储存起来，这瞬间唤起了我潜藏多年的农村记忆。村里偶尔能看到农机或小汽车，但总体是少数，牛羊仍是很多人家重要的财产，甚至不少人家的地板和墙面也是用掺杂牛粪的黏土涂抹的。主人骄傲地表示，"这样家里不会生蚊虫"。从生产到生活，牛的重要性随处可见，于是印度人把牛当成母亲或神来供奉便不难理解了。

从房屋外观看，多数村庄以土木结构为主，但也有部分砖瓦房，几户人家的新房正在施工中。向导告诉我，按现在的市场价格，盖一处砖混结构的新房大约要20万卢比，而普通人家一年的收入也只有不到10万卢比，因此房子仍是村民的一大支出。"我们的祖父母辈长期生活在山林里，那时候连衣服都没有，人们穿的是树叶和兽皮。我小时候上学，每天要步行20多千米的山路。经过多年发展，现在的条件好多了，但大山深处仍有些村庄至今也没有通电。"由于除种地之外缺乏其他收入来源，年轻的村民纷纷到100多千米外的孟买打工，村里留下的多是老人、妇女和孩子。

"水稻是主要作物，也有大豆、花生等，由于粮食和蔬菜都是自己种的，能够自给自足，日常只需要购买糖、盐、油、茶以及少量的衣物，但遇到大的开销还是会犯难，"有村民表达着对政府的不满，"虽然上面对村里有很多扶助款项，但或者被腐败的官员贪污了，或者由于村民没文化，无法了解详情而无处申报。"

四

这样的抱怨让人很容易想起绝望而愤怒的夏尔马。过去的4年里，他和家人"面朝黄土背朝天",然而日夜辛勤付出换来的,除了成堆滞销的土豆之外,还有320万卢比的巨额债务。"我最近一次接受政府救济是在2008—2009年。今年北方邦里有的农民的债务被免除了,我却连一个子儿都没有见到。中央政府曾经承诺让农民收入增长1.5倍,但腐败的农业部门剥夺了大家本应享有的福利。"

针对土豆滞销问题,阿格拉一家土豆农民协会呼吁,希望政府将土豆纳入最低支持价格(Minimum Support Price,MSP)清单。这是一种类似中国农产品保护价的政策,其决定因素包含了诸如生产成本、投入品价格、国内外市场价等方方面面,该清单包括水稻、小麦、高粱等20多种作物,通常每两年公布一次。当清单里的作物市场价过低时,政府便会启动保护机制,从农民手中以最低支持价格直接收购,以避免谷贱伤农。按照协会提供的方案,要想保证农民不亏损,政府需要在土豆生产成本的基础上再上调50%以确定最低支持价格。

与此同时,印度的各大媒体上充斥着各政党如何提高农民收入、改善农民待遇的政策建议。两个全国主要政党——在野的国大党和执政的印人党声音最为响亮。人们讨论着是免除农民债务还是给农民以直接补贴,它们各自有多大的可行性,以及哪种方案效果最好。

但这一切似乎都离夏尔马很远。事实上,早在2015年他就曾给总理莫迪写信,反映农民的经济困境,可惜信件寄出后便石沉大海。这一次,他对490卢比"新年礼物"的反馈同样没有抱太大期望。他甚至已经开始考虑卖掉一部分土地还债。

"我唯一能想到的就是出售土地,这样至少可以帮助我(渡过难关)。"他说。

印度"药神"那些事儿

一

"在中国有很多病人，他们根本就吃不起正版药，他们就等着我把药带回去，救他们的命……"

在2018年7月上映的国产电影《我不是药神》里，徐峥饰演的保健品店老板受朋友之托前往印度购买仿制药。为了打消药店老板"中国禁售此种印度药"的顾虑，片中的他说了这么一句台词。

电影赢得了口碑和市场的双丰收，让观众通过大银幕看到了那些身患绝症、拼死一搏的人，同时也把长期处于灰色地带的印度仿制药代购业引入公共讨论空间。那些仿制药代购者由此被贴上"药神"的标签。

驻印工作开始后不久，那些久居孟买的华人朋友就隔三岔五告诉我：几乎每个在印度工作的中国人都或多或少为国内的熟人捎过印度药。"如果没有为国内的亲戚朋友带过药的经历，都不能算是在印度真正工作过。"看着这些俗称"老印度"的朋友说话时自信满满的表情，起初的我将信将疑。然而随着时间的推移，我不得不承认他们说的确实是事实。

"在吗？有急事求你！"

2020年3月，印度因新冠疫情而实行举国封锁后不久，我的手机微信里收到了这样一条信息。来不及回答，对方很快又发来一段语音，大意是家里的老人病了，需要一种印度药，希望帮忙代购。紧接而来的是一张药品外包装盒照片，以及一条名为"印度乐伐替尼说明书"的网络链接。"如果有，先买3个月的（6盒）。"

我让对方稍等，同时把相关信息转给在孟买的"药神"熟人。后者很快回复："这是抗癌药。原装的，一盒20粒×4毫克，大约3000元人民币；仿制的，一盒30粒×4毫克，2500元人民币。想买仿制的还是原装的？孟加拉（国）也有渠道能安排。看那边需要买哪种，确定需要哪种我再联系看看。"

我把"药神"的回复以及他发的仿制药外包装盒照片一并转发给朋友。朋友秒回："主治医生跟我说，他建议买的就是这个印度仿制的，那就麻烦你的朋友帮我买这个吧。"最显眼的是，消息里还带着一串喜极而泣的表情包。除了每盒含量不同，我注意到，仅从外包装盒照片上看，原装药盒和仿制药盒均为蓝白相间，不同之处在于前者为长方形，且带有红色的边线，而后者为正方形，少了红色线条。

双方确认了信息，相互加了联系方式，接下来便进入寄药、付款的细节沟通，此时的我便完成任务，悄然退出临时搭建的微信群。根据我驻印期间的观察，对于身边大多数在印度工作的中国人而言，除了利用回国出差或休假往来的机会"人肉"捎带之外，多数时候采用的都是这种牵线搭桥的方式代购。由于有所求的多是国内的亲戚朋友、同事熟人，有时甚至是朋友的朋友，所以这种牵线搭桥也多具有义务性质，纯属帮忙。

至于我所联系的这位"药神"，真实身份其实是一位常年在印度工作的某中资企业员工。他在多年前就开始业余从事印度药品的有偿代购。大家都知道他有相对固定的供应药店或代理商，也有特殊而可靠的"运送"渠道，并对常见的代购药物了如指掌，往往凭借一张外包装盒照片，就能很快告诉你相关药物能治疗何种疾病，有几种版本，用量药效如何，以及对应的报价。电影《我不是药神》火起来后，我曾尝试采访他的故事，但他总是微笑拒绝，表示要保持"低调"。

二

根据我有限的了解，目前的印度代购药里，常见的有这么几类：一是各种重症疾病的治疗药物，包括白血病、胃癌、肺癌等疾病的药物；二是需要长期服用的慢性病药物，诸如肝炎、痛风、糖尿病等疾病的药物；三是日常用药，比如脚气膏等。（至于国内坊间热传的"印度神油"，其实是一种性爱延时药物，分为喷剂和药膏两类，但该药最初由香港企业研发生产，命名"印度神油"意在以此增加噱头开展市场营销，实则跟印度毫无半分瓜葛，堪称以讹传讹的典范了。）

印度药代购者正是电影《我不是药神》的故事原型。2002年，江苏无锡人陆勇被确诊患有慢性粒细胞白血病，为控制病情，他必须持续不断地服用瑞士诺华公司生产的"格列卫"抗癌药。然而因为正版进口药实在太贵，2004年在自用印度仿制瑞士抗癌药"格列卫"之后认为性价比非常高且效果基本相同，此后他便开始帮助其他病友购买仿制药。2014年7月，湖南省沅江市检察院以妨害信用卡管理罪、销售假药罪对陆勇提起公诉。之后数百名白血病患者联名写信，请求司法机关对陆勇免予刑事处罚。2015年陆勇最终无罪获释。

电影上映后，有国内媒体跟随陆勇探访印度仿制药黑市，并拍摄了纪录片。面对镜头，陆勇回忆，当时医生推荐的瑞士正版药每盒售价2.35万元，能吃一个月，两年下来医药费将近60万元；相比之下，印度仿制药每盒只需3000元。如此悬殊的药价迫使陆勇从此走上了另一条求生之路。"我应该是中国第一个吃到印度仿制药的人，也是中国第一个到印度的药厂去看的人。"他说。

按照专业的说法，仿制药（generic drug）是指与原研药或品牌药（brand-name drug）在剂量、安全性和效力、质量、作用以及适应症上相同的一种仿制品。当专利药品保护期到了之后，没有专利权的国家和制药厂即可生产仿制药。但在印度，基于复杂的原因和背景，专利法允许药品实施强制许可，即在出现"公众对于该专利发明的合理需求未得到满足"，或者"公众不能以合理的可支付价格获取该专利发明"等情况时，印度药厂在本土可以强行仿制尚在专利保护期的新药，并且可以出口到无相关生产能力的地区和国家。

三

在上述纪录片里，谈到印度仿制药的起源，无国界医生组织的印度协调员利恩·蒙哈尼介绍，20世纪60年代末，当时药品价格非常高，而印度又面临传染性疾病肆虐的状况，为了改变这种状况，印度做了一个非常关键的决定，那就是生产仿制药。

然而真实的历史远比这复杂而曲折得多。

20世纪五六十年代前，一直沿用严苛的英国专利法的印度一度出现医药市场被跨国医药企业独霸的格局，其药价之高也闻名于世。为了打压外国药企，鼓励本土企业的发展，1970年印度颁布了新的《专利法》，规定对药品"保护整个生产工艺和过程，但如果工艺和过程发生改变，其相应的产品并不受到原专利的约束"。简单来说，即将原本对药品制剂的分子成分组合的严格专利保护改成了仅仅对药物的特定生产工艺的专利保护。依托新《专利法》，印度企业采取"反流程工艺"，将西方专利药物的制作工艺略加改造，或添加一些所谓活性成分，获得印度称之为"简明新药"的专利，以低价在全球销售。

1995年，印度加入世界贸易组织（WTO，简称世贸组织）。面临欧美等国在知识产权保护方面的持续施压，印度充分利用了人道主义价值观、发展中国家过渡期、本国法律程序、世贸组织上诉持久战等各种手段，一边不断调整和修改《专利法》以应对国际压力，一边又避免让这种调整和修改一步到位，从而尽可能为国内药品仿制乃至整个制药业的发展壮大争取时间和空间。

此间最典型的，是印度在世贸组织相关知识产权协议过渡期满后遭遇的第一起药品专利诉讼：2013年4月1日，印度最高法院做出判决，驳回瑞士制药巨头诺华公司对改进后的抗癌新药"格列卫"专利保护的要求，否决了跨国药企通过轻微改进某专利以保护即将到期的药品，以达到药品专利"常青"的目的。该诉讼持续了7年多，涉及世贸组织专利保护条款如何落实等重大事项，也关系着发展中国家能否继续获得价格较低的药物，而相关判决使得印度成为世界上第一个在专利法中明文禁止和打击专利"常青"行为的国家。

宽松的专利保护制度、适当的产业政策引导、丰富的专业英语人才等多种因素的叠加作用，使得印度仿制药行业规模快速扩张，并成为全世界低成本高品质药品的主要制造商和供应商。20世纪末，印度对50%以上的药品进行出口，成为世界上第三大药品生产商、全球药品出口大国。数据显示，截至2017年，印度药品市场规模达296.1亿美元，境内拥有美国食品与药物管理局认证的药厂共119家，可向美国出口约900种获批药物和制药原料；拥有英国药品管理局认证的药厂也有80多家。全球7大仿制药公司中，印度占有两席。制药行业不仅成为印度经济增长的亮点，也为无力购买昂贵药品的非洲贫穷国家提供了更好选择。印度因此也被称为"第三世界药房"。

四

尽管印度仿制药占全球产量的20%，但其中多半都出口到了欧美市场，每年通过正规渠道出口到中国的仅有约1%，更多的则是通过"药神"这样活跃在灰色地带的代购者完成的。此间存在的诸多风险和隐患可想而知。

为什么会造成这种现象？

一方面，基于国内严格的药品管理法律法规，未经官方批准认可而流入的药品显然属于非法，这正是陆勇案件的起源；另一方面，也是更加重要的，在监管缺失的情况下，一些人甚至为了牟利不惜代购假的仿制药，使得原本在绝望中求生的患者置身更大的风险之中。

一位"老印度"告诉我，由于前来购买仿制药的人越来越多，近年来印度日渐兴起专门针对中国人的仿制药代购产业，很多印度人也加入了"药神"的行列。

"新德里有一整条街，两边好多隐秘的药店，面向中东人、欧洲人和中国人做药品代购，主要客户就是中国人，好多店接受人民币付款，甚至可以直接微信扫码。我曾去过其中一家，店面只有10平方米左右，店主是个二三十岁的印度小伙，开着一辆奔驰S400，他告诉我，他在中国几乎每个省都有代理，可以直接快递发货，每年能有上千万元人民币的交易量。"

这位"老印度"表示，因为代购市场越来越大，印度一些小型制药公司开始伪造证书进行网上代购，有的仿制药是用原料粉末简单压制成片，工艺几乎为零，还有的仿制药甚至压根儿没有有效成分。此外，对于需要在特殊环境下储存的药物，长途快递下的运输环境也很难保证其药效。

可喜的是，为了回应看病难、看病贵的呼声，近年来正有越来越多的抗癌药被纳入我国医保体系。2018年5月，国务院更是对进口抗癌药实施零关税。长远来看，随着国内医药产业的发展、药价改革力度的加大，这必然带来相关药物国内外价差的缩小，而活跃在灰色地带的印度"药神"也终将慢慢消失。

捷特的眼泪在飞

一

"我感觉自己双手被缚，夜里难以入睡，"鲍加·普加里说，"我至今没敢跟孩子提起任何事，他们都还太年轻，但他们知道情况有些不对劲。"

53岁的鲍加·普加里是印度捷特航空公司（Jet Airways）的一名普通员工。自26年前加入该公司后，他在行李搬运工的岗位上勤恳工作了一辈子。如今，已是两个孩子的父亲、肩负一家老小生计的他，猝不及防地遭遇了人生最大的一场危机：2019年4月17日晚间，饱受债务困扰的捷特航空公司宣布，在飞完当天最后一班国内航班后，其国内外航班即日起全面停飞。

"怀着深深的痛苦和沉重的心情，在此告知各位，我们将停止所有国内和国际航班运营……"声明说。

事实上，早在捷特航空公司发出声明之前，相当数量的员工已被欠薪2～4个月，人们在未付账单、过期债务以及子女学费间挣扎。一些家庭不得不取消日常的娱乐开销，远离影院和餐馆；有人停了孩子的课外辅导班，改为居家辅导；有的甚至因为无力缴纳物业费，上了社区的黑名单。

"如果一直这样持续下去，我不知如何是好。"面对不确定的未来，鲍加·普加里做了最坏的打算，他甚至动起了卖房子的念头。

4月，印度如期迎来新一轮大选。然而，与火热的选举新闻同时登上各大媒体头条的，还有捷特航空公司停飞、成千上万员工面临失业的坏消息。电视镜头前，身穿制服的空姐泪眼婆娑，戴着墨镜的机师们手举标语："救救捷特，印度的骄傲！"

自2017年来到孟买工作后，在"老印度"的推荐下，捷特航空几乎成了我赴外地出差的首选。大家调侃说，与诸多廉价航空相比，捷特航空的服务更好；同国有的印度航空相比，捷特航空的空姐更"养眼"。未承想不到两年，竟要亲眼见证这家航空公司的倒闭，心中自然感慨，也难免对其背后的故事起了好奇之心。

二

1993年5月5日，孟买机场。首架来自捷特航空公司的客机从这里缓缓启动，滑行，升空。与之一同起飞的，除了这家新兴航空公司宣称要带给全球空中旅客"飞悦"（Joy of Flying）体验的承诺，还有试图打破印度航空业多年国有垄断格局的雄心。

20世纪90年代，印度启动市场化改革。在航空领域，此前由印度国家计划委员会主导通过、意在推进航空业国有化的1953年《航空公司法》（Air Corporations Act，1953）被废除。随之而来的，是国有航空公司印度航空（Air India）和子公司印度人航空公司（Indian Airlines）分别对国际、国内航线独家经营长达40年的局面被打破。

正是在这一背景下，1992年4月1日，票务代理出身的印度企业家纳雷什·戈亚尔（Naresh Goyal）发起创立捷特航空公司。5年之后的1997年，公司营收同比增长32%，达到3亿美元，净利润1100万美元。同年，印度政府出台政策，禁止国外资本持股印度航空公司，捷特航空顺势收购另外两家合伙人海湾航空（Gulf Air）和科威特航空（Kuwait Airways）的股份。至此，公司旗下拥有12架波音737飞机，开行20多个目的地城市，成为印度国内最大的私营航空公司。

事实上，伴着印度航空市场私有化的改革风潮，在1953年《航空公司法》被废除后的头一个十年里，同时成立的私营公司还有莫迪汉莎航空（ModiLuft）、达米阿那航空公司（Damania Airways）、撒哈拉航空（Air Sahara）以及东西部航空公司（East-West Airlines）等。但此间多数入场者只是昙花一现，或倒闭或被兼并，乘着政策东风一路青云直上的捷特航空是少有的例外。

回顾过往，2004年堪称捷特航空发展史上的高光时刻——年初，随着印度航空运输业的改革进一步深化，捷特航空开通了从印度金奈至斯里兰卡科伦坡的航线，由此成为印度首家运营国际航线的私营航空公司；年底，捷特航空在孟买证券交易所上市，以20%的股份公开募资达189亿卢比，公司创始人纳雷什·戈亚尔跻身亿万富豪行列。

一切似乎都很美好。此时没人能预见到，作为印度增长最快的私营航空公司，捷特航空会在15年之后折翼蓝天。宣布停航后，除了此起彼伏的员工抗议外，印度航空业内也是一片唏嘘之声。观察人士纷纷发文解析，其中比较具有代表性的观点是，在捷特航空近30年的企业史上，针对撒哈拉航空的并购之举或是其犯下的战略性失误，也为其日后爆发危机埋下了伏笔。

三

　　2006年1月，如日中天的捷特航空宣布将以5亿美元、全现金交易形式收购撒哈拉航空。该并购最终在2007年4月12日完成，实际交易额达145亿卢比（在当时约3.4亿美元），成为印度航空运输业历史上最大一笔并购交易。

　　印度媒体人马南·阿加瓦尔认为，捷特航空在收购撒哈拉航空后将其重新冠名为捷特莱特航空（JetLite），导致品牌认知度大减，原有公司客源不断流失。更重要的是，当捷特航空在国际市场冒进扩张之际，它在国内开始遭遇诸多廉价航空公司带来的激烈竞争，于是形成了两面作战的被动局面：一方面，国际收购未能如期带来业务增长；另一方面，国内市场份额不断被侵蚀。

　　尽管捷特航空是印度航空市场私有化的先行者之一，但随着数以百万计的印度人选择空中出行方式，印度的航空市场日益扩大，自2000年之后迎来私营航空公司的大扩张时代。2003年，德干航空（Air Deccan）旗下的印度首趟廉价航班投入运营，随后香料航空（SpiceJet）、靛蓝航空（IndiGo）、捷行航空（GoAir）等陆续加入"廉价战队"。印度的机场变得越来越拥挤，各种机型和公司的徽标越来越令人眼花缭乱。

如果说此前面对国有航空公司的竞争时，作为挑战者的捷特航空以更接地气的服务、相对便宜的价格，赢得了私有化初期的市场和口碑，那么当选择越来越多，尤其是以无附加服务、低廉票价以及高载客率为标志的廉价航空公司纷纷出现时，作为印度航空业市场化引领者的捷特航空，不但相对优势被削弱，甚至还因较高的运营成本而处于竞争劣势。

"在一个以价格敏感型为主要特点的市场，大部分空中出行者会首选廉价航空。相对而言，捷特航空以商务人士和新兴中产为目标群体，提供从餐食到娱乐的全方面服务，但不是最便宜的。"孟买一个票务代理哈吉·乌姆拉直言。我理解他的话，对多数印度旅客来说，价格才是硬道理。

新对手个个张牙舞爪，来势汹汹，对旧有格局形成"降维打击"之势。廉价航空引发的价格战激烈而残酷，市场上一时间充满了血腥之气：2007年，德干航空因遭遇财务困境被翠鸟航空（Kingfisher Airlines）收购；2012年，翠鸟航空因持续亏损而"折翼"……此间，捷特航空的市场份额不断被蚕食。官方数据显示，在2003—2004年，捷特公司占有国内航空客运市场44%的份额，到了2019年2月份，这一数据仅为10%，排在靛蓝航空（43.4%）、香料航空（13.7%）和印度航空（12.8%）之后。

屋漏偏逢连夜雨。2016年，印度政府进一步放宽运营国际航线的入门条件，将早在2004年制定的"5/20"规则调整为"0/20"规则，即把连续运营5年以上、最少拥有20架飞机变为仅需拥有最少20架飞机。香料航空、靛蓝航空和捷行航空等廉价航空公司由此得以从国内市场杀入国际市场，留给捷特航空的跑道越来越窄了。

除此之外，卢比贬值和油价高企成了压死骆驼的最后一根稻草。2018年，印度货币暴跌至历史新低，成为亚洲市场表现最差的货币之一，也进一步推高了原本已经高企的航空燃油价格。捷特航空陷入内外交困，在其发展的最后11年，长达9年的时间都处在亏损运营状态，公司总负债超过10亿美元。

2019年3月，我从外地出差回来，看到孟买机场远远的角落里停着两架捷特航空的客机。事实上，自年初以来，几乎每天都能从当地媒体读到有关捷特航空的坏消息：银行债务违约、员工欠薪罢工、飞行机师跳槽、航线不断关闭等。朋友圈里，"老印度"相互提醒尽量避免乘坐捷特航空。印象中，那是我最后一次在机场看到捷特航空的客机。

航空咨询公司Aerotask的首席执行官罗布·沃茨（Rob Watts）表示："一旦飞机停飞，你（指航空公司）就开始进入衰退的恶性循环，这真的很难摆脱。"他补充道："你的机队中有一部分没有产生收入，但仍在让你花钱，所以你损失的飞机越多，你的收入就越会下降，但成本不会以同样的方式下降。"

这话没错。然而对捷特航空而言，真实的处境似乎更为残酷。捷特航空因资金枯竭而停摆，但它的竞争对手们并没有闲着：大家"趁火打劫"，一拥而上，争相租赁捷特航空停飞的客机，低薪挖走飞行员和工程师。这让我想起多年前马化腾在一场演讲中曾说的话：巨人倒下的时候，身体还是温热的。

四

时间到了6月，漫长的雨季即将在南亚次大陆拉开序幕，空气中充满了悲伤的味道。在因债务危机全面停飞两个月后，捷特航空正式宣告破产。这家在经营高峰时期曾拥有超过120架飞机、每天飞行航班数约达600次、拥有员工近2万人，并且创造了多个行业第一的印度航空公司的传奇就此终结。这一天是2019年6月18日。

从翠鸟"折翼"到捷特破产，多年来印度航空市场上演的沉浮起落引人深思。作为世界范围内除中国外仅有的超十亿人口大国，过去40年印度航空市场以年均20%的速度增长，堪称全球增长最快的航空市场之一。据美国有线电视新闻网报道，到2026年，印度很可能取代英国成为世界第三大航空市场，按照印度政府此前公布的未来20年民航业发展蓝图，到2040年其空中出行旅客将达11亿人次。然而吊诡的是，在如此体量且飞速增长的市场里，多数航空公司或挣扎求生，或负债累累，真正实现盈利且可持续发展的寥寥无几。即使是国有的印度航空，背靠政府支持，也已在数十亿美元的巨额债务下苟延残喘多年，面临着被改制甩卖的命运。

天空没有痕迹，但鸟儿确已飞过。某种程度上，捷特航空的故事既是当下印度航空市场面临整体挑战的写照，同时也是印度航空业市场化改革40年进程的缩影。对于印度航空从业者而言，求解"捷特之问"，不光对陷入恶性竞争泥潭的印度航空业裨益良多，而且也将为正在推进的印度国企改革提供重要参考价值。

　　本小节即将结束的时候，我随手打开了捷特航空的官方推特。根据上面的信息，该账号开设于2008年5月，最后一条推文停留在2019年5月25日，共有粉丝293496个。熟悉的椭圆形黄色公司标志下方，备注了这样一行文字："我们全天候保持聆听。由于航班取消引发的退票服务，请您在此填写申请表格……"

在印度遭遇"办证难"

一

下午3点半，沃达丰（Vodafone）电信营业网点的显示屏上，电脑叫号排到了261位。十多平方米的空间里，其实并没有多少客人。我又一次来到店里，询问手机号何时开通。

"需要点儿时间。"前台的服务生头都没抬，客气而简短地回复。

眼看着客人们来来往往，时间一分一秒流逝，我陷入了漫长的等待。一个小时过去了，显示屏上的号码变成了267。我心里开始不停地打鼓，一边耐着性子看那客服女孩儿不紧不慢地接待，一边思量着如果实在不行就要求见经理。

人们常说"印度慢吞吞"。未承想，我对于印度"慢"的感受，竟是从为了提高沟通效率的手机卡引发的故障开始的。

按照印度官方规定，为了办理开通当地手机号，在印工作或生活的中国人需要提交包括护照、签证、照片在内的系列资料，同时还要现场填写一份内容详细的表格，除了在印度的住址等基本信息之外，最令人吃惊的是还包括申请者父亲等其他信息。在完成以上规定流程之后，才会拿到一张SIM卡，然后再等待激活开通。

但如果以为一个本地手机号的申请工作到此即告结束的话，那就大错特错了——事实上，这仅仅是个开始。印度签证和手机号相互绑定，为此必须在每次签证更新后第一时间提交给电信运营商再次备案，以确保原有手机号继续有效使用。一旦签证过期或签证更新后未能及时重新备案，绑定的手机号便也跟着被注销。

此时是2018年2月7日，在经历了又一次签证更新后，不知何故我正在使用的手机号仍然没能恢复正常。突然失去了跟外界的联系通道，那种感觉就像是一个耳聪目明的人转眼间变成一个盲人和聋哑人，时刻芒刺在背般的不适应。好在这家沃达丰店离我住处不远，我便亲自跑腿上门。

未及等到面见门店经理，客服女孩儿换人了，同时给了我一张新的SIM卡，说是先临时用着。"我不能确定原来的号码什么时候会被激活，但一有消息就会通知你预留的联系人号码。"说话间，显示屏上的排位号变成了277。因为是新卡新号，按要求需要重新提交证件照片，然后填表。"你的父亲叫什么？"女孩儿头也不抬，问了个老问题。

8日，一切如旧，只好又一次来到店里。排号，等待，看人来人往。

我一边懊恼着这样毫无进展不知何时是个头的"慢"节奏，一边暗自告诉自己要学着适应印度，凡事须耐着性子。正当我在两种矛盾的情绪间挣扎纠结时，忽然门店里炸响了惊雷："时间就是金钱，不是吗？我们在这里等了这么长时间，你们这么多人，走来走去走来走去，就是不办事，什么情况？"顺着声音看过去，一个白发的印度老妇人气势汹汹，正面对面质问客服人员。

"时间就是金钱，效率就是生命。"1981年，写着如此字样的巨幅标语出现在中国深圳的蛇口工业园区，时不我待、只争朝夕的时间观催生出闻名全国的"深圳速度"，也催生出敢闯敢试、敢为人先、埋头苦干的改革精神。没承想，近40年后，喜马拉雅山的另一侧，我竟然在以"慢吞吞"而闻名的印度、在眼前这样的场合也听到了这句口号的前半句。

"时间就是金钱？"我确认了一下，老太太确实是这么说的。我的脑海中千回百转，闪过很多有关印度人时间观念的哏："世上最遥远的距离，不是我坐在你身边，你却不知道我爱你，而是印度人和你说，我马上到了。"

二

说起印度人的迟到、不守时、办事拖沓，很多驻印中资企业负责人都深有体会。在驻印中资企业圈里，人们爱把印度人在时间上的"测不准"概括为"薛定谔的印度"。我曾经就商务合作中如何应对"薛定谔的印度"话题进行过随机调查，不少人的回答是"无解"或"无法应对"。有中企负责人介绍，因为印度人时间观念不强，在商务合作中如果中方是供应方，即使合同里明确约定了交货期，印度人仍可能从合同生效时起就催促中方交货。而一旦交货完成，到了付款环节，印方又会拖拖拉拉地延迟付款。因此有经验者会提示，在类似国际交易中不要轻易被印方"带节奏",只要严格遵守契约,按时完成合同或协议即可。至于与印方开展商务会谈,如果所谈事务紧迫、重要,就要打充足的提前量。例如需要在12点开始的会议,应通知印方最迟11点到会。

至于"薛定谔的印度"现象背后,以我的日常观察,糟糕的交通、多雨的天气等容易导致人们迟到、延误,或许是最直观的原因。犹记初到印度之际,每次参加活动我都以中国习惯准点甚至提前到达,后来发现活动真正的开始时间往往要比通知的开始时间晚半个小时,有时活动已经开始了,个别主要嘉宾(当然是印度人)还在路上。久而久之也就慢慢接受了当地人的习惯,出席活动时晚到而不是早到。一位西方记者试图从社会心理学角度对这个现象给出解释,其在著作中提出,印度是一个"低信任度社会",比如参加商务会议之类的活动时,大家都假定别人会晚到,如果自己按时或早到就会"吃亏",于是普遍的迟到和不守时就见怪不怪了。

除了以上这些,宗教文化对印度人和印度教的时间观念的影响也不可忽视。

佛教自印度传入中国,在佛经翻译中创造出了许多美妙的概念,比如"劫波"(kalpa)与"刹那"(kṣaṇa)。根据印度神话,每一个世界的轮回可分为四个时期,即"宇迦"(Yuga),类似于希腊神话中的黄金、白银、青铜和黑铁时代。四个时期中,圆满时(Krita Yuga)是一个诸事完备、秩序井然的时代;到了三分时(Treta Yuga),神、人、魔的尊卑开始出现裂痕,世界在勉强维持;二分时(Dvapara Yuga)正邪对立,善恶势均;争斗时(Kali Yuga)正法死亡,群魔乱舞。《摩诃婆罗多》中克里希那的死标志着争斗时，即黑暗时代的开始——那一天，是公元前3102年2月18日。而今天的我们正处于黑暗时代中。从时间跨度看，黑暗时代最短，只有432000年，目前的人类才度过了八十六分之一。二分时、三分时和圆满时的长度分别是黑暗时代的两倍、三倍和四倍。如此四个宇迦合在一起，凑成一个"摩诃宇迦"（大时，Mahayuga），是十个黑暗时代那么长：4320000年。1000个摩诃宇迦合在一起，凑成了印度教大神梵天的"一日"。梵天的一日（仅指梵天的白昼，他还有同样长的一个黑夜）被称为"劫波"，一劫就是4320000000年。传说中梵天能够活100年，当一

宗教文化对印度人有极为深刻的影响。孟买市内的一家商铺，中间设有供奉着印度教神祇的神龛

位梵天去世后，印度教大神毗湿奴的肚脐眼里会生出莲花，新的梵天就会在莲花上诞生，于是又一位梵天的100年开始了……

想象一下，在如此宏大而无限循环的宗教宇宙观的影响下，印度人看待时间的尺度显然会有很大不同，"两分钟就到"最后却变成了"半个小时甚至更长时间仍未到"似乎也不难理解了。于是，有经验的"老印度"在跟当地人打交道时，遇到对方说"马上就到"或"还有两分钟就到"会立马追问一句："你说的两分钟是'印度时间'还是'中国时间'？"这样既是给对方一个提醒，同时也可借机摸清对方套路，以防突然被"放鸽子"。

三

眼下，我的SIM卡故障排除过程似乎正处在这样的"无限循环"中。

意外却又不意外，客服女孩儿又给了我一张新的SIM卡，并言之凿凿地表示当天下午1点新卡就会被激活，同时当天晚上老卡也会被激活。看着手里越来越鼓的卡包，我有点发蒙：有的卡是预付话费，有的卡是后付话费。每张卡上，最醒目的是一只立起上半身向外张望的京巴狗，还有两个标语："沃达丰，助力于你""超级4G网络"。确实，我的"超级4G网络"已经停了三天了，而"沃达丰的助力"仍在进行中。

8日晚上9点，司机告诉我老号很快（shortly）将被激活，我追问了一句："很快到底有多快？"得到的回答是两到三个小时。然而一夜过去，一切仍然没有变化，不得已我再次来到店里。客服女孩儿说，手机卡已被激活，只不过是之前第一次给的卡，不是第二次给的后付话费卡，也不是最早开通的预付话费卡……正在我的脑袋嗡嗡作响之际，经理过来说手机卡已经被激活了，什么都不用做，直接打电话就可以了，"但要一个小时以后"……

回到住处，我一边忙工作，一边等待旁边的手机卡像"传说"中的那样"什么都不用做"就能被激活，一个小时、两个小时……我确实什么都没做，但也确实什么都没有发生。午觉过后，我试着拨打了客服电话，按照提示音一步步操作，先输入护照号后四位，然后是出生日期后四位。成功！至此，我在这件事上花的时间几乎长达一个星期。

四

根据世界银行发布的《2020年营商环境报告》，2019年印度营商便利指数在190个国家中排名第63位，比上年的第77位上升14位，并连续第三次被选为十大进步最快的国家之一。2014年至2019年间，印度在营商便利度排名中一共跃升了79位。这也成为莫迪政府和当地媒体大书特书的政绩。中国社科院亚太与全球战略研究所副研究员刘小雪对此表示，莫迪推动政府部门在网上办公，企业的申请和审批程序可在网上进行，并可随时获知进展情况，这提高了政府的办公效率和透明度。在向农民、低收入者提供粮食补贴和燃气补贴时，将补贴与依靠指纹或虹膜建立的身份认证系统联系在一起，使福利转移支付更加直接、精准，虽然这一做法目前只运用到了有限的地区和人群，但其在减少腐败和福利漏损方面的优势已得到广泛认可。

进步和改变确是不争的事实，但就一线个体遭遇来看，印度的"办证难"现象仍然随处可见。除了手机卡，驻印期间我还先后多次更新签证，办过驾驶证以及阿达卡（Aadhaar，印度电子身份证）等证件，现场一次性办妥的几乎没有，一两天内反复跑腿或等待数日的情况稀松平常。拖沓低下的效率，无数的表格，一遍又一遍地签字，以及漫长的等待，类似经历常常让人心生绝望以至无力提出抗议。有时让人觉得是眼前具体办事的人员不够利落，但更多的时候隐约能感觉到在他或她身后那堵难以穿透的制度高墙。

英国作家马克·涂立在《印度慢吞吞》一书中提到一个案例：某位印度经济学家受到改革前景激励而自美国返回担任政府顾问，但是很快就因为幻想破灭而离开。最后一根压垮他的稻草，是某个官僚骄傲地宣布，由于程序简化，需填写的表格由15份减至5份，但是当这位经济学家问到需要多少个签名的时候，他带着自满而非羞怯的笑容回答："15个。"

韩国浦项制铁公司在印度的投资经历更是广为人知。2005年6月，作为全球最大的钢铁制造商之一，浦项制铁和印度奥里萨邦政府签订了为期5年的谅解备忘录，计划投资120亿美元建立一个综合性钢厂，这也是自1991年印度经济市场化改革以来最大的外国直接投资项目，但由于征地遇阻以及环保人士的抗议，项目拖延至今仍未完成。

官僚程序的复杂、规定和规范的混乱、无数流程的繁文缛节、可以随意用来放行或拦截的可怕任意权力——即使作为后来者的中资企业，仍然未能在"薛定谔的印度"得以幸免。西孟加拉邦位于印度东部，人口超过9100万，位列印度各邦第四，经济规模排名全国第六位。为促进经济增长，增加就业，该邦从2011年起进行了一系列改革，包括缩小工业许可证政策范围、单一窗口审批系统、投资激励计划等。但是据投资当地的中资企业介绍，就实际落实而言，这些改革更多停留在口号和规划上。一家中资企业为方便生产需要打井，从申报到最终批准需要25个部门盖章。中国某著名集团企业2012年进入该邦展开投资，由于各种烦琐的审批，5年过后生产厂房仍然只是一个框架……

从个体"办证难"到商业掘金者的陷坑遭遇，不能不让人感叹印度："从劫波到刹那，时间都去哪儿了？"

MBA缘何争当清洁工

一

2019年2月初，印度媒体曝出新闻，地处南部的泰米尔纳德邦立法机构招聘，共计10个扫地工和4个清洁工岗位，相关要求为年满18周岁，身体健康。但在实际报名过程中，竟然吸引了高达4600多人前来求职，其中持有工程硕士乃至MBA学位的竟有数百人。以此计算，其录取率仅为0.3%。比较而言，以竞争激烈著称的中国"国考"，2019年的报名录取率为近1.05%，参考录取率达到1.58%，竟是前者的几倍。

事实上，如果在印度待的时间够长，会发现类似的招聘新闻在这个世界人口第二大国并不鲜见。

2019年初，印度铁路系统招工，其中6.3万个工作岗位吸引了1900万的竞聘者，相关岗位多为清洁工、行李员、铁道养护工等；2018年3月，同样是铁路系统，9万多岗位，参与应聘者多达2500万人。媒体报道中特意提到，这一数据已经超过了澳大利亚的全国人口总数。

时间回到十年前。

2009年5月，印度著名的企业家、印孚瑟斯（Infosys）公司联合创始人南丹·尼勒卡尼（Nandan Nilekani）在美国加利福尼亚州发表演讲，提到当下印度社会发生的最为基础的观念变化之一，便是从20世纪六七十年代把人口当作负担和责任，转变为今天把人口当成劳动力资源和经济增长的引擎。他认为，观念变化的背后，存在着这样一些事实：随着医疗保健的进步、婴儿死亡率的下降，虽然社会生育意愿有所减弱，但未来30年印度将因为年轻人口众多而享有人口红利。

"相关人口红利的独特之处在于，印度将成为全球唯一拥有这一人口红利的国家。换句话说，在一个老龄化的世界，印度将是唯一的年轻国家。"但南丹紧接着补充说，为了迎接人口红利的到来，必须要有对人力资本的投入，包括良好的教育和医疗，道路、电力等基础设施。"如果没有对劳动力资源的投入，同样的人口红利将会变成人口灾难……"

根据印度最近一次人口普查，截至2011年其全国人口达到12.1亿，其中18～40岁的人口占比38.31%，19～24岁的人口占比17.99%。2019年《世界人口展望》报告称，印度总人口达到13.5亿，其中超过50%的人口年龄在25岁以下，超过65%的人口年龄在35岁以下，2020年印度人口平均年龄为29岁。预计到2024年，印度将超过中国成为世界第一人口大国，2030年其人口将达15亿，2050年将达到17亿。

对照南丹的判断，倘说今天的印度出现人口灾难言过其实，但至少想象中的人口红利并未得到真正的释放——从MBA竞聘体制内清洁工到"千军万马过独木桥"的铁路系统招工，一方面体现了当前印度公务员体系稳定而有保障的"铁饭碗"待遇的吸引力；另一方面则突显了作为世界上最大的发展中经济体之一，印度经济高速增长背后的就业危机。

根据印度中央统计局发布的数据，其2016—2017财年（印度以上年度4月至下年度3月跨度为一财年）、2017—2018财年、2018—2019财年的实际经济增长率分别为8.2%、7.2%和6.8%，连续位居全球主要经济体之首——然而GDP高增长背后，无法充分拉动就业一直是困扰印度的一大难题。印度《经济时报》估算，全国每年新增就业人口为1300万左右，但有800万新增就业人口无法找到工作。

来自印度全国抽样调查办公室的一份就业调查报告显示，印度2017年的失业率为6.1%，创下了自20世纪70年代以来的最高水平。报告还显示，印度失业情况之严峻，除了总人口失业率偏高外，在地区上，城市人口失业率明显高于农村；在年龄分布上，青壮年失业率高于总人口失业率。国际劳工组织报告也指出，在印度，失业正呈现两大怪现状：一是高速经济增长没有带来充分就业，二是高等教育的普及程度提高也没有相应带来更多就业。

二

就印度的"无就业型高增长"现象，我和当地的熟人朋友展开探讨，他们从不同维度给出了自己的思考。概而言之，大家主要认为这背后既有短期政策调整的催化作用，也有长期存在的经济领域深层次结构性矛盾。

根据估算，印度正规经济每年可创造20万～30万就业岗位，而非正规经济（指中小微企业、灰色经济、违法经济）每年创造的就业岗位近500万。然而莫迪当选印度总理后，大刀阔斧推行改革，其中"废钞"运动以及商品和服务税改革（GST税改）被认为对非正规经济乃至中小企业造成了前所未有的冲击。

据孟买当地媒体人凯拉希介绍，2016年11月，印度总理莫迪宣布废除正在使用的500卢比和1000卢比面额的纸币，大量依靠现金交易的非正规经济随后陷入瘫痪。2017年7月，印度启动独立以来最大规模税改，虽然统一了全国税制，但复杂的新税制系统迫使许多小企业倒闭，从而带来失业潮。

全印度工会总会在税改一年后发布的调查显示，印度6300万小企业中，有五分之一的企业（对经济贡献32%，雇佣1.11亿人）自新税制出台以来利润下降了20%，最终不得不解雇数万名工人。印度2018年8月份的失业率从上年7月的4.1%上升到6.4%。

印度学者、媒体人、社会观察家巴什卡认为，短期激进改革之外，印度经济领域的结构性矛盾是失业率居高不下的主因。

自20世纪90年代初拉奥政府推行市场化改革以来，印度经济走出了一条不同于传统工业化的发展道路，以新兴软件、信息技术等服务业为经济增长的主引擎，作为传统模式中的增长支柱的制造业对印度国民经济贡献有限。2014年9月，莫迪政府提出实施"印度制造"系列新政，意图修复第三产业发达、第一产业"靠天吃饭"、第二产业

"发育不良"的"头重脚轻"的产业结构。

巴什卡表示，根据测算，印度制造业每增加1个岗位，就会在相关经济活动中创造2～3个就业岗位。但在印度经济总量中，以信息技术为代表的服务业占比约为60%，制造业常年占比仅有15%～17%。与此同时，仍有半数以上劳动人口以传统农业为生。

2018年3月，诺贝尔经济学奖得主、美国经济学家保罗·克鲁格曼在参加当地媒体的相关活动时直言，如果不发展制造业，印度经济将会遭受源于大规模失业的重挫。

"由于劳动人口的急剧减少，日本已经不再是一个超级强国，中国看起来在走日本的老路。在亚洲，似乎只有印度能够担当起领头羊的重任，但前提只有建立在它能发展自己的制造业而非服务业板块，"他说，"印度在制造业领域的缺失有可能会帮倒忙，因为它不能为快速增长的人口提供必要的工作岗位。你得给大家找到活儿干。"

莫迪政府的"印度制造"政策貌似开对了药方。根据规划，"印度制造"政策预期到2025年将其国内的制造业占比提升至25%左右。然而印度果真能依靠其人口资源复制中国"世界工厂"的发展轨迹吗？对此不少专家指出，印度坐拥世界上最充裕的廉价劳动力，却无法将之转化为人口红利，这从表面看是制造业不彰所致，深层次原因在于其土地、劳动力制度改革不到位，使得经济基础与上层建筑脱节。

毛克疾认为，作为当年反殖民运动的重要内容，印度人仿照英国法规出台了大量针对土地、劳工和小业主的保护措施。独立建国后，这些都作为体现社会制度优越性的政治遗产而被继承，并由此形成一种"政治正确"。于是，处于前工业化时期的经济基础与从完成了工业化的英国人那里"借鉴"来的上层建筑难以匹配，后者对前者形成制约和反作用：印度工人常常滥用劳工保护法，坚决反对新的农村转移劳动力进入工厂，以维护他们的稳定生活和高工资；小地主结成联盟，宁愿土地荒芜，也要漫天要价，使得印度工业征地成本堪比北美；小业主形成政治压力集团，宁愿坚守极低的劳动生产率，也要用行政许可证的办法来限制规模生产……

三

理论是灰色的，而生活之树常青。在与印度人的交流中，一个无意中听来的细节让我得以由内而外重新审视"印度制造"及其与印度就业现状之间的关系。

索尼是孟买的一个小企业主，因为长期从事市场营销策略咨询，结识了众多印度商人和企业家。一天在闲谈中他告诉我，有个商人从事纸质手提袋加工生产多年，近来由于孟买实行"限塑令"，从综合商场到街头小店都弃用塑料袋而改用纸袋，导致其工厂订单量大增。为提高效率增加产量，该商人从中国进口了一台二手机器，但没料到后来发现机器运营、维护所增加的成本超出想象，最终决定弃用机器而继续采用传统手工生产。

"传统生产方式中，95%靠人工，5%靠机器，因为需要在手提袋上印上不同客户的标志；用了中国机器后相当于实现了半自动化，机器完成90%，人工只有10%，只需手工把提带粘在做好的纸袋上。"索尼解释说，该商人的工厂里共有10多名女工，都是无事可做的家庭主妇，日薪大约2000卢比（约合170元人民币），这样的劳工在附近村里一抓一大把。综合比较起来，机器比人工更贵，为什么要放着便宜的人工不用而去开动机器呢？

为了创造更多就业机会，印度急需发展制造业，制造业的自动化，导致成本上升收益下降，机器因此被闲置，工厂重回手工作坊模式——在"机器比人工更贵"的现实面前，商人、老板做出了理性选择，"印度制造"则陷入了一种看似吊诡的低端循环。或许，这才是印度急于通过发展制造业来释放人口红利而不可得，最终形成"无就业型高增长"局面的隐秘症结所在。

事实上，就在MBA学位求职者争当清洁工的新闻在印度社会被热议的同时，印度知名券商界线资本（Ambit Capital）发布了有关全国劳动力市场及未来投资建议的报告，标题旗帜鲜明——《印度嘀嗒作响的人口炸弹》（India's ticking demographic bomb），封面上同时配有一幅火花四溅、即将引爆的黑色炸弹图案。报告引用数据称，印度全国共有3亿失业人口，其中文盲失业者为2.48亿，受过教育的失业者为5200万，15～29岁未受教育且失业的年轻人约占劳动力人口的31%。报告认为，居高不下的失业率，尤其是越来越多的年轻人失业，正成为未来印度社会的"人口炸弹"。

经济学家、印度央行前行长拉古拉迈·拉詹（Raghuram Rajan）也在不同场合发表类似观点："我们有所谓的'人口红利'，指的是每月有100万人进入劳动力市场。但如果不能提供所需工作，就会有100万不满意的进入者。"

警告之声言犹在耳，现实却令人唏嘘。

孟买一处象神塑像加工作坊，主要依赖工人手工制作

四

2020年9月17日，莫迪总理迎来70岁生日。在印度国内商界名人、宝莱坞众星以及国际政要纷纷向他表示祝福之际，本国内的社交媒体上却发起了"国家失业日"（National unemployment day）的话题。因新冠疫情冲击而饱受失业之困的大批网友纷纷吐槽：在当政的6年中，莫迪不但未能兑现其每年创造2000万就业岗位的承诺，相反此间却有1.2亿～1.7亿人失业。

"梦想依旧是梦想，我的学位，努力工作，所有这一切都毫无价值……你有胆量面对这些拥有学位却没工作的工程师吗?"一位网友如此发帖,同时还@莫迪的官方推特账号。

面对如此绝望的诘问,进入古稀之年的莫迪内心在想什么,人们无从得知。但可以肯定的是,考虑到全球化遭遇的保守主义困境,以及人工智能取代大规模流水线工人的趋势,在可见的未来,印度试图以制造业繁荣来释放人口红利的国家工程,其"时间窗口"将是有限的。

在孟买体验无现金消费

一

"亲爱的全体国民，祝福你们满怀喜悦和新的希望度过排灯节新年。今天，我将在此向大家介绍一些关键问题和重要决策⋯⋯"

2016年11月8日晚上8点，当世界各国媒体都在聚焦美国大选的最后时刻之际，印度总理莫迪在以上述问候开场的全国电视讲话中，出人意料地宣布：面值为500卢比和1000卢比的大额钞票将从当天午夜起退出流通。

事后证明，印度的"废钞"运动并未如最初设想的那样成功打击到腐败、黑钱和恐怖活动。不过，这一突然而至的极限政策"意外"助推了这个世界人口第二大国的无现金化进程。

"克里希纳神庙坐落在班加罗尔西北边的一座山丘上。这是印度教最知名的庙宇之一。3月的一个周末，我去参观了这座据说是本地最'灵'的庙，爬到中殿时，发现一个秘密：Paytm（印度最大的移动支付和商务平台，相当于中国的支付宝）二维码就贴在功德箱边。"中文自媒体志象网创始人胡剑龙描述的这一亲身遭遇，成为不久后印度社会无现金化的生动写照。

当我从国内抵达孟买的时候，莫迪的"废钞"讲话已经过去了将近一年，有关其政策得失的讨论仍在媒体上进行着。但在大城市里，二维码已随处可见，无现金消费正渗透人们的日常。

2018年2月底，由汤姆·汉克斯与梅丽尔·斯特里普主演、讲述"五角大楼文件"泄密案的美国影片《华盛顿邮报》在印度上映。我通过手机上安装注册的BookMyShow客户端完成了订票业务：点开界面，选择，下单，手机收到确认二维码，整个过程不到2分钟。

班加罗尔街景

作为印度本土最大的线上票务平台，BookMyShow从电影票务网站起家，之后开始涉足多个领域的票务服务，包括体育比赛、现场活动和戏剧演出等，业务覆盖全印度大约350座城镇。从实测效果来看，除了英文界面外，与国内的线上订票体验并无太大不同。

在支付界面栏，选项有网上银行、信用卡或借记卡，也有手机钱包。点开这最后一项，多达11个子选项中，既有电商平台推出的亚马逊支付，也有各大电信运营商推出的自有在线支付，诸如沃达丰支付、Jio钱包等，此外则是印度移动支付平台MobiKwik、FreeCharge、Paytm等。点击Paytm进入支付界面，同时输入绑定手机接收到的一次性验证码（OTP），订票过程即告完成。

一个有意思的现象是，在所有的在线支付平台中，排在前四位的均标注了打折促销活动，返现额度从75卢比到300卢比不等。素有"印度版支付宝"之称的Paytm排在第11位，没有折扣——从某种程度上，这反映了其在印度在线支付平台市场竞争中的稳固地位。

二

诺伊达是位于印度北方邦的一个小城，约有110万人口。因为距离新德里仅有半小时车程，区位优势加上受教育程度较高的人口资源，使得其发展成为首都的重要卫星城，类似国内的高新科技园区，Paytm的总部便坐落于此。我首次路过诺伊达，是在抵印不久后去印度外交部申请延签。印象最深的，莫过于望不到头的堵车长龙，车窗外尘土飞扬的施工现场，以及各种带有玻璃幕墙、极具现代感的建筑。

与身后老旧而古朴的新德里城相比，这里仿佛是刚被一群外星人占领的域外世界，土洋结合，不修边幅，粗犷而充满力量，正在不顾一切地野蛮生长，像极了Paytm一路走来的气质。

Paytm是"手机支付"（Pay through mobile）的英文缩写，其创始人维贾伊·谢卡尔·夏尔马（Vijay Shekhar Sharma）1978年出生于印度北方邦一个教师中产家庭，中学时成绩优异，然而因为读书时学校里一直进行的是印地语教学，天然的英语短板让其无缘梦想中的全国最高学府——印度理工学院。考入德里工程学院后，维贾伊成了一名技术理工男。2000年，维贾伊创立母公司One97，十年后推出Paytm业务。在后来的采访中，他向媒体记者表示，这源于其"让每个普通印度人都能拥有用手机即可接入的银行"（a bank that would be accessible for average Indians on their smartphones）的设想。

2016年11月底，"废钞"运动开始不足一个月，原本一直不温不火的Paytm迎来爆发期：公司日新增用户数从以前的几千人一下子飙升至50万人左右，其中仅11月8日以来的三个星期，便增加了总计1000万的用户。2017年，维贾伊被《福布斯》评为印度最年轻的亿万富翁，净资产13亿美元，同时还入选了《时代》杂志评出的当年度最具影响力100位人物。当然，这些已是后话。

回到眼前的无现金消费体验。订票结束，紧接着面临的是出行。从我居住的地方到影院所在的凤凰城商场，大约有一个小时的车程，考虑到孟买令人无可奈何的堵车现实，提前一个半小时出发或许合适。此时，如果既不想自己驾车，又不想站在暴晒的日头下打车，那网约车平台里，无论是优步（Uber）还是欧拉都是不错的选择。

印度街头可以无现金支付的水果摊

一处 Paytm 支付点

2016年8月，滴滴出行和优步中国宣布合并，写下中国本土与外资互联网企业搏杀的又一段传奇。而在印度，作为本土网约车公司的代表，成立于2010年的欧拉也被视为"打不死的小强"，正与优步印度展开激烈厮杀。与滴滴出行对比一下，就会发现欧拉提供了更多具有"印度风"的车型选择，其中既有随处可见的"突突"车，也有配备车载播放器的舒适型轿车，此外还有拼车和租车服务。上车后，只需将手机短信收到的四位数一次性验证码报给司机，输入系统，便可启动计费程序。

鉴于印度一些地方糟糕的治安问题，在搭载网约车前往目的地的途中，欧拉客户端界面除了显示行车时间、路线乃至交通拥堵程度外，右上角还有一个红色英文紧急按键。根据司机的介绍，乘客可事先将家人或好友号码存入紧急呼救名单，一旦乘车时遇到突发状况，按此键后便可发送司机和车辆信息给名单联络人，并实时同步车辆定位和行车路线。

观影结束，可以就近在商场里找一家饭店就餐，饭后扫码付账；也可以在返程的网约车上，利用Zomato随手叫份外卖，无论印餐、西餐还是印式中餐，一切尽在"掌控"……

体验印度本土的欧拉打车

三

　　在很多互联网人士眼里，以Paytm的普及为代表的印度社会无现金化趋势正在狂飙突进，除了莫迪"废钞"的"神助攻"外，主要是因为网络支付公司的业务准确切中了印度社会基础金融服务稀缺的痛点。有数据显示，2016年印度近13亿人口中，只有3亿多张银行借记卡、2300万张信用卡，9亿农村人口中平均每2.7万人有1家银行，每10万印度人只有18台ATM机。许多普通印度人，尤其是身在农村的，甚至一辈子没有进过银行。

　　然而如果放宽视野，近年来印度互联网基础设施的改善，尤其是移动互联网的爆发式发展才是更大的"助攻"。根据印度电信管理局发布的数据，截至2018年9月，印度互联网接入次数从2016年3月的3.4亿次增加至5.6亿次，首次突破5亿大关，增长了65%。其中5.4亿次通过手机互联网接入，仅有2000万次用的是宽带互联网接入，有

64%左右（约3.6亿次）发生在城市地区，余下的36%左右（约2亿次）发生在农村地区。

2018年度全球互联网报告显示，当年年底世界上超过一半的人口成为互联网用户。在发达国家，互联网普及率平均为80.9%，而美国、日本等国已经达到了82%以上。作为全球互联网用户最多的国家，也是移动用户最多的国家，中国的互联网普及率为58.8%，其中移动端使用率高于PC端。而在印度，2018年互联网用户增长近1亿人，年增长率超过20%，增长规模排名全球第一。智能手机普及率方面，中国达到7.83亿部，普及率为55.3%，印度为3.75亿部，普及率为27.7%。

某种程度上，从BookMyShow、欧拉、Zomato到Paytm等诸多印度互联网公司都是搭乘同一部"电梯"完成提升的。

由于是爆发式的野蛮生长，所谓"萝卜快了不洗泥"，这些互联网公司的服务落实到细节上便难言精致。因此在类似孟买这样的大城市，仅带着手机出门大约只是理论上可行。在现实中，出于种种原因，印度的无现金消费体验常常会出现各种意想不到的"梗阻现象"。

最典型的莫过于网约车。由于大量的司机来自人口众多的北方邦、比哈尔邦等农业地区，除了驾驶技能以及可以投靠的一两位亲友外，大部分人对这座拥有2000万人口的大城市一无所知。下单后漫长的等待几乎是必然，因为很多司机认不清路。眼看着谷歌地图上那个车标在我所在位置的两三个街区外绕来绕去，有时甚至越走越远，我便忍不住心急火燎地抄起电话，而在"你好，先生"（Hello，Sir）的简短应答后，那头传来的印地语则让人更加绝望。至于乘车过程中司机一直在煲电话粥，乃至看球赛和电视剧的事情也都屡见不鲜。有天晚上，我从南孟买打车往回赶，车到中途，司机不发一言地熄火停到了路边，回头对着一脸茫然的我竖起了小指——原来是要下车就地小便！

至于在线购物，体验也大体如此。虽然亚马逊、Flipkart等电商平台的货品还算种类丰富，但物流配送过程往往难以尽如人意。以孟买和新德里两大城市为例，网购送货时间通常短则一两天，长则一周。考虑到印度的路况、交通以及漫长的雨季，延迟送货、物品损坏乃至包裹丢失的事情也时有发生。

2017年，印度著名智库孟买观察家研究基金会在一份调研报告中指出，即使在印度独立70年后，全国仍有大约24%的缺电人口。截至2017年12月，印度互联网渗透率约占总人口的35%，就移动宽带而言，每100人中接入者仅有5.5人。因此尽管印度的无现金化进程处于大跃进阶段，补齐国内互联网基础设施的短板仍是当务之急，而印度无现金化的未来之路仍然任重道远。

"一步之遥"的失败与雄心

一

地面控制中心里一片愁云惨雾。电视直播画面扫过，人们表情凝重，有的探起身子翘首张望，有的双手抱头默然不语。

2019年9月7日凌晨，印度"月船2号"探月器的"维克拉姆"着陆器尝试在月球南极软着陆时突然失联，此时该着陆器距离月球表面仅有2.1千米——相比地月之间38万千米的漫漫征程，这个距离实在是太近了。因此事后人们评价称，印度首次登月距离成功仅"一步之遥"。

"月船2号"的英文为Chandrayaan-2，其中Chandrayaan来源于梵语，是"月球飞船"的意思。作为印度迄今为止最为雄心勃勃的太空任务，在经历多次推迟后，"月船2号"在7月22日成功发射升空，当天吸引了全国数十万人上网观看。在脸书上，实时发布的观众超过65万人，也引爆了印度社交媒体的热门话题。一些网友发帖：

"2017年时，印度一次火箭发射任务就射出了104颗卫星，创下了吉尼斯世界纪录；2019年时，印度为了展现军事实力，成功击落了一颗自己的卫星；2014年时，印度的探测器还抵达了火星。而本周五，我们的登月器就要在月球着陆了……"印度某著名板球运动员甚至在推文中对邻国语带嘲讽道："有些国家把月亮放在了国旗上，有些国家则把国旗放在了月亮上……"

印度曾于2008年成功发射首个月球探测器"月船1号"，并准确地进入了绕月轨道，搭载的仪器对月球表面和内部进行了大量勘测。通过分析其发回的数据，美国科学家确认月球南极存在水和冰，但当时"月船1号"并没有实现使其能够展开实地测试的受控着陆。而按照原定计划，"月船2号"本该于印度时间9月7日凌晨1时55分在月球南极目标区域着陆。如果一切顺利，印度将成为继苏联、美国和中国之后第四个实现在月球上软着陆，以及第一个在月球南极着陆的国家。

印度空间研究组织（ISRO）7日下午详细还原了着陆失败过程：在距离月球2.1千米的高度上，着陆器开始偏离轨道，而后逐渐加速至每秒60米的速度，并在距离月球表面约335米时彻底失联。专家认为，最有可能的原因是安装在着陆器一侧的四个小型转向发动机突然失灵并全部停止工作，导致着陆器无法保持正常姿态。

也有外界分析指出，着陆器减速制动是登月时的一个技术难点。稍早前的2019年4月，以色列发射了一个名为"创世纪号"的月球着陆器，它在离月球表面1万米高度时主发动机突然失灵，整个着陆器高速摔向月球。印度和以色列都在减速阶段功亏一篑，表面看是运气差了点儿，本质是技术不够完善，可靠性低。

在班加罗尔的地面控制中心，印度总理莫迪观看了着陆全程。对于离成功"一步之遥"的结局，他凝重的表情中透着些许失望。尽管如此，他仍在事后向印度的航天专家们表示慰问和敬意。根据印度媒体的报道，莫迪对现场的科学家团队表示："我为我们的科学家感到骄傲，他们的辛勤工作和决心确保了市民更好的生活。这是他们创新热情的结果。更多的机会让你感到骄傲和高兴，谢谢。与此同时，在太空计划上我们充满信心，最好的还在后头。"

尤其令人动容的是，在即将离开控制中心的时候，莫迪一边拉住印度空间研究组织主席 K. 西旺（K. Sivan）的手，一边抚摸他的后背进行安慰。后者摘下眼镜，伏在总理的左肩上像孩子一样地哭了起来，前后长达30秒的片段通过电视直播传遍了印度全国，让人看到了印度太空探索背后的大国雄心，以及壮志未酬的失败和荣光。

时任《环球时报》总编辑的胡锡进第一时间对印度登月失利发表了看法：印度"月船2号"探测器失联，这是相当严重的事故，将会对印度航天计划造成不小的冲击。好在是无人飞行器。"印度的航天技术虽与美俄中有一定距离，但是它投入很大力量开展这个领域的探索……它反映了印度作为一个大国的抱负，体现了这个国家的战略远见。印度实行西式政治制度，做什么事都很容易招来激烈抵制。印度民生尚有大量欠债，但是国家投入巨资搞探月工程，印度社会总体是支持的。出了'月船2号'失联这么大的事故，印度总理莫迪勉励了科学家们，舆论能够在第一时间比较平静地接受这个现实，我觉得印度这方面的表现还是相当大气的。印度社会在关键的国家利益上有这么高的共识，值得刮目相看。"

二

9月17日，"月船2号"着陆事故的第十天。我来到位于孟买市中心的尼赫鲁科学中心，参观正在这里举办的印度航空科技展。

大门口，一幅巨画几乎覆盖了整面墙，最显眼的是画面正中的尼赫鲁像，被洋溢着笑脸的阳光少年簇拥着，周围衬托着摩天大楼、飞机火箭、高压电网等各种图案，以及飞翔的灰鸟和光芒四射的太阳。"未来属于科学，以及那些与科学为友的人。"——开国总理的话被印在墙上。进门后，用英文书写的"我爱科学"这句话首先映入眼帘，其中单词"爱"是用红色的心形图案表示的。很多车在入口处挤成一锅粥，人们只好下车步行。家长带着孩子，老师带着学生，年轻人、老年人，个个满脸期待，准备好了"做科学的朋友"。显然，尽管"月船2号"的失利让印度的航天计划受挫，却点燃了这个国家民间社会对于科学和探月更大的热情。

眼前的场景让人联想起近十天来印度社交媒体上的流行情绪：相貌朴实的西旺代替了宝莱坞众星，成了人们眼中的英雄，在乘经济舱出行时被空姐追着合影。"印度导弹之父"、前总统阿卜杜勒·卡拉姆（Abdul Kalam）说过的话被做成截图在网上疯转："如果你失败了，绝不要放弃。因为'失败'（F.A.I.L.）意味着'学习过程中的首次尝试'（Firse Attempt in Learning）。结束并不是终了，因为'结束'（E.N.D.）意味着'努力从未消逝'（Effort Never Dies）。如果你得到

了一个'不'的回答，请记住，'不'（N.O.）意味着'下一个机会'（Next Opportunity）。"

进入航空科技主题展厅，大门口左手边。工作人员正在用白色的墙壁做幕布，以幻灯形式播放"月船2号"的探月过程：火箭载着"月船2号"发射升空，探测器重达3850千克，包括轨道器、着陆器和月球车三个模块，以及携带的十多个各类研究装置。进入地球轨道后探测器与火箭分离，并绕地飞行15圈左右。在发射后第23天，"月船2号"点燃引擎摆脱地球引力飞向月球；再8天后飞抵月球轨道展开绕月飞行；又13天后开始调整轨道，着陆器与轨道器分离，开始朝月球表面飞行；最终在第43天后在月球表面着陆。

这里显然是聚集了最多人观看的区域。观众中很多是学生，另外则是带着幼儿的家长。有人用手机对着幻灯拍照或录影，家长们则一边观看一边忙着给孩子们进行讲解。幻灯一遍遍循环播放，每到着陆月球时的画面，赞叹声和欢呼声便由衷地响起，人们似乎忘了"月船2号"着陆器失联的现实——事实上，就在9月8

孟买尼赫鲁科学中心

日，着陆事故的第二天，印度空间研究组织对外发布消息称，"月船2号"的轨道器已拍得着陆器的热成像图，并正在尝试建立联系，证实其已在月球表面硬着陆。

再往里走，等着拍照的队伍排成长龙。一个橘黄色的宇航服模型立在眼前，人们绕到背面摆出各种造型和表情开心留影。对于爱自拍的印度人来说，这里显然是展厅里最受欢迎的地方。

在熙熙攘攘的人群旁边，立在整个展厅正中央的，是被誉为"印度航天之父"的维克拉姆·萨拉巴伊（Vikram Sarabhai）的个人事迹展。值得一提的是，"月船2号"探测器三个模块之一的"维克拉姆"着陆器的名称就来自维克拉姆·萨拉巴伊。根据介绍，2019年刚好是这位杰出的印度科学家100周年诞辰。1919年8月12日，萨拉巴伊出生在英属印度孟买省，后在英国剑桥获得博士学位。萨拉巴伊参与了1962年印度国家空间研究委员会（后改名为印度空间研究组织）的创立，此外他还担任过印度原子能委员会的主席。1973年，月球上发现的一个环形山以他的名字命名。

在竖幅展板上，有萨拉巴伊从儿童时期开始不同阶段的照片和简介，比较醒目的是和尼赫鲁在一起的照片，以及童年时和诗人泰戈尔等人的集体合照，旁边的文字说明介绍道："泰戈尔有次曾对他的母亲预言：对于科学和数学的热情，将引导他成就一个伟大的未来。"另一幅展板上，萨拉巴伊穿着旧式西装的照片旁边的一句话似乎正与泰戈尔的预言相呼应："那些能够于嘈杂处听到音乐的人，终将成就伟业。"

展厅一角，特别列出了历史上知名的印度宇航员，其中包括1984

年首位进入太空的印度籍宇航员拉凯什·夏尔马（Rakesh Sharma），在跟随苏联执行太空任务时，他在空间站生活了一周，其间还用特殊相机拍摄了地球照片，在太空中表演瑜伽，并吃了印餐和杧果；效力于美国国家航空航天局（NASA）、在2003年美国"哥伦比亚号"航天飞机失事时牺牲的7位宇航员之一的印度裔宇航员凯尔帕娜·乔拉（Kalpana Chawla）；名叫苏尼塔·威廉斯（Sunita Williams）的美国宇航员，父亲是一名印度人，其在国际空间站连续生活了195天，创造了当时的世界纪录。

整个展览给人以简陋朴实之感。即使在互动设计环节，也都是一些简单的卫星、火箭模型，并没有现下流行的VR、AR式体验。尤其令人印象深刻的是，现场免费发放的明信片里，其中一张老照片展示了20世纪60年代印度科学家将火箭部件在自行车上进行试验的画面，印度太空计划起步之初的筚路蓝缕由此可见一斑。

三

事实上，在"月船2号"发射之际就有网民提出：早在50年前，美国"阿波罗11号"飞船载着阿姆斯特朗仅用了4天时间就抵达月球，为何时至今日印度探月仍需要10倍于美国的时间？业内专家对此表示，美国"阿波罗11号"飞船的发射火箭长达110米，重3039吨，相比之下，"月船2号"的发射火箭长仅43米，重700吨。由于承载的燃料相比"阿波罗11号"要少得多，"月船2号"无法像前者那样在起飞后即直奔月球，而是要先进入地球轨道绕行多日，借助地球自转引力再次起飞，由此耗费了大量的时间。而这背后，其实是两国太空项目投入经费的巨大差距：以美国阿波罗登月计划为例，其耗资高达约250亿美元，相比之下，印度的"月船2号"项目总耗资97.8亿卢比（当时约合1.4亿美元）。

有限的经费预算与急于追赶的大国雄心，使得印度的太空项目在有声有色进行的同时，时不时会发生意外状况：绕月探测的"月船1号"原计划运行两年，但尚未到期即在2009年8月失联；"月船2号"原计划2018年2月发射升空，其间屡屡推迟。2019年7月15日，火箭已经在发射架上就位，但因技术故障在倒计时56分钟时被突然叫停。最终虽然发射成功，但还是发生了硬着陆事故。

然而印度太空探索的脚步从未停止。正如"月船2号"发射升空后，印度空间研究组织主席西旺在发布会上所说："这是印度历史之旅的开始。"

2020年1月1日，西旺宣布，印度"月船3号"探测器登月项目已经获批启动，该探测器预计于2020年底或2021年发射升空。他同时介绍，作为印度首个载人航天飞行计划——"加甘扬"计划的一部分，从2020年1月的第三周开始，由印度空军挑选的4名男子将在俄罗斯接受相关训练。"加甘扬"计划预计到2022年完成，届时会将3名印度宇航员送入近地轨道，并在太空停留大约7天。

2022年4月，"月船3号"的发射时间再次被推迟，至今进展仍不明确，印度的太空探索之路，依旧困难重重。

"愤怒象群中的一只蚂蚁"

一

2018年3月3日，印度发行量最大的英文报纸《印度时报》刊文"为什么美中爆发贸易战时印度应该保持低调"（Why India should lie low if a Us-China trade war erupts）。文章对可能爆发的中美贸易战进行了推演：2017年美中贸易逆差高达3750亿美元，特朗普极可能对中国发动贸易战，而这势必引发中方反制，紧接着可能是美国针对中国反制进行的报复，由此中方又将展开新一轮的反制……

文章最后得出结论："一切远未确定。无论如何，现在都不是印度心怀任何幻想展示全球或地区领导力的时候，印度应该扮演的角色是愤怒象群中的一只蚂蚁。"

公开资料显示，该文作者斯瓦米纳坦·S.安克莱萨里亚·艾亚尔（Swaminathan S. Anklesaria Aiyar）是印度颇为知名的经济记者，自1990年以来长期为《印度时报》写作名为"斯瓦米纳坦经济学"的每周专栏，还曾担任世界银行和亚洲开发银行的顾问。因此该文一经推出即引发广泛关注，并被印度The Quint网站评为"周末最佳观点之一"。

提起印度的大国雄心，开国总理尼赫鲁说过的话令人印象最为深刻："印度是不能在世界上扮演二等角色的，要么就做一个有声有色的大国，要么就销声匿迹。"然而时至21世纪，在面对可能到来的中美贸易战，印度为何画风突变，甘愿自降身价去做"愤怒象群中的一只蚂蚁"？

2018年7月6日，美国政府正式对第一批征税清单中价值340亿美元的中国输美商品加征25%关税，标志着特朗普对华关税政策正式实施（剩余的价值160亿美元的商品随后于8月23日加征25%关税）。在其后的声明中，中国商务部指出："美国违反世贸规则，发动了迄今为止经济史上规模最大的贸易战"。与此同时，中方的反击措施也在美方加征关税措施生效后即行实施。

中美贸易战开打，成为世界各地媒体的头条新闻，印度也不例外。但从驻印记者的一线观感来看，作为重要的发展中经济体之一，基于现实考量和利益算计，印度朝野上下还弥漫着别国难以见到的、异样而复杂的气氛：其中既有躁动和兴奋，又有纠结和不安——用一个不太恰当的比方，仿佛初恋女孩儿等男友，既怕他不来，又怕他乱来。

看起来与大国雄心的自我期许相互矛盾，但是努力扮演"愤怒象群中的一只蚂蚁"，恰是印度在中美贸易战中心态与战略选择的形象注脚。简而言之，在"愤怒的象群"打斗之际，"蚂蚁"应努力在不引起关注的情况下参与其中。当"大象"疲惫或受伤之际，"蚂蚁"便会瞅准时机狠咬一口；当某只"大象"倒地时（假如真有这一幕发生的话），"蚂蚁"要毫不犹豫地冲上去蚕食，甚至取而代之成为新的"大象"。

从官方态度到媒体表达，从商界声音到民间舆论，印度的"渔翁心态"和"骑墙立场"随处可见。

2018年8月，一份出自印度商工部的研究报告被媒体广为报道，其主要观点旗帜鲜明：美国对华出口商品因受到中国对等高关税制裁，导致竞争力下降。若此时印度能把握好时机，加强对华出口并抢占美国撤出后的中国商品市场，将有望成为此次贸易战中的主要受益者。

该报告详细列出了至少100种商品，表示可以用于取代美国商品撤出后的中国市场。报告认为，印度可以在中国棉花、玉米、杏仁、小麦、高粱市场中占有更大份额。新鲜葡萄、棉花、烤烟、润滑油，以及苯等化学产品，是此前美国对华出口额超过1000亿美元的重要商品种类，而印度也一直在向中国出口这些商品。一位印度官员表示，印度有望扩大这些商品的出口规模。

媒体报道还仔细地算了一笔账：美国发动对华贸易战后，中国对美商品征收15%～25%的报复性关税，对其他国家仅征收5%～10%的正常关税。而另外根据于2005年修订的《亚太贸易协定》，印度对华出口还可额外享受6%～35%的税率减让，这使得印度对华出口更具竞争力。以玉米为例：印度在2017—2018年间向全球出口了价值1.436亿美元的玉米，同期中国进口了6亿美元的玉米。在美国要向中国缴纳25%关税之际，亚太贸易协定国家印度，可在对华出口玉米上获得100%的优惠。

"大象"已在缠斗，"蚂蚁"开始跳舞。

二

2018年9月，孟买所在的马哈拉施特拉邦向中国抛出橄榄枝，积极推动印度大豆对华出口。时任该邦首席部长的德文德拉·法德纳维斯（Devendra Fadnavis）表示，马哈拉施特拉邦是印度经济第一大邦且位于印度心脏地带，在经济总量、对外贸易和吸收外资等方面首屈一指，对华经贸投资和人文领域合作积极性高，双方合作潜力很大。

马哈拉施特拉邦政府提供的一份当地豆粕制品的品性说明报告显示，当地的非转基因大豆，耕作中没有违规使用化学品，纤维含量最高为3.5%，水分低于12%，蛋白含量高于50%。

根据印度国家农业合作销售联盟统计，近5年来印度大豆种植面积稳定在1000万～1200万公顷，产量受单产波动影响很大。2017年印度出口豆粕140万吨，主要流向亚洲周边国家。另有数据显示，马哈拉施特拉邦可对华出口150多万吨优质非转基因大豆。

受预期推动，两个月时间印度国家大宗商品和衍生品交易所的大豆价格涨幅达10%。印度大豆加工商协会主席达维什·简表示，中国的大豆采购量全球第一，印度是世界最大的大豆生产国之一。"中国龙的胃口很大，可以轻易吞下我们所有的可出口余量。"

几乎与此同时，在孟买新港，100吨印度产非巴斯马蒂大米经过检验检疫后完成装箱，并于9月底起航前往中国。相关工作人员告诉我，这是中国中粮集团历史上首次进口印度产非巴斯马蒂大米。

似乎一切都在向着印度预期的方向发展，空气中充满着乐观的情绪。一次聊天中，孟买大学的一位大学生直截了当地说："中美贸易战开打，不确定哪一方最后会赢，但对印度而言无疑是好事。"

但也有一些人看得更远。

印度资深媒体人、社会观察家巴斯卡认为，美国单边主义挑起贸易摩擦的做法，正在伤害中美两国经贸关系，乃至给世界经济增长带来负面影响。首先，美国单边主义的做法瓦解了多边贸易系统的权威性；其次，在全球经济增长下滑日趋明显的情况下，美国发起贸易战无疑会让世界经济前景雪上加霜；最后，美国单边主义行动还将严重破坏全球工业供应链。

"中美两国在全球产业链分工中起着重要的连接作用，那些在其他国家生产的大量中间商品和配件，经过中国组装为成品后出口美国，美国的关税大棒将毫无疑问伤害很多国家，并不单是与中国有业务的美国企业。"巴斯卡说。

然而这样的声音实属少数。2019年5月，中美贸易谈判未果后美国再次重启战端。在印度，继续扮演"愤怒象群中的一只蚂蚁"仍是其面对中美贸易战时的主流立场。

三

斯瓦米纳坦的警告言犹在耳："特朗普瞄准的不只是中国，中国明白，单独与美国作战是困难的。它可能寻求其他国家联手反对美国的贸易壁垒以及威胁发动联合报复。欧盟对此可能感兴趣，很多亚洲国家或许也持相似立场。他们任何一方都不敢单独面对美国，但可能公开打造一个广泛的联盟。在这种环境下，印度切不可带头与中国打造

'反美阵线'，印度与美国的战略关系需要呵护培养，即使这个过程是痛苦的。不过，如果这一反美联盟力量壮大，尤其是在如世贸组织等多边论坛中，印度可以在不引起别人关注的情况下悄悄加入人群，确保不被突显。"

印度的纠结和不安是有理由的。根据美国贸易代表办公室的数据，2018年美国从印度进口商品总额达544亿美元，向印度出口331亿美元，贸易逆差为213亿美元。尽管逆差总额不大，但作为印度的第二大贸易伙伴，美国一直在抱怨印度设置了太多门槛，对美国企业进入印度造成了诸多困扰。尤其是美国总统特朗普，在公开场合多次提及印度向哈雷戴维森摩托等美国产品征收"极高关税"，并抨击印度为"关税之王"。

事实上，中美贸易战重启后没多久，特朗普便于5月31日发布总统公告说，由于印度未能确保向美国提供公平、合理的市场准入，根据《1974年贸易法》授权，美国政府将终止其普惠制待遇。

所谓普惠制，是指发达国家单方面对从发展中国家输入的制成品和半成品普遍给予优惠关税待遇的一种国际贸易制度，是在最惠国待遇税率基础上进一步减税或全部免税的更优惠待遇。作为美国普惠制的最大受益者，包括汽车零件、纺织品等在内的印度商品得以免税进入美国市场，获得免税的产品多达2000多种。

路透社对此评价称，这不仅是特朗普上台以来对印度采取的最严厉惩罚，还将在全球贸易战中开辟一条新战线。然而印度的反应意味深长，其商业和工业部发言人莫妮迪帕·慕克吉表示，印方不认可美方取消印方普惠制待遇的理由，但不会"抓牢"这一待遇不放。

两害相权取其轻，"蚂蚁"有更重要的事情要做。

除了推动农产品向中国出口、努力减少中印贸易逆差外，印度正努力抓住机会吸引海外投资。那段时间我辗转多地出差，无论在哪个会场，总能听到印度官员在发言时侃侃而谈，热情推销当地营商环境的改善、劳动力人口优势，以及便利的交通——在这背后，印度瞄准的是中美贸易战可能引发的全球制造业产业链的转移。

四

一直以来，印度国内都流行一种普遍的看法，即在上一轮经济全球化的过程中，印度错失了成为制造中心的机会，而中国的快速崛起恰是因为成功地抓住了这个机会。尽管中国之得与印度之失并无绝对的因果关联，但印度对中国的"酸葡萄心理"确是普遍而真实的存在。在《印度教徒报》记者帕拉维·艾亚尔所写的《烟与镜：亲历中国》一书中，作者描述了其常驻中国时见证的诸多重要发展进程，与此同时她直言不讳地写道："这个国家（中国）的飞速增长发展出历史上前所未有的动力，也许没有哪里比中国更能引起邻国印度的羡慕。"

如今，正在进行的全球两个最大经济体之间的贸易战给印度提供了新的机会。印度专家认为，鉴于中国不断增加的土地、人力资源成本，以及愈加严格的环保治理态势，印度正成为不少企业新的投资目的地。一篇文章分析说："如果印度能够抓住机会，未来5年每年将有望实现8%以上的经济增长，乐观地估计，这一增长率或将达到9%，由此每年新增就业机会能够在300万到500万人之间。"

2020年2月24日，特朗普上任美国总统后首次到访印度。其时中美贸易战打打停停，曲折起伏，从关税大棒到定点打压华为，从以"实体清单"制裁中国企业到解职在美工作的中国科研人员……美方手段不断升级，范围也不断扩大。此前美国副总统彭斯先后两次发表措辞强硬的对华政策报告，并公开宣扬美国把中国视为"战略与经济上的竞争对手"——从接纳到遏制，从期待到敌视，从拥抱到围堵，种种迹象显示，美国正在进行40年来最大的对华政策转向，新冷战和"修昔底德陷阱"被观察人士更频繁地提起……

然而在莫迪的故乡古吉拉特邦首府艾哈迈达巴德，号称全球最大的莫特拉板球场（Motera cricket stadium），迎接美国总统的是盛大的欢迎仪式。面对十万听众，特朗普发表讲话说，印度现在已是一个经济巨人，并将很快成为世界上最大的中产国家，他还盛赞莫迪为"一个冷静、伟大的领袖，一个为人民服务的人"。莫迪在演讲中则回应称，印度与美国是天然的合作伙伴，并称"不只是在印太地区，我们可以给全世界带来和平与进步"。

除了华丽的场面和浮夸的客套，此前备受关注的美印贸易协议最终未能达成，这意味着两国间贸易摩擦仍将继续，然而这并不妨碍印度继续在中美贸易战中扮演"蚂蚁"的角色——尽管已有相当多的分析认为，印度试图从中美贸易战中获益的想法过于乐观。

多位经济学家表示，主要由无序经营的小农场组成的印度农业需要采取更深层次的改革才能与巴西等农产品出口大国竞争；《印度斯坦时报》援引布鲁金斯学会数据显示，印度2018年的制造业产值不到3000亿美元。相比之下，中国的制造业产值超过2万亿美元。尽管经济规模庞大，但印度的制造业产值不到日本的三分之一，不到德国的一半。报道称，无论过去还是现在，印度都没有能力取代中国成为世界制造业基地。

五

所有的专家观点和智库分析都很在理。但不能不提的是，此间令我印象最深的观点，竟来自一篇由小区邻居随手转发在业主群里的短文。在这篇名为"为什么是中国而不是印度"的文章中，没有署名的作者这样写道：

在这个话题上，我时不时地遇到类似的问题，却不记得有人曾经指出过真正的原因。

为什么印度不能在制造业中超越中国，不是因为基础设施，不是因为熟练劳动力，不是因为腐败，也不是因为"中国人智力上的优越性"。

我想用这个名词来回答这个问题：不可预测性。

现在，请跟我复述：不可预测性、不可预测性、不可预测性。

正是这个最强大的名词，阻止印度成为制造业中心——在印度做生意是如此该死的不可预测，因此在与印度打交道时无法计算你的投资回报。

糟糕的基础设施？没问题——那可以被计入运输成本和物流时间。

缺乏熟练劳动力？没问题——那可以被计入资本和启动成本。

腐败？没问题——告诉我需要付钱给谁和付多少，那将变成运营成本的一部分。

太多的文书工作？没问题——虽然更长的启动时间意味着更低的投资回报，但同样，这也可以计算，也可以用更高的利润率来弥补。

你知道印度的问题在哪里？

没有什么能够被计算。

在印度：

当有人说"是"时，你不知道他或她实际表达的是"是"还是"否"。

当一个工人说："我5分钟后到。"你不知道他是那些守信的工人之一，还是那些只会在4小时后出现的工人之一。

当一个官员接近你且索要"进度费"时，你不知道他会要多少，进度能够加快多少，以及还有多少像他这样的人。

当看到一堆文书时，你不知道这是最后一堆，或者接下来还有20堆，甚至不知道给你填写的表格是否正确。

唉，即使有人要来帮助你，你也不知道他是否会在前来这里的途中撞到一头牛，然后被迫再等待8个小时让"萨满"（shaman）出现并走完程序。

所有这些加上偶尔的"我拒绝与那个种姓的人共事"，加上工会罢工和停电，使得在印度做生意极其不可预测。

如果你是企业家，你是愿意在知道该商品很可能会按时、按规格交货的情况下，从某人那里购买价值3美元的商品，还是打算从某人那里购买价值2美元的同一商品，但是不知道何时，甚至能否拿到？

多数人会购买那个3美元的，然后再提高利润。

商业的全部是关于可预测性的，试图在没有预测能力的情况下赚钱被称为赌博，企业家不喜欢在能够规避的时候去赌博。

总括而言，不可预测性是印度制造业的杀手。不是基础设施，不是熟练劳动力，不是腐败，不是智力。

是大写加粗的，不可预测性。

还有疑问吗？

第五部

『网红』总理
和他的国度

前文中，已经多次出现了莫迪的身影。作为现今印度的政府首脑，莫迪以其特立独行在世界舞台上引人瞩目，也为国内网友津津乐道。

一方面，出现在公开场合的莫迪，大多数时候都身着印度传统服饰；但另一方面，他也是海外互联网世界最为活跃的世界首脑之一。莫迪，堪称印度传统与现代的"复合体"。

莫迪能够登上印度政治舞台，与席卷全球的移动互联网浪潮息息相关。可以说，是时代造就了这个特殊的"网红"总理，而莫迪政府的诸多政策，既显示出印度追赶现代化的急迫心态，也透露出其对自身诸多根深蒂固传统的迁就和妥协。

读懂莫迪，才能更好地认识印度。

直击印度大选投票日

一

"大家好，下周一孟买开始投票。请记住，明天，我们不是要选择一名地方长官，所以不要考虑道路状况怎样、垃圾有没有被清理；明天，我们也不是选择首席部长，所以不用考虑邦的情况；明天，我们是为全世界最大的民主政体选出总理。

"让我们选出总理，他让我们可以骄傲地说出'我们的总理'；让我们选出总理，他在国际舞台上把印度之名带到更高的地方；让我们选出总理，他给予那些试图在我们国家散播恐怖的人以强烈的信号和适当的回应；让我们选出总理，他不知疲倦地工作，使我们意识到健康和平衡的生活方式的重要性；让我们选出总理，他和我们一样，非常热爱我们的国家！

"这是我们尽力为国的机会……出发，投票，现在!!!"

2019年4月29日，星期一，是孟买及其所在的马哈拉施特拉邦的大选投票日。早先一天，我所在的小区业主群里转发了一条长长的信息，提醒大家第二天要前往投票。

根据印度媒体报道，正在进行的2019年印度大选从4月11日开始，将耗时39天，历时7个阶段。想到难得有机会见证号称"世界上最大的民主政体"的大选投票，我心中不由好奇。事实上，作为一个疏离的旁观者，除了每天热火朝天的媒体报道，日常能够感受到大选气息的还有两个地方：街边的竞选广告和社区业主群。

我所居住的小区街角，一块很大的广告牌上写着简洁明了的标语："为了我们的明天，请在今天行动起来。"随着大选临近，业主群里也开始了信息轰炸模式，但大部分内容和小区公告栏里的告示一样，主要是关于大选的时间、地点，提示人们不要忘记前往投票。从设置上看，投票站一般位于小区附近的医院或者学校。

动员令和普通公告之外，也不乏一些细致而贴心的提醒。一则信息这样写道：

"亲爱的各位，孟买将从周一即4月29日开始投票。请记住，根据选举委员会的通知，手机不允许带入投票站，且投票站附近也没有可以存放手机的地方。因此，切记不要带着手机前往投票。请将此信息发给所有同胞，让我们不要错过投票。"

事实上，最早从业主群里嗅到印度选战的紧张气息，可以"追溯"到2019年初。1月份的一天晚上，群里忽然丢进来一条消息：

"在此呼吁所有群成员，任何人不要发布有关索尼娅、拉胡尔、莫迪、凯里瓦尔，或任何政治人物和政党的图片。在浦那、孟买、金奈和德里，260多个群管理员被送进了监狱。警察正在监控着

WhatsApp群。一个急需引起注意的紧急呼吁！……所有人都被告知，所有群主文件夹里可能存在的网络犯罪已经开始被监视。要么删除你成立的群，要么向群成员做出警告。不要发布任何有关嘲弄宗教、政治、社会体系的信息，或者不良图片以及视频。

"不要散布任何与个人细节相关的，诸如国籍、宗教、风俗和地理区域等方面的有害信息。根据法律规定这是犯罪。在孟买，有36名群成员因为发布相关视频或图片构成网络犯罪而被捕。有鉴于此，通知所有群成员要注意此类信息。请务必阅读。

"一个重要信息：鉴于人们在WhatsApp群里发布有关印度教徒和穆斯林的评论，一个调查委员会已经成立，以追踪任何对宗教和社区团体发表错误评论的人，并根据有关条款采取行动，通过追踪IP地址来确认其所在位置，他将在没有任何防备的情况下被逮捕。如果此类信息出现在群里，条款59将适用于群管理员。如果你是群管理员，请在第一时间将这样的人踢出群，以免造成麻烦。请将此信息转发至所有群、朋友和亲戚，以便他们保持警惕并保护自己。"

二

4月29日终于到了，孟买及其所在的马哈拉施特拉邦如约迎来投票日。由于正值夏季酷暑，即使宅在空调房里，仍能感受到外面的阵阵热浪。但对于大选投票的好奇心还是驱使我义无反顾地走出小区，来到了现场。

最近的投票站设在大约一千米外的一家学校院内。上午10点左右，等待投票的队伍排了有200多米长，从学校大门一直蜿蜒到了外面的马路上。现场并没有实行交通管制，"突突"车、摩托车、行人和车辆不时穿过，荡起呛人的尘土。很多人拿着手帕，一边擦汗一边遮挡口鼻。学校门口，几名身穿制服的警察在维持秩序。现场看起来粗糙但有序。

一位年轻的女孩儿从人群中走出来，带着略显沮丧的表情。她向同来的朋友抱怨，早先已经在社区做了选民登记，但是不知道什么原因，并没有在投票系统里找到自己的信息，只好错失了这人生第一次参加大选投票的机会。

另一位来自旁遮普邦的商人投完了票，站在路边的树荫下观望。我试着问了下他投的是谁，他委婉地表示："每个人都会有自己的选择，但不会公开谈论。"我有点儿不甘心，换了个角度继续追问："投票前，你最关注的是哪个点？"他毫不迟疑地回答："稳定，社会稳定，政治稳定。"紧接着又补充道："不管是哪个政党或者领导人上台，如果你不能让这个国家变得更好，至少你要维持现状，而不是让它变得更糟。"

得知我来自中国，他似乎找到了新的话题。他告诉我，自己经营一家纺织品公司，此前因为做生意去过中国的好多地方，北京、上海、广州、义乌等。临了，他看着投完票后手指上的蓝色印记，意味深长地说："我不敢说民主是最好的一套制度，但应该是最好的制度之一。"

投票站不远处，数名中老年人正在提供引导服务。一位男性志愿者介绍，周围的投票站很多，对于妇女选民和老年人来说，一时不容易找到对应的站点。"相比上届大选，今年的投票人数明显多了，但还是有许多该来的没有来，好多都是附近的有钱人。"

他进而介绍，他是一家钢材厂的老板，由于印度大搞基建，经济发展很快，钢材的需求量越来越大，近年来的生意也越来越好，相信在可见的未来还会继续好下去。

有关投票，他表示自己最大的关注点是政治稳定。"莫迪是个好人，他没有家庭，不腐败，全心为了人民。"他说。

队伍一点点前进，先来者投完票离去，后到者依次加入进来。一个多小时过后，投票仍在进行。天气变得更热了，没有风，阿拉伯海蒸发的水汽笼罩在城市上空，仿佛一口巨大而无形的高压锅。湿热的天气和聚集的人群带火了椰子小贩的生意，他蹲在马路边不停地挥舞着大刀片，一边砍剁一边收钱。

大选投票日，孟买静悄悄——如果说百闻不如一见，那么至少从投票现场零距离所见，不过如此。我有点儿不甘心，总觉得似乎错过了什么。在那几天，我抓住一切机会和遇到的人聊天，有关投票、大选、民主，以及印度的未来，如此等等。

孟买本地一名佛教徒女孩儿，当地某大学硕士毕业，正在为留学美国而努力学习英语。她告诉我，2019年是自己第一次参加大选，但不知为什么，虽然提前做了选民登记，最后投票时还是没有在系统里找到自己的名字。我紧接着问，如果有机会投票的话会选谁，她的答案让我几乎要笑出来："出发投票前，我一个人用谷歌搜索提问该投哪个，大量的结果显示是印度人民党……"

一对新婚不久的锡克教夫妇也和这个女孩儿在同一个培训班上学习英语，他们直言，学习英语就是为了移民去加拿大。"印度太脏了，政治也很脏，选谁都一样，政党换来换去，看不到太多的变化，我已

椰子小贩的自行车摊位

经好多年都不去投票了。加拿大环境好，人也好，我们希望将来能够给自己的孩子一个良好的生活成长环境。"年轻的妻子说。

这样的坦诚和绝望令我吃惊——后来在私下的谈话中发现，持有类似观点的印度人并不少见。

三

出身刹帝利种姓的普拉维高大、帅气、精明，是常驻德里一家中资企业的员工。他明确告诉我，这一次大选投票，自己依然会像上次一样支持印人党。但他补充说，印度大选有个很重要的倾向，就是"看脸"投票（follow the face）。与很多选民一样，自己之所以选择支持印人党，并非认同这个政党的执政理念，而是支持莫迪本人。"如果莫迪来自国大党，那我就会投票支持国大党。"

在普拉维看来，印度的选民大致分成三个主要群体：一是社会上层的精英和富人；二是政府公务员、中产工薪阶层和小生意人；三是社会底层的穷人，尤其是收入低下的广大农民。

"对于有钱人来说，谁上谁下影响并不大。对于大部分穷人或低收入者来说，在投票时搞不清楚或也不太在意某个政党的价值理念和施政纲领，人们追随的是具体的某个政治人物，看的是'脸'。上届大选，印人党最后能够以压倒优势胜出，其实是因为大量的人支持莫迪，而非认同印人党的理念。"普拉维说，"回顾过去5年，莫迪政府当初的许多承诺并未兑现，其执政表现不尽如人意，但本届大选反对党中具有领袖魅力的人太少，国大党党首拉胡尔·甘地虽然来自背景深厚的政治家族，但和莫迪相比仍显稚嫩。"

穷人占大多数，加上"看脸"和跟风投票的特点，导致印度大选中各个政党盲目做出一些不切实际的许诺，同时拉票贿选现象屡见不鲜——远期承诺加上短期利益，也让各个政党在一些人口大邦的票仓中竞争尤为激烈。

孟买人洛凯什·乔杜里认为，民主是好事，但印度是个被民主绑架的国家。"这虽是人民的民主，但政治人物只是在口头上做出许诺而又无法兑现，投票可以改变政党，却改变不了现状。因为要改革就会触碰利益，有时甚至是自己票仓的利益，没有政治人物能够面对这样的选票危机。"

这番话让我想起美国前驻印度大使莫尼汉的观点，他曾将印度的民主称为"功能性无政府状态"。

一位从事中文教育的印度穆斯林老师也直言不讳："就印度民主的实际结果来看，大家都知道投票没什么用。看透了这一切的精英们，或者选择远远走开，或者选择迎合权力，并借机掏空这个国家。除此之外，还能有什么更好的办法吗？"

洛凯什·乔杜里还表示，街头所见的抗议，多数时候不是真正的抗议，而是被雇用的抗议。比如2019年初发生在孟买的达利特（种姓制度里的"贱民"）群体大规模游行示威，其实是被某个政治人物或组织操控的。很快集中，很快解散，出奇地行动统一，有选择地出现在某个特定地区，这一切都是为了达到最大的轰动效应。

孟买索迈亚大学国际部主任萨丁德教授出身于高种姓的婆罗门之家，研究印度政治多年。他告诉我，尽管印度大选的选民人数在逐步提高，但每次仍有大量符合条件的选民没有投票。除了一些在外工作无法回到注册地的选民外，没有投票的选民中，有钱人和受教育程度较高的人占比很高。

"以我自己为例，我今年就不会去投票，"萨丁德说，"从以往的情况看，不管谁上台，对我的生活都不会造成影响和变化。不少有钱人、受教育程度高的人，与我都有一样的想法。"

穷人积极、富人淡漠，对此德里大学的学者莫汉提曾经概括说："有人饿死，但同时也有人真正在竞选。饿肚子的人也去投票。"在莫汉提看来，这是印度民主的矛盾之处，贫穷和不平等同上升中的权利参与感同时存在。

大选结果如何是牵动人心的话题。对此，萨丁德教授向我解释了他的观察视角：根据历史来看，要对印度大选走势和结果做结构性分析，通常人们会聚焦两个方面，第一个是执政党在上一任期的"槽点"（disappointment），即执政中的失误或没有兑现的承诺，比如经济发展、领导能力、国土争端等方面的，这些容易形成话题并被反对党抓住进行攻击，进而引导舆论和选民投票取向。但光有这些还不够，这就要说到第二个方面，即反对党除了反对外，还要能够对执政党没有解决的问题提出解决方案（solution），从而凝聚人心、吸引选票。

"从今年的大选看，失业和农民收入下降是两个话题，但还没有形成足够的焦点。另一方面，从最大的在野党国大党的表现来看，对这两个问题也没能提出有效解决方案，所以很多时候难免给人为了反对而反对的感觉。"

萨丁德又说，在外人眼里，印度民主整天吵吵嚷嚷一团乱（mess），但其实是有组织的乱（organized mess）。

四

因为申请签证延期，不久后我出差去了新德里。外交部新闻司的办公室大平层里，只有凯拉什和一名普通职员在。

谁会赢？谈起大选结果，凯拉什说，投票正在进行，现在说谁能当选还为时过早。"从以往的历史来看，印度的政治或选举很容易出现反转的情况。预测大选，从来都是一件危险的事情。"

作为"世界上最大的民主政体"，印度大选为什么不能在网上开展，而要耗费海量人力、物力、财力，组织现场投票？我终于抛出了心中一直的疑问。凯拉什的回答很简单：网上投票看似简便，但被操控的风险更高，比较容易受到黑客攻击，还有隐私泄露等隐患。现场投票虽然原始，但更安全、可靠。

凯拉什也是与我面对面谈论大选的最高级别印度官员。

2019年5月19日，印度大选落幕。23日，大选计票开始。当天股市开盘大涨，孟买证交所股指一度攀上40000点，创下历史新高。毫无悬念，现任总理莫迪所在印人党领导的全国民主联盟获议会下院多数席位，由此开始他的第二个五年任期。印度媒体事后盘点，整场选举共有9亿选民参与，参选政党超过450个，投票站共计100万个，动用工作人员至少1000万人。无论选民人数、持续时间还是耗费资金都属世界之最。

"网红"总理是怎样炼成的

一

"本周日，我想放弃我在脸书、推特、'照片墙'以及优兔上的社交媒体账号。在此通知大家。"

2020年3月2日晚8点56分，印度总理莫迪通过个人推特账号发出上述帖文，迅速在网上引发热议，当地报纸和电视台纷纷跟进报道。

第二天中午1点16分，莫迪再次发出推文："妇女节即将到来，我将把我的社交媒体账号交给那些在生活和工作中激励我们的女性，帮助她们点燃数百万人的积极性。你是这样的女性吗，或者你认识这样激励人心的女性吗？请以'她激励我们'（She Inspires Us）的话题分享这样的故事。"

谜底揭晓。在不到24小时的时间段内，莫迪用简短的两条推文成功发起了有关国际妇女节的话题营销，同时不露声色地让自己的社交媒体账号成为话题本身。事后统计，第一条推文累计获点赞19.43万次，转发和评论14.95万次；第二条则分别达到9.97万次和3.54万次。

5天之后，"三八"妇女节来临，莫迪兑现承诺：来自全国各地、在不同领域表现突出的7位女性纷纷占据印度总理各大社交媒体平台的中心位，其中既有在爆炸事故中失去双手的残疾活动人士，也有传统手工艺的推广者；既有简易节约用水装置的设计师，也有针对农村妇女开展智能手机教学的培训者。视野之外，还有不计其数的参与者，他们在网上转发、点赞、评论，还进行线上、线下互动……

针对上述操作，有印度媒体事后评论："这一插曲再次引发了有关莫迪如何利用社交媒体掌权的讨论……事实上，他是首位有效利用线上力量精心塑造形象、主导政治话语的印度总理。"

时间倒回至2014年1月，印度大选前夕。那是一个寒冷的夜晚，位于首都新德里印人党总部的会议室里灯火通明。经过数轮头脑风暴、排除了多个可能的备选方案之后，一个简单顺口的竞选口号最终敲定："这一次，莫迪政府"（Ab ki baar Modi sarkaar，即This time, Modi government）。

印度香料航空公司联合创始人、时任印人党竞选委员会成员之一的阿贾伊·辛格（Ajay Singh）事后回忆："根据我们所做的一项调查，莫迪的回忆价（recall value）比印人党要多出大约22%，所以我确信这个名字需要出现在（竞选口号）那里。"

辛格进一步解释，为了引起所有人的共鸣，尤其是首次参加大选投票的选民，再考虑到人们对现政府应对通货膨胀、女性安全以及腐败问题等方面的不满和愤怒，经过团队协商最终敲定了这一竞选口号。而根据印度选举委员会的统计，2014年印度大选增加了1亿新的合格选民，选民总数达8.145亿人。

以候选人莫迪的品牌塑造为核心，以新一代年轻选民为目标群体，以最广大社会诉求为突破口——印人党的种种策略显示，2014年大选注定将成为印度历史上的一场"非典型"选战，而在报纸、电视、户外广告的传统营销手段之外，以推特、脸书等为代表的社交媒体平台成为新战场。

印度数字教育研究所（Indian institute of digital education）事后披露的报告显示，2013—2014年度，印人党募集款项64.2亿卢比，其中约18.4%即11.8亿卢比用于媒体广告营销，用于大选活动费用总计占比32%；2014—2015年度，印人党募集款项94.1亿卢比（此处与印人党财年报告中披露的97亿略有出入），其中约50%即47.1亿卢比用于媒体广告营销，用于大选活动费用总计占比75%。

精准策划和重金投入的效果显而易见。我的一位印度朋友回忆："在2014年大选中，街头所见的每个横幅上都是拉胡尔·甘地，但是每个手机屏幕上说的都是纳伦德拉·莫迪。"

2014年5月16日，当大选计票结果显示，莫迪领导的印人党将击败执政的国大党取得全胜，莫迪在推特上用英文和印地语两种语言混合着发了一条帖文："印度赢了！好日子要来了。"印度社交媒体史上被转发最多的一条推文就此诞生。

事后盘点，英国《金融时报》将2014年大选称为印度历史上首个"社交媒体选举"，而莫迪则理所当然地被冠以"印度首个社交媒体总理"这一称号。一时间，莫迪及印人党的社交媒体选战营销成为现象级话题。

二

事实上，如果回顾"网红"莫迪的成长轨迹，其早在担任古吉拉特邦首席部长之际就已预见社交媒体的重要价值，并有意识地运用这一平台与民众沟通。从首席部长到印度总理，莫迪的权力崛起之路与其应用社交媒体的发展演变相伴相随。

转折点出现在2013年。当年上半年，莫迪在推特上像以往一样主要聚焦古吉拉特邦邦内事务，但到了6月份的第二个星期，莫迪连续发推，一边向印人党元老L. K. 阿德瓦尼（L. K. Advani）"寻求祝福"，一边与时任党主席拉杰纳特·辛格（Rajnath Singh）互动交流。

政治嗅觉敏锐的观察人士指出，相关推文清楚地表明，当时印人党内部关于谁将率队参加2014年全国大选的讨论已水落石出。这标志着在印人党宣传机器的包装下，莫迪的社交媒体叙事从此进入了一个新的、全国性的阶段。随之而来的，是其因在2002年古吉拉特邦族群仇杀事件中不作为而形成的长期负面形象得到了根本性的逆转。

美国密歇根大学信息学院助理教授乔扬吉特·帕尔（Joyojeet Pal）表示，社交媒体上的莫迪形象以大幅照片为特征，通常给人两种印象：一方面他代表着价值观和传统，另一方面他代表着全球化和现代性。"历史上第一次，印人党领导人比其所代表的意识形态更加成为公众话语的中心。"

如果说2014年大选时莫迪和印人党的社交媒体营销"铺天盖地"，那么到了2019年大选，这一手法在上述基础上更加"无孔不入"。此时，社交媒体已经由大选新战场变成了主战场，而压倒性胜利的结果不但再次创造了印人党的历史奇迹，也完成了对莫迪在印度社交媒体圈的"加冕礼"。

2018年底，在印度地方选举中，印人党连丢五邦，其中拉贾斯坦邦、中央邦和切蒂斯格尔邦易主国大党，一时间社会舆论对印人党的竞选前景和莫迪能否连任产生怀疑。2019年3月，距离全国大选还剩一个月，莫迪将其推特和"照片墙"上的注册名由"纳伦德拉·莫迪"更改为"守望者纳伦德拉·莫迪"（Chowkidar Narendra Modi）。细小变化的背后，是印人党选战主题的精心设计：继2014年上台以来，莫迪政府主打的经济改革效果不彰，以反腐为名推行的"废钞令"又争议不断，于是"守望者"莫迪抓住了年初的印巴冲突话题，意在将自己塑造成印度人民生活中随处可见的守望者——对内，坚定反腐，推进改革，保护国家和人民利益；对外，面对来自邻国的威胁，身先士卒且毫不妥协。

2019年3月16日，莫迪发推："作为你们的守望者，我坚定地守护着国家，但是我并不孤单。任何腐败、肮脏、社会邪恶面的抗争者都是守望者，任何为印度进步而奋斗的人都是守望者。今天，每一个印度人都在说'我也是守望者'（Main Bhi Chowkidar）。"以此为开端，印人党围绕莫迪打造出既接地气又富参与感的"我也是守望者"社交媒体叙事。然而与上届大选不同的是，经过5年来的打磨和历练，除了在运用手法上更加娴熟外，印人党的社交媒体在结构上也进化得更加严密和丰富，从推特、脸书、"照片墙"到优兔等，无所不包，无所不在。

值得一提的是，2015年6月17日，一款以莫迪命名的手机App

上线。语言上，除了英语和印地语之外，还提供了另外11种印度方言选项；内容上，除了部分传统社交媒体平台上发布的信息和帖文，以及重大政府项目外，该应用还整合了以莫迪命名的在线电视频道 NaMo TV（即"纳伦德拉·莫迪TV"）。以此手机 App 为支点，莫迪构筑了一个堪称多元立体的社交媒体矩阵。

反观选战最大竞争对手国大党及其代表人物拉胡尔·甘地，他在社交媒体上的存在感就弱得多。以推特和脸书为例，拉胡尔·甘地的个人账号分别创建于2015年4月和2017年4月，远远落后于莫迪的2009年1月和2009年5月；以推特为例，截至2020年10月底，莫迪账号粉丝达6335万，而国大党及甘地家族的三面大旗拉胡尔·甘地、国大党前主席索尼娅·甘地、国大党秘书长普里扬卡·甘地的粉丝数加起来也仅有2000万。

全新叙事和立体包装之下，莫迪是无所不在的"国家守望者"，拉胡尔·甘地则被反对党阵营网友调侃为"帕普"（Pappu），即长不大的"小男孩儿"。印人党的社交媒体营销再次促成了"化学反应"：一、支持莫迪就是爱国，二、莫迪是唯一可行的领导人。在同印度人的聊天中，我曾委婉地探询他们对两位主要候选人的看法。年轻的大学生朋友表示，莫迪未见得是总理的最佳人选，无奈竞争对手太弱。紧接着，他们给我翻看手机里有关"帕普"的搞笑段子和视频。

"在一个公众人物——无论是政治家、运动员还是电影明星——经常在其追随者中被神化的国家里，拉胡尔从一开始就被策略性地超越了，变成了表情包、笑话和精心剪辑的视频的对象……没有社交媒体，这一切几乎是不可能的。"乔扬吉特·帕尔直言。

为了强化线上线下的联系，印人党的社交媒体小组还在全国投票站部署了"社交媒体协调员"（Social Media Coordinator）。盘古智库印度研究中心研究员杜文睿研究发现，该措施始于2017年，依托母体机构国民志愿团的强大组织能力，到2019年扩张到了全国每个投票站。考虑到每个投票站覆盖约2000名选民，则2019年印人党需要部署40多万名协调员，从而使得其选举动员完成了从中央到街区的全面覆盖。

乔扬吉特·帕尔感叹："很难预测未来会怎样，但正在进行的印度选举清楚地表明了一件事：尽管有一种浪漫的观念，即社交媒体是小声音对权力说出真相的手段，但它更多是有组织的政治活动的空间。在这个领域，目前莫迪是'国王'。"

三

当然，一场大选的胜负得失不可能单纯由社交媒体营销的效果来决定。对于执政的印人党和"网红"总理莫迪来说，社交媒体上的角色定位也早已超越了选战营销，渗透进国家治理的日常，社交媒体也成为其新常态下内政外交的平台和工具。早在2014年大选胜利之后，印人党信息技术部门负责人阿尔温德·古普塔（Arvind Gupta）在接受采访时就说："莫迪将积极利用社交媒体广泛征求意见，并寻求政策建议。他正在把它作为一种参与性工具。"

在一次公开讲话中，莫迪也表示："我坚信技术和社交媒体能够沟通世界的力量。我希望这个平台能够创造机会，让人们相互聆听、学

带有印度总理莫迪签名的电子生日贺卡明信片

习和分享观点。"

　　印度学者指出，就政治人物应用社交媒体而言，人们常把莫迪和特朗普进行对比，然而相比后者推文的随意任性及"咆哮叙事"风格，前者既最大化了各家平台的独特优势，又保持了所有平台风格的平衡统一。从实际效果上看，全天无休运营的团队运作不着痕迹，而"网红"莫迪完成了更大程度的有效触达。

　　推特是莫迪社交媒体矩阵中参与度最高的平台，主要功能在于和民众互动、维持关系。一个被印度媒体津津乐道的案例是：2017年3月14日，一位名叫阿吉特·辛格的网友发推称："我的一个推友随意地问我，你为@莫迪工作吗？我笑着说，不，亲爱的，他为我工作。"没承想，这条推文在发出后几个小时得到了莫迪的回应，他在转发的同时发推："当然。很开心做每个印度人的首席公仆（Pradhan Sevak）。"

另外两大平台中，优兔以视频为主，侧重莫迪各种活动的集纳和展示，从工程揭幕、活动演讲到海外出访，乃至瑜伽推广，内容既多样又归类井然；脸书则类似于活动公告栏，时刻保持更新，第一时间告诉民众莫迪当下正在做什么，接下来要做什么。

还有研究机构甚至概括了莫迪社交媒体运作的几大看点：新年在线视频致辞、每月底全国广播演说、与粉丝间的密切互动、对各种事件快速反应、基于App的在线调查、政府项目营销推广、与民众开展邮件沟通等。就电邮公关而言，数据显示每天以莫迪之名发出的邮件可以抵达2亿民众的电子邮箱中。

这让我想起了一件往事：刚到印度不久，经朋友推荐，我在手机里安装了莫迪App，未承想此后竟收到一封生日祝福电邮，附件是一张明信片，左半边是位于印度菩提伽耶的摩诃菩提寺夕照图，右半边是带着莫迪头像的花体英文祝福语，落款为纳伦德拉·莫迪的手写签名。尽管明知这一切都是系统自动生成的，但莫迪社交媒体团队的"精准投放"能力的确令人印象深刻。

截至2020年10月的统计显示，全球推特账号粉丝量最多的前20人里，莫迪排名第15位，粉丝量为6270万，时任美国总统特朗普排名第7位，粉丝量为8640万，排名第一的为美国前总统奥巴马，粉丝量高达1.23亿。印度媒体报道称，在全球现任领导人里，莫迪是仅次于特朗普的推特"网红"。就"社交媒体外交"而言，莫迪的活跃程度有目共睹。

2014年8月，出访日本前的莫迪，选择用日文在推特上向日本网友问好。2015年4月，莫迪入选美国《时代》杂志全球最有影响力百大人物，为了感谢时任美国总统奥巴马为他写的小传，他高调发推："亲爱的@贝拉克·奥巴马，你的文字令人感动又鼓舞人心。"同年5月，在访问中国期间参观天坛时，莫迪拉着李克强总理自拍，并将照片发到了推特上，引发国际媒体关注，报道称这可能是"有史以来最有实力的（人物）自拍"……

四

客观而言，"网红"莫迪在社交媒体上并非总是"百发百中"，"翻车"事故也时有发生。即使抛开来自反对党阵营网民的攻击，对其社交媒体营销持保留态度乃至负面看法的也大有人在。

针对莫迪的"推特外交"，新德里智库印度世界事务委员会（Indian Council of World Affairs）研究员阿塔尔·扎法尔（Athar Zafar）表示："毫无疑问，他在推特上与世界各国首脑的交流给大家留下这样一种印象，即印度总理是时髦而精通社交媒体的。推特是极好的'软外交'工具，但真正的交易仍然是在谈判桌上完成的。"

就其国内经济社会政策，一位年轻的印度穆斯林朋友直言不讳，作为"印度首个社交媒体总理"，莫迪利用新的技术手段沟通民众的做法值得赞赏，"但他的问题在于说得太多，做得太少，如果有什么建议的话，我希望他今后少说多做"。

人们或许褒贬不一、立场各异，但必须承认的是，今天的印度确已在方方面面打上了"网红"莫迪的烙印。

行文至此，不能不提的一个背景是，相关数据显示，2012年4

月，印度首次推出4G服务，当时其互联网渗透率仅为12.6%；2014年，这一数据增至18%；2015年7月，莫迪在新德里启动"数字印度"战略，旨在推进印度经济社会的数字化转型；2019年，印度的互联网渗透率达到41.8%。对于一个拥有13亿人口且年轻人占多数的国家，这样的变化是惊人的——如果以此为参照，与其说"网红"莫迪的养成是大选政治下社交媒体营销战略的结果，不如说是正在爆发的印度互联网浪潮将其送上了时代之巅。

没人能够预言互联网将如何影响这个古老国度的未来，然而就在人们的手指在手机屏幕和电脑键盘上跳动时，新的历史正在徐徐打开。

以罗摩之名

一

"数个世纪的等待，今天结束了。"

2020年8月5日，印度古城阿约提亚（Ayodhya）。万众瞩目之下，总理莫迪在罗摩神庙的奠基仪式上如此宣告。

"罗摩神庙将成为我们古老文化的现代象征和符号，它将是我们爱国热情的一个榜样，它将是我们国民坚强意志的象征，"他说，"这座神庙将使得这个国家联合起来。"

无论对于数亿印度教徒还是莫迪所在的印人党而言，这都是一场久违的盛典。对于后者，因为新冠疫情的持续蔓延，这场原定于4月底举行的奠基仪式推迟了3个多月；对于前者，围绕神庙遗址纠缠了几百年的印度教徒与穆斯林之争就此取得了胜利。

公开资料显示，阿约提亚仅有5万余人口，面积约80平方千米。由于传说这里是印度教史诗《罗摩衍那》中的传奇英雄、印度教最重要的神祇之一罗摩的出生地，所以这座位于北方邦的古城也被视为印度教的耶路撒冷。在印地语里，阿约提亚意为"不可夺取、不可战胜"。

1528年，信奉伊斯兰教的莫卧儿帝国占领印度之后，为纪念帝国的缔造者巴布尔，在阿约提亚修建了一座巴布里清真寺（Babri Masjid）。但印度教信众认为，该清真寺的选址处原有一座标志着罗摩出生地、修建于11世纪的印度教神庙。于是，一场旷日持久的"圣地之争"就此展开。

印度独立之初，为了避免冲突，地方当局下令关闭巴布里清真寺，穆斯林与印度教徒均不得入内。争端因此渐趋沉寂，双方相安无事的状态持续了近30年。20世纪80年代后，双方争端又起且愈演愈烈。在"夺回圣地"的过程中，以印度教民族主义为宗旨的印人党，及其母体机构国民志愿团表现活跃。事实上，自成立之日起，印人党就将重建罗摩神庙作为其重要的纲领性目标之一。

1992年12月6日，一群狂热的印度教徒跨过围栏并用铁锤强行拆毁了巴布里清真寺。网上流传的黑白视频显示，人们手脚并用，争相爬到清真寺的圆顶上，一边高喊口号，一边挥舞着旗帜。警察们荷枪实弹，在不远处静静观看。这场拆寺行动引发了印度独立以来最严重的全国性教派冲突，死亡2000多人；2002年2月，在古吉拉特邦，穆斯林极端分子点燃了一辆载有声援修建罗摩神庙后从阿约提亚返乡的印度教徒的列车，当场烧死了58人，事件进而引发了当地印度教徒对穆斯林群体的大规模报复。根据官方统计，仇杀事件造成790名穆斯林和254名印度教徒遇害，另有223人失踪，大批穆斯林因此逃

北印度一处清真寺遗迹

离家园。值得一提的是，其间担任该邦首席部长的正是现任印度总理莫迪。

2014年，印人党在全国大选中大胜，莫迪出任总理。2017年，印人党在北方邦议会选举中获胜。2019年，莫迪率领的印人党成功连任——就"圣地之争"而言，历史的天平渐渐地偏向了印度教徒一侧。同年11月9日，印度最高法院做出判决，将这片面积为2.77英亩（约合1.12公顷）的争议土地判给印度教徒，同时要求政府在25千米之外的另一处显眼位置划拨5英亩（约合2.02公顷）的土地给穆斯林建清真寺。

判决引发了全球媒体的关注。英国广播公司在报道中称之为"世界最具争议的地产案"，而当时正在健身房的我，恰巧目睹了电视直播的过程。那一刻，一种恍惚的不真实感包裹全身：在这个宗教浸入日常的国家，人们常做的是把俗世中解决不了的问题交给神和信仰来裁决；谁承想，一场由神和信仰引发的旷世纷争竟要依靠俗世中的法律来审判。

二

最高法院宣判20天后，来自中国的南亚问题观察者朱可跟随一众朝拜者来到阿约提亚。他撰文回忆当时所见：

"城里到处是荷枪实弹、如临大敌的军警，未来的罗摩神庙属地方圆大约1平方千米，已经被铁丝网围成的路障隔离开，周围到处都是摄像监控，进到内部要经过严格的安检，除了证件和钱包，其他包括手机在内的个人用品一律不允许带入。在经过了五次搜身检查和漫长的等待之后，在无数印度人高唱'罗摩万岁'的歌声中，我终于走到了废墟的中心。

"在作为隔断的铁丝笼子之外十来米远的地方，有一些断垣残壁和一顶残破的帐篷，类似一场大地震之后的场景。帐篷里面黑黢黢的，什么都看不清。身旁做着各种膜拜姿势的印度人告诉我，那里面有个浅色的阴影，就是罗摩的神像，这个帐篷就是罗摩大神诞生的地方。一位老妇人带头再次唱起'罗摩万岁'，众人随声应和'罗摩伟大'。我们在废墟前停留了仅仅两分钟，荷枪的军人就走过来，催促大家赶紧向外移动，把跪拜的位置让给队伍后面的朝圣者。"

穆斯林朋友易娜告诉我，自己尊重并且信任最高法院，接受这一判决。"坦白说，这个案子磨蹭了20多年，许多人为此失去了生命，我们很开心能够最终有个了断。我们想要和平，想要活着，并且活得更好。"

作为年轻且受过高等教育的一代，易娜的开明观点在印度穆斯林群体中显然并非主流。印度下议院议员、全印穆斯林联盟委员会主席阿萨杜丁·欧瓦西（Asaduddin Owaisi）就公开表示，判决使得罗摩神庙的修建成为"信仰凌驾于事实之上的一场胜利"（a victory of faith over facts），印人党将利用判决达成其"有毒的议程"。

无论如何，穿过历史烟云和教派冲突，阿约提亚小城又一次迎来新的转折点。连日来，从每个家庭、每座神庙到萨拉育河岸边，人们点亮成千上万只油灯，用串串金盏花装点着大街小巷。尽管因为新冠疫情影响，无法开展大型集会，但根据印度教传统，奠基仪式主办方还是从8月3日至5日连续举行了三场普迦，同时提前预订了10万盒节日甜点拉杜球（laddu）分发给民众和信徒。

常发表极端宗教言论、印度教祭司出身的北方邦首席部长约吉·阿迪提亚纳特（Yogi Adityanath）说，神庙奠基将是令人激动的历史性时刻，同时也是为新印度开创范例的机会。

8月5日发表演讲前，莫迪参加了最后一场普迦。电视直播画面上，须发皆白、身着传统服饰的他五体投地，行礼如仪。在我这样的"外人"看来，那一刻，他全然是一位虔诚的信徒，而非总理。

在来自瓦拉纳西（Vārānasi）和阿约提亚11位祭司的注视下，莫迪象征性地在罗摩神庙的基址上放入第一块重达40千克的银砖基石。印度媒体报道，当天仪式开始于12时15分——按照印度教教历，这是最为吉祥的时刻，而祈福过程中使用的圣水则由来自全国2000个地方的信徒们集体供奉。

街边卖花的摊贩

奠基仪式一方面是对印度教仪轨的严格遵循，另一方面又试图弥合伤痕，展示其包容性：尽管因为保持社交距离所限，仅有175位嘉宾获邀进入现场，但除了政要以及印度教重要的教派领袖外，主办方还是特意邀请了来自伊斯兰教、锡克教等教界的代表。在长达35分钟的演讲中，莫迪也竭力在罗摩和印度国家之间画上等号。

他说，8月5日和8月15日（印度独立日）同样重要，独立日象征争取自由的终点，8月5日则象征数世纪以来争取兴建罗摩神庙斗争的终点。他还代表13亿国民，向几个世纪以来为重建神庙而做出牺牲的人们表达敬意。

"在不同的《罗摩衍那》史诗中，你可以发现不同形式的罗摩神。罗摩无处不在，罗摩是为所有人的。这就是为什么罗摩是印度的'多样性统一'的连接。"

三

然而不得不提的是，正当罗摩神庙奠基仪式举行之际，还有两件与此相关的事件也在同一天发生。

在世界另一端的美国，充满现代感和商业气息的纽约时代广场突现一幅硕大的数字广告牌，画面中造型繁复的罗摩神庙设计图以3D形式呈现。神庙两侧分别是手持弓箭的罗摩神，以及在风中飘扬的印度国旗。

在近邻巴基斯坦国内，大批民众举行集会，抗议一年前印度撤销宪法第370条并借此取消印控克什米尔高度自治地位的行动。在他们看来，此举将打开印度教徒移民该地区，以改变穆斯林占主导地位的人口结构的大门，最终会使得印度在与巴基斯坦的领土纷争中取得巨大好处。

某种程度上，从美国到巴基斯坦，从印度教徒为罗摩神庙奠基仪式的欢呼，到穆斯林对印控克什米尔自治地位被强制废除的抗议，正是印度教民族主义所造成的族群撕裂在更大层面的折射和延伸。莫迪演讲难掩此中尴尬。

在观察人士看来，文化、族群的多样性正是印度次大陆的魅力所在，但也是其内部社会高度碎片化的根源。印人党和莫迪政府以印度教民族主义为抓手，以印度国内占比80%以上的印度教人口为依托，堪称抓住了国家认同的社会最大公约数，对印度作为一个国家的发展来说具有进步意义。

根据印度教史诗《罗摩衍那》记载，罗摩不仅是战胜恶魔的英雄，而且在继承王位之后，还开创了长达一万年的盛世。那时人的寿命可达千岁，生活幸福，没有痛苦，国家繁荣昌盛。北京大学外国语学院助理教授张忞煜认为，罗摩和"罗摩盛世"的观念集广袤的领土、对黄金时代的美好想象、印度文化特色、在民间广泛的影响力以及一定的阐释空间于一身，这种特征使其成为印度建构民族主义想象的理想选择。

除了孜孜以求赢得阿约提亚"圣地之争"、废除印控克什米尔地区特殊地位，莫迪政府另一项充满印度教民族主义色彩的举措是推动完成《公民身份法》修正案（Citizenship Amendment Act，CAA）的修改。

2019年12月，《公民身份法》修正案在印度议会通过。该法案规定，2014年12月31日前因受宗教迫害逃离巴基斯坦、孟加拉国、阿富汗来到印度，信仰印度教、佛教、锡克教、耆那教、拜火教、基督教6种宗教的少数族群，如果在印度居留时间超过5年，将可申请加入印度国籍。

此外，长期从事印度研究的北京大学南亚研究中心主任姜景奎还注意到，从政府机关、教育领域、公共场所到对外事务方面，近年来莫迪政府正悄然实行"印地语优先"原则，这使得印度原有的语言结构正在发生重大变化。

"在印度，除了印地语、英语两种联邦级官方语外，宪法还承认包括印地语在内的22种邦级官方语言（表列语言）。但毋庸置疑的是，印地语是印度所有通行语言中最具影响力的一种。自2014年莫迪政府上台以来，一系列旨在进一步推广印地语的政策在印度出台。印地语的势头在莫迪政府循序渐进的政策铺垫下持续走高，已俨然成为其在全国范围内推行印度教民族主义的有力工具。"姜景奎说。

2001年印度人口普查数据显示，在22种邦级官方语中，以印地语为母语的人口占总人口的比例最高，达41.03%。以其余语种为母语的人口占比均在10%以下，视英语为母语的人约22万，占总人口约0.02%。2005年数据显示，只有大约5%的印度人能说比较流利的英语。

从宗教、法律到语言，显而易见印度的国家整合是一项系统工程。然而令人担忧的是，当印度教和民族主义绑定后，难免对其他宗教人群，尤其是占全国人口约达15%的穆斯林形成挤压，由此激化国内宗教和族群矛盾，同时也对印度的世俗主义传统造成侵蚀，引发社会动荡。

1950年，印度制宪会议通过的宪法确立了"政教分离"与平等尊重所有宗教的原则。1976年印度宪法进行修正时，"世俗主义"被正式写入宪法序言。作为印度首任总理，尼赫鲁是一位温和而坚定的世俗主义者。他曾誓言：印度无意成为一个"信仰印度教的巴基斯坦"。相反，印度要成为这样一个地方：珍爱一系列已经在此扎根上千年的宗教、语言、族群和文化。

印度前总统、哲学家萨瓦帕利·拉达克里希南（Sarvepalli Radhakrishnan）曾评价印度教："印度教在信仰和思想上的这种多元性，正是因为它在对待其他宗教或信仰时表现出一种宽容的态度，只有这种宽容性才使它能够将形形色色的思想包容在自己的体系之中。印度教采取宽容的态度，不是出于策略的考虑或者权宜之计，而是作为精神生活的一个原则，宽容是一种责任，并不仅仅是一种让步。在履行这种责任时，印度教几乎把形形色色的信仰和教义都纳入了它的体系之中，并且把它当作是精神努力的真实表现，不管它们看起来是怎样的对立。"

眼下，这一切正变得岌岌可危。

四

就《公民身份法》修正案的推出，印巴裔英国作家（父亲为巴基斯坦人，母亲为英国人）阿蒂西·塔西尔（Aatish Taseer）撰文评价称，这部法律为来自三个邻国（阿富汗、巴基斯坦和孟加拉国）的移民提供了获得公民身份的途径，但有一个条件：他们不能是穆斯林。在印度漫长的世俗主义历史上，将宗教方面的考验订立为法律，这还是头一遭。

他还引用宪法专家马达夫·科斯拉（Madhav Khosla）的话表示，

新法律是一场闪电般的运动，旨在"建立一种以血缘和土地而非出身为中心的公民身份安排"。简言之，在这种安排下，身为印度人，意味着接受印度教的主导地位，并主动回避印度穆斯林。

我曾试探着和印度朋友聊起罗摩神庙奠基仪式，以及高调的莫迪演讲，得到了不同的回应：其中的印度教朋友保持了沉默；而穆斯林朋友直言，对印度而言，这个话题很重要，"但是对不起，我无法置评"。另一位佛教徒朋友则告诉我："你知道的，只要莫迪在台上，这些事情总有一天会发生。"

印度政府前首席经济顾问考希克·巴苏（Kaushik Basu）指出，紧张的宗教关系和被边缘化的少数族群无疑会降低人们对国家的归属感和信任感。

阿蒂西·塔西尔敏锐地将印度正在发生的变化浓缩为India与Bharat之间的区别：India为拉丁语，是今日之印度的英文名称；Bharat来自梵文，也是印度的印地语名称，通常译为婆罗多。他认为，India和Bharat，命名同一地方的这两个词象征着这个国家内部紧张关系的核心所在，是这个时代最危险、最紧迫的紧张关系之一。

"India是一片土地；Bharat是一个民族，即印度教徒。India是历史性的，Bharat是神话性的。India是一个支配性、包容性的概念，Bharat是隔代遗传的、感性的、排他的。"他说。

五

在演讲最后，莫迪提到了罗摩神的指引："罗摩教导：'没有人应该悲伤，没有人应该持续贫穷'；罗摩发出社会信息，所有人，无论男女，都应该同样快乐；罗摩发出信息：'农民、牧牛者应该永葆快乐'；罗摩命令：'老人、孩子和医生，应该永远受到保护'；罗摩呼吁，保护那些寻求庇护的人是所有人的责任……"

"我向罗摩神祈祷，保佑我们的国家健康快乐；愿母亲悉多（Sita，罗摩之妻）和罗摩神继续赐福给所有人。"他说。

然而讽刺的是，就在罗摩神庙奠基仪式和莫迪演讲的时刻，新冠病毒正在次大陆疯狂肆虐。种种迹象显示，从1月底发现首例确诊后，经历数月的蔓延，印度疫情正进入可怕的"指数级增长"阶段，并对经济社会生活造成了灾难性的冲击。

奠基仪式结束第二天，即8月6日，印度央行举行新闻发布会表示，根据央行货币政策委员会的判断，由于供应链受阻、内需不振等多重因素影响，预计2020—2021财年印度GDP增速很可能为负。多家国际机构纷纷下调对印度经济的增长预期。这让此前莫迪描绘的"2025年实现5万亿美元经济体"的蓝图变得越来越虚幻。

奠基仪式结束第三天，印度新冠感染者累计确诊总数突破200万大关，同时单日新增确诊首次超过6万例。根据媒体报道，8月2日，北方邦一名内阁部长因感染新冠去世，同日莫迪政府的二号人物、内政部长沙阿也被确诊，原计划参加奠基仪式的他不得不紧急住院。就连圣城阿约提亚，也曝出有印度教祭司和多位安保人员新冠检测呈阳性……

宗教与政治、历史与现实的折叠纠缠之下，汹涌的印度教民族主义将推动载有13亿人口、多样而复杂的印度次大陆驶向何方？罗摩神不语，唯时间可以给出答案。

新冠风暴来临时

一

对于驻印中国记者而言，签证延期永远是个问题。而这一次，我所遭遇的续签难题竟然从订酒店就开始了。

2020年2月底，我按计划去印度外交部申请新签证。像往常一样，穆斯林中介小哥麻利地发来了机票电子行程单，但是在预订酒店的时候，意外出现了：他先是告诉我，以前常住的那家已经客满，会重新帮我找一家差不多价格和位置的。可不久后他又回复，新酒店找到了，但工作人员看到我的中国护照，提出必须要在预订房间前出示健康证明。

其时，中国武汉正深陷新冠疫情旋涡。在海外，武汉成了北京、上海之外"最广为人知"的中国城市。随着越来越多的国家陆续报告确诊病例，许多地方都出现了对华人华侨避之唯恐不及乃至歧视的现象。

事实上，就在2020年1月前往新德里出差时，我已经感受到了当地对中国人的警惕。尽管当时武汉疫情尚处于初期阶段，但由于数百名印度留学生滞留未归，印度媒体正呼吁政府实施包机撤侨计划。在酒店电梯里，偶遇的印度人得知我来自中国时也不忘调侃："但愿你不是来自武汉！"

　　前后仅一月之隔，国内确诊人数接近8万，死亡2000多人，疫区中心所在的武汉市封城超过一月。在印度，官方已启动针对武汉的撤侨行动，先后两批撤回共计600多名留学生。国际上，从中东的伊朗到亚洲的韩国，乃至欧洲的意大利，疫情正呈暴发态势，并且都出现了死亡病例……

　　过了不一会儿，中介小哥又发来信息，说酒店要求提供最近一次入境印度的证明。我翻出护照拍了照片发过去，那是我从亚太地区总部所在地香港开会回来的记录，移民局的印章时间停留在2020年1月20日。

　　貌似仍然不管用。转眼间中介小哥的信息又来了："除了护照外，你还有别的身份证件吗？"我想了想，把在印度办理的阿达卡拍了照发给他——那是一种印度版电子身份证，虽然外观上薄如纸片，但包含了姓名、性别、出生年月、家庭住址乃至指纹、虹膜等个人信息，是莫迪政府推行的"数字印度"的产物之一。

　　考虑到印度惯常的各种不确定性，加之正在新德里街头发生的由《公民身份法》修正案引发的持续暴力抗议，此时的我已经在考虑"B计划"了——实在不行，就住到新德里的华人酒店。没承想一夜过后，中介小哥竟然发来了酒店信息，同时特别叮嘱："办理入住的时候

新冠疫情初期印度机场的宣传标语

直接用阿达卡，不要用护照，而且不要跟其他人说你是中国人。"

飞往新德里的飞机上，我全程佩戴口罩。抵达前，客舱广播提示，为做好疫情防控，机场将会对旅客开展体温检测。同时如果本人自觉有发热症状，应主动配合申报。

拖着行李出了机场，眼前的景象一切如常。广场上，从印式长衫库尔塔到西式商务套装，从穆斯林小帽到锡克教头巾，身着各色服饰的人们步履匆匆，但只有极少数人佩戴口罩。一时间，我脑海中的念头如电光石火般闪过：为了防止疫情输入，印度早在1月底就叫停了与中国的航班，紧接着又暂停中国公民申办电子签证，并取消已发出的电子签。然而随着疫情蔓延，北美、欧洲和中东都日渐成为重灾区，印度只盯防中国而无视其他国家可能存在的疫情输入风险，后果是显而易见的……

那一刻我果断做出决定：办完签证赶紧撤回孟买，深居简出，静观其变。

二

疫情似火，事情的发展很快证明了我的预判。在首报发现新冠疫情过了一个月的"空窗期"后，3月2日，印度再次通报全国新增3例确诊，累计确诊6例，随后其国内疫情逐日蔓延。

由于印度是中国邻国，又是第二人口大国，此时国内媒体及公众已开始将关注的目光投向这里，但是大部分自媒体公众号上流传的还是充满戏谑的"躺赢论"，诸如"恒河水消杀新冠""贫民窟百毒不侵"之类云云。

3月4日，有国内朋友询问印度疫情，同时对我的安全表示关切。我微信转发了最新的印度官方通报：全国28例，其中喀拉拉邦3名留学生病例已治愈，拉贾斯坦邦16名意大利游客和1名印度司机确诊，新德里1例确诊，北方邦6例确诊且均为新德里病例的亲属，特仑甘纳邦1例确诊且有迪拜旅行史。

"不多呀。"朋友很快回复了三个字。

但是魔鬼藏在细节中，身在现场的我通过种种苗头和迹象已经隐约看到：在次大陆的地平线上，新冠病毒正在悄然蓄力，一场致命风暴的降临只是个时间问题。

3月中旬，基于对疫情时间线的梳理和细节分析，我采写了首篇深度稿，提出印度疫情发展呈现三大特点：

首先，确诊病例短期快速上升。早在1月底，印度首次报告发现新冠疫情。时隔一个多月后，3月2日，印度再次通报全国新增3例确诊。紧接着3月4日，全国确诊数突然增至28例。在随后的10天时间，全国累计确诊数连续突破40、50和70关口。截至稿件写作的3月14日9点，印度累计确诊病例已达83人，其中10人治愈，2人死亡。

其次，以国外输入病例为主。3月11日，印度媒体报道，位于班加罗尔的戴尔印度公司一名员工自美国返回后确诊。在印度全国累计确诊病例中，类似的海外输入病例占据多数。从3月2日通报的新增3例确诊来看，其中2例分别有意大利和阿联酋旅行史，剩下1例为意大利籍游客。最典型的莫过于3月4日的通报，一个20多人的意大利旅行团，其中14人确诊。在其他输入病例中，部分也分别具有伊朗、韩国等不同国家或地区的旅行史。

最后，局地社区传播隐约抬头。稿件写作时，印度报告疫情的邦和地区已经超过10个，其中既有人口稠密的北方邦，也有经济发达的马哈拉施特拉邦，还有偏远的印控克什米尔地区。根据官方通报，在邻近新德里的阿格拉市，1名确诊病人将6名家庭成员感染；在病例最多的喀拉拉邦，其中一家5口全确诊，3人有意大利旅行史，另外2人为密接者。这些都是典型的早期社区或家庭聚集式传播的案例。

作为中文媒体最早从一线发回的深度报道，我在稿件中还对未来印度疫情防控形势做出研判，并大胆提出"真正的挑战或许尚未到来"：

首先，印度人口密度大、宗教集会多，这使得社区感染风险极大。作为世界第二人口大国，印度人口密度大的现实众所周知。以金融中心孟买为例，其大都会区人口超过2000万，每天大量的人口乘坐市内火车出行。在达拉维贫民窟，100多万人居住生活在面积为200多公顷的范围内。由于印度人宗教信仰多样，各种集会众多。这些都增加了疫情社区传播风险。

其次，检测能力有限，防控体系薄弱。相关数据显示，印度医疗保障水平总体较低，全国只有1.2万所医院、2.2万个初级医疗中心、

2000多个社区医疗中心和2.7万个诊疗所。特别是疫情当前，各地检测能力十分有限，为此一些人士质疑印度的官方确诊数据。有报道称，此前曾发生过从印度出境的旅客在中国香港和不丹被确诊为新冠肺炎病例的情况，其防控漏洞亦可见一斑。

最后，疫情与经济政治多重挑战叠加。早在3月6日，在印度疫情经历"空窗期"再度起跳后，印度前总理辛格即在《印度教徒报》发表署名文章，直指印度政府或将面临内部社会骚乱、经济衰退，以及外部疫情冲击等多重挑战。该文发表前，由《公民身份法》修正案引发的骚乱升级，从去年年底至今已造成至少数十人死亡；内需不振和深度改革难产，导致经济增速持续下滑，国际货币基金组织更是将其2019年增长预期降至4.8%。正如文章预测，随着疫情蔓延，印度经济发展内外部压力不断增大，3月13日其股市更是触发熔断，一度暂停交易长达45分钟。

印度医学研究理事会（Indian Council of Medical Research）负责人巴拉兰·巴尔加瓦（Balram Bhargava）14日接受当地媒体采访时表示，印度当前疫情蔓延仍局限在有疫区国家旅行史的病例，以及这些病例的密接者。但他预警称，如果应对不当，社区传播或将难以避免，而此间留给印度的时间窗口仅为30天。

稿件发表一周后，3月22日，印度总理莫迪就抗疫发表讲话，宣布当天全国实行"公共宵禁"，号召全体国民禁足；3月24日，莫迪发表第二次全国讲话，并决定从3月25日凌晨起，印度进入为期21天的全面封锁状态。除必要职业外，所有人强制居家隔离。在讲话中，莫迪神情肃穆地说："如果印度不封锁21天，那可能倒退21年。"而在宣布举国封锁前后，印度的铁路客运、国内国际航班也陆续暂停。

三

伴随风暴逼近，恐慌情绪也在悄然滋长。

小区的业主群里，有关疫情的信息和议论明显多了起来。一段新德里电视台的专访视频被疯传，话题为"印度能否避免社区传播？"名叫阿尔温德·库马尔的医生面对镜头神情严肃："我想，到下周三或周四，或者至少下个周末，'炸弹'就会在我们面前爆炸。"他说话的时候，电视屏幕上展示着印度进入3月份以来的单日确诊病例数柱状图。

"不用人工智能分析，我们距离非常严重的社区传播阶段，比如中国或者意大利那样的状况，仅剩下几天时间。"阿尔温德·库马尔说，"当大量的人被感染，当然多数人都会表现出轻症，但考虑到我们的人口密度，以及大量的人口拥有基础性疾病或健康问题，诸如糖尿病、肺炎、心脏病或营养不良，同时我们公共卫生系统资源匮乏，到时也无须人工智能分析，大量的感染者可能死亡。"

由于疫情发展瞬息万变，到了2020年3月底，印度境内几乎所有的邦和地区都已报告确诊病例。结合最新形势，我又紧跟着写了一篇深度分析。稿件开宗明义：尽管相对十多亿的人口基数而言，印度全国累计确诊不过千例左右，且官方封锁行动不可谓不及时，抗疫措施不可谓不严厉，但根据一线所见，印度极可能成为新的全球疫情重灾区。除了相关动态数据外，文章引用了印度国内外多个研究机构的预测分析：

印度媒体《出版物》刊文称，一个生物统计学家小组根据模型预测，保守估计到5月底印度感染新冠的人数可能高达100万，其中约3万人死亡。文章称，根据2017年统计，印度每千人仅有0.5张医疗床位，以现有确诊病例增长速度，到6月初甚至更早时候，印度的医疗床位将陷入短缺。

美国彭博社报道，印度可能成为新冠疫情下一个重灾区。文章引用哈佛大学公共卫生学院流行病学副教授、新德里卫生智库印度公共卫生基金会主席K.史密斯·雷迪的话说："我们经常讨论的'社交距离'仅适用于城市中产阶层……对城市贫困人口和农村人口并不适用。他们的住房非常拥挤，很多人不得不在没有'社交距离'的地方工作。"

印度医学研究理事会病毒学高级研究中心前主任T.雅各布·约翰表示，随着时间推移，印度的疫情感染数字将会暴增。"他们不明白，这是一场雪崩。"

美国约翰斯·霍普金斯大学和疾病动态、经济和政策中心（CDDEP）联合发布的最新报告则认为，印度社区传播事实上在3月初就开始了。报告预计，按照现在的传播速度，印度接下来几个月将有1亿人感染新冠。如果不加干预，到7月份，累计感染人数将高达3亿～4亿。

…………

病毒无形，坏消息却一个接着一个，仿佛漂在水面上的浮标，一边验证着专家们的预判，一边向人们宣告着疫情肆虐的进度：

4月1日晚间，位于孟买的印度最大贫民窟达拉维首报新冠疫情。一名没有海外旅行史的56岁男子被确诊，并且由于病情加重，在当天深夜转院治疗的过程中死亡。

4月20日，孟买市政官员证实，全市至少有53名记者确诊。这些记者分别来自市内多家媒体机构，多为深入一线采访疫情的摄影记者、电视摄像师等。

4月30日，马哈拉施特拉邦累计确诊达10498例，成为印度境内首个新冠确诊人数过万的邦。此时，印度全国累计确诊33610例，其中治愈8373例，死亡1075例。

5月7日，马哈拉施特拉邦发布消息，位于孟买的亚瑟路监狱（Arthur Road jail）发生大面积感染事件，已确诊103人，其中26人为监狱管理人员。据了解，亚瑟路监狱，也就是孟买中央监狱，按规划设计可容纳800名囚犯，但现有囚犯多达2600名，是印度最拥挤的监狱之一。

....

四

不知不觉，从新德里回到孟买已经过了两个多月，我的自我隔离、居家办公也持续了两个多月。此间越来越多的国内朋友向我表达关切，同时询问印度疫情实际进展，"于无声处听惊雷"是我所用最多的回复。终于有一次，我向一位前辈老师详细勾勒了我所预见的印度新冠风暴轨迹：

第一阶段，以输入型病例为主，主要来自欧美、中东等地；第二阶段，输入型病例增多，引发本地传播乃至社区传播；第三阶段，印

疫情期间的印度孟买市场一角，人们已经戴上口罩

度举国封锁，大量的城市农民工逃往老家，疫情从人口集中的大城市扩散至全国各地乡村；第四阶段，城市逐步解除封锁，复工复产以及农民工回流，将重新引发新的也可能是最后一次疫情蔓延。

　　世卫组织的数据显示，截至2020年5月20日左右，世界各国新冠疫情确诊病例已突破500万。对于印度而言，尽管画面尚未完全打开，但是时间将见证一切。

瘟疫照亮被遮蔽之物

一

"此前我从未无家可归过。我曾在孟买维拉尔（Virar）的一家餐馆工作，月薪1.5万卢比，大部分都寄给在北方邦的家人了。新冠（疫情）来了，老板在3月份关了餐馆，我和另外5个员工都失业了，无家可归。"沙克蒂·库马尔说。

2020年3月25日凌晨起，印度进入全面封锁状态，又称"封国1.0版"，也是世界上最为严格、规模最大的举国封锁措施之一。由于从消息发布到实施封城中间仅隔了4个小时，这种"熔断式"封锁造成了全球战疫过程中罕见的场景：

成千上万的印度农民工一夜之间没了工作，最终沦为同沙克蒂一样的无家可归者。除了少部分人选择留守外，这些曾经以清洁工、外卖员、司机和餐馆服务员等临时工作讨生计的人拖家带口，饥肠辘辘，有的戴着口罩，有的用简易手帕掩住口鼻，手提、头顶大大小小的行李，蜂拥至火车站、汽车站，期待着商业客运被叫停后政府可能提供的有限的特殊专列或长途大巴，更多的人甚至开始了徒步逃向遥远农村老家的未知旅程……无家可归者四处散落，仿佛是由钢筋水泥组成的城市怪兽因消化不良而突然产生的排泄物。

原本为了解决问题而采取的措施，却引发了更多新问题——这一切很魔幻，也很"印度"。火车站里人潮涌动的画面，仿佛1947年印巴分治时引发的大迁徙；公路上看不到头的行进队伍，让人想起1930年甘地领导的"食盐进军"。然而这些相似只是形式上的，今日今时的逃离和徒步既无关独立时期的家国分歧，也无关为尊严而战的反殖斗争，人们所求不过一片面包，以及一块容身之所。

社交媒体上流传着各种各样令人心碎的画面：一个年幼的孩子，又累又困，竟然趴在行李箱上睡着了，母亲用绳子拉着箱子在人群中继续前行；一个父亲，一边托举着幼儿，一边试图攀爬到一辆已经挤满了人的卡车上；一个中学生女孩儿，用自行车驮着患有腿部疾病的父亲，日夜兼程向着几百千米之外的家乡骑行……

恐惧、饥饿、劳累，加上可能已有的基础性疾病，一些人死在回家的途中。在北部的比哈尔邦，一个母亲倒毙在火车站站台上，大约2岁的孩子拉扯着盖在她身上的毯子，似乎是在努力唤醒她，又似乎只是在无知地玩耍。印度各大媒体都对此进行了报道，电视台一遍又一遍地播放着这悲伤的一幕，但是没有任何一条报道提到这位母亲的姓名、身份以及家庭背景。

根据印度政府的统计，截至3月底，已有五六十万人徒步返乡。然而在家乡，等待他们的不是接纳和欢迎，而是怀疑、歧视乃至排斥。

在北方邦，警察们守候在边界入口处，对着远道而来的农民工喷洒以漂白剂为主要成分的消毒液，试图达到"杀灭病毒"的目的；在西孟加拉邦，因为没有私人房间，为了避免接触家人和邻居，有的返乡村民把木板绑在树上，住在临时搭建而成的"树屋"上进行隔离。

3月29日，莫迪在又一次发表全国讲话时说："实施封锁是很艰难的决定，但是我别无选择，对于给大家造成的困难，我道歉，特别是穷人，我知道很多人在生气，请原谅我。"——对于向来以强人形象示人的印度总理而言，这样的公开道歉实属罕见，也从侧面印证了印度封国初期的混乱，以及这种混乱和由此引发的指责给执政党带来的压力。

4月4日，印度著名作家阿兰达蒂·罗伊（Arundhati Roy）在《金融时报》上刊出《"大流行"是一个传送门》一文。在她看来，突然下达的"封城令"是印度政府仓促决策的结果：

"整个2月，执政党有太多事情要做了，以至于没有空当把防疫列入自己的时间表。这个月的最后一周要迎接特朗普的正式访问……然后是德里的议会选举……3月同样很忙。前两周忙于在印度中央邦以印人党政府取代过去的国大党政府。3月11日，世界卫生组织宣布新冠肺炎为'大流行'。两天后，印度的卫生部表示新冠肺炎'不是公共卫生的紧急状况'。"

她批评莫迪政府"这种灾难性的毫无准备所造成的后果"：这个全世界最大规模的、最残暴的封锁，恰恰成了它本要实现的目标的反面。

"整个世界震惊地注视着印度，印度在所有的耻辱中暴露着自

己 —— 她的残暴，她结构性的社会经济不平等，她对苦难的无动于衷。

"这场封锁就像一个化学实验，突然间照亮了本来的遮蔽之物。随着商店、餐厅、工厂和建筑工地的关闭，富人和中产阶级把自己隔离在封闭的住宅区中，我们的城镇和超级都市开始挤压出其中的工人阶级 —— 那些外来务工者 —— 就像挤压出不必要的结余。"

二

农民工逃离后，城市的街道空空荡荡，而贫民窟里却是另一番景象。

5月中旬，我将目光聚焦全印最大的贫民窟达拉维，试图以解剖麻雀的方式管窥印度全国战疫态势。一个多月前的深夜，孟买市政部门通报了达拉维首例新冠病例：一名56岁的服装小贩被确诊为感染新冠病毒，并在症状加重转院的过程中不治身亡。

疫情的防控与病毒的扩散在争分夺秒地赛跑。此后的疫情发展时间线显示，在达拉维贫民窟，从首例确诊到100例确诊之间经过了大约半个月，从100例升至200例用了一周左右，200例攀升至300例仅用了一天，而从首例到500例，时隔一个月时间；与之对比，3月11日孟买首报新冠病例后，从100例到2000例用时半月，2000例升至3000例用了一周左右，3000例至4000例仅用了3天；视野延伸至印度全国，从发现首例感染者到确诊1万例时隔75天，从1万例到2万例时隔8天，从2万例到3万例时隔7天，从3万例到4万例仅隔4

天……综合人口基数和确诊病例的增长曲线可见，达拉维的疫情蔓延与其在孟买和印度全国的扩数类似，正呈现"温和暴发"态势。

人口密集、空间逼仄、卫生条件堪忧，种种现实因素让贫民窟的居家隔离成为不可能完成的任务。

"天气太热，儿媳妇要洗澡换衣服，还要给三个月大的孩子喂奶，每当这时我就必须坐在外面，否则她会很尴尬。"面对媒体采访，达拉维的一家皮革作坊主伊斯梅尔·穆卡姆说。

如果说孟买是全世界人口最多的城市之一，那么达拉维毫无疑问是全世界人口密度最大的城市区域之一。从空中俯瞰，目之所及是成片的防雨塑料布形成的场面壮观的蓝色屋顶。有研究机构对比卫星影像发现，在达拉维的一些区域，2000年时的每一片屋顶，到了2019年都"碎裂"为四片甚至更多。这种简易住宅屋顶的日益"碎片化"，说明单个家庭的住宅面积不断缩小，也意味着同样面积的土地承受着越来越高的人口密度压力。

疫情发生后，曾多次前往达拉维采访的孟买摄影师索尼告诉我，这里的气温在夏天每天可高达三四十摄氏度，在这样的湿热环境下，居住在普通社区的人们可以享有空调和宽敞的房间；而在贫民窟，通常每户人家6～9口人共同生活在100平方英尺（约9平方米）左右的空间里，持续封锁下的"禁足"对他们来说正变得越来越难以忍受。

全球最大人口密度背后，还有恶劣的环境和简陋的卫生设施。除了缺乏干净的饮用水，2006年联合国开发计划署报告显示，达拉维平均每1440人才有一个厕所。印度"清洁运动"开展后，城市公共厕所覆盖率上升，但这里的情况仍不容乐观。据称，时至今日达拉维平均每80人共用一个厕所，远超政府要求的25～30人的标准。

"凡有的，还要加给他，叫他有余；没有的，连他所有的也要夺过来。"《圣经》中的这句话，成了新冠疫情冲击下印度贫富差距加剧分化的残酷注脚。从流离失所的农民工到困守斗室的贫民窟居民，相比"看不见的病毒"的威胁，对于普通印度人而言，寻找"新的立足之地"以及"下一顿的面包"是更为现实而紧迫的难题。这也注定了这场"世界上规模最大的"封城实验难以持久。

2020年5月12日，莫迪在全国电视讲话中宣布，印度将推出总额为20万亿卢比（当时约合2670亿美元）的一揽子经济刺激计划（包含封国之初推出且正在实施中的总额为1.7万亿卢比的救助计划）。几天之后，印度又迎来"封国4.0版"。相比此前严格的封锁措施，新版本兼顾了抗击疫情与经济发展。这意味着随着战线拉长，如何在经济重启与控制疫情间"走钢丝"，将是后疫情时代印度面临的重要挑战。

印度金德尔全球大学印中研究中心主任张文娟认为，由于发展阶段和产业结构上的特殊性，持续封锁抗疫给经济带来的压力有很多是印度所独有的：第一，印度大多数病例集中在经济发达的大城市，诸如新德里、孟买、金奈等，这给政府平衡复工复产与控制疫情带来很大难度；第二，按国际人口标准，印度有近3亿人没有脱贫，封锁抗疫除了带来失业率增加外，还可能直接导致一些穷人面临因感染病毒而死和因饥饿而死的双重危险；第三，此前印度经济已呈下行趋势，遭受疫情重创后很多国际机构都纷纷调低对其未来的经济预期，为此莫迪政府不得不选择抗击疫情与刺激经济"两手抓"；第四，印度产业结构以服务业为主，相关数据显示，在疫情暴发前的2019—2020

财年，其服务领域和工业领域对GDP的贡献率分别为55.3%和29.6%，这让印度经济在疫情冲击下变得更为脆弱。

三

除了贫富差距这一块巨大的疮疤之外，印度社会原有的族群撕裂也在疫情下被进一步放大。

2019年底，印度议会审议通过带有明显歧视穆斯林色彩的《公民身份法》修正案，进而在国内引发长达数月的抗议和骚乱，导致数十人死亡。即使在时任美国总统特朗普访问期间，局势也没有一丝好转。不巧的是，2020年3月中旬，在新德里东南部的尼扎穆丁清真寺，一场跨国伊斯兰教团体的年度集会引发了新冠疫情的"超级传播事件"。按照官方说法，截至4月初，印度全国排查出的数百名新增感染者中大多数与此直接相关，影响范围遍布十几个邦。

尽管印度的节日或宗教集会在疫情期间始终未能禁绝，但这次"超级传播事件"显然就是在给其国内原有的反穆情绪火上浇油，从官方到民间都在指责乃至污名化穆斯林群体。社交媒体上，"新冠圣战"（Corona Jihaad）的话题一度冲上了热搜榜。在一些地方，穆斯林群体被贴上"新冠恐怖分子"或"新冠人体炸弹"的标签，有人遭到狂热暴徒的殴打，一些社区和村庄禁止穆斯林进入，有的医院甚至拒绝接收穆斯林病人。

疫情如火，数据冰冷。

来自印度经济监测中心（CMIE）的数据显示，4月份印度全国失业率达到23.5%，较3月份的8.7%大幅上升，5月份更是达到27.1%的历史新高。官方数据还显示，印度4—6月GDP同比萎缩高达23.9%，创下了其开始发布季度GDP数据以来的最差纪录，在世界主要经济体中仅次于美国，俨然已成为受疫情影响最严重的国家之一。

另一组更为令人忧心的数据是，7月底孟买官方发布一项调查显示，在该市接受血清检测的贫民窟人口样本中，57%的受试者携带新冠病毒抗体。相比之下，在贫民窟以外的受试者中，该比例仅有16%。专家认为，调查结果表明在贫民窟存在着大量的无症状感染者。此时正值雨季，印度全国累计确诊达153万余人，不少观察者表示，按照血清抽样的结果推算，官方数据远低于实际感染人数。一些人甚至开始讨论印度群体免疫的可能性。

按照流行病学的说法，病毒面前人人平等。然而在印度，病毒对富人和穷人各自平等，在富人和穷人之间则隔着高达41%的感染率之差。

针对疫情重创之下的高失业率和经济萎缩，经济学家、印度央行前行长拉詹指出，这已经拉响了印度经济的警报，政府应该采取更为有效的应对方式。他同时表示，当对非正式行业的评估出炉后，印度整体经济的表现很可能更为糟糕。

在众多的反思和批评声中，印度畅销书作家、演说家奇坦·巴哈特（Chetan Bhagat）的观点残酷而醒目。他在一篇名为"我们遭遇的问题：拯救生命的代价是什么"的专栏文章中指出，生命是无价的，因此当新冠疫情来临，印度政府不惜一切代价拯救生命是值得的，但是这一原则没有应用到解决新冠疫情以外的其他问题上。

奇坦·巴哈特举例说，根据联合国报告，2017年印度有超过80

万的婴幼儿死亡，主要原因为可预防的营养不良、糟糕的公共卫生和医疗保健问题。数据显示，印度的婴幼儿死亡率约为3%，远高于新冠致死率。在发达国家，这一数据仅为0.3%，是印度的十分之一。

"是的，一个孩子仅是因为出生在印度而导致死亡的概率高于一个人因感染新冠而死亡的概率……如果我们像对待新冠疫情一样着力解决婴幼儿高死亡率，我们将能够看到在拯救生命方面所取得的显著效果。然而，我们没有。我们不认为这些额外的资源投入是值得的。"

奇坦·巴哈特同时把类似的成本比较从医疗卫生延伸至其他领域。他指出，无论是改造孟买城铁站台的人行天桥还是提升水和空气质量，都可以拯救许多生命，但是政府并不认为这是值得的，所以往往选择不作为，或者并不总是愿意为此付出成本。

"媒体对新冠的狂热，我们自己对这种疾病的恐慌，被国际社会视为负责任的国家的愿望，这些使得我们用一种与过去看待其他事务不同的方式看待新冠。毫无疑问，（政府）保护国人免于感染这种疾病的动机是真实的、根本性的。然而，我们不能忽视国家的经济现实，以及我们与世界其他国家的现存问题。"

进入10月，印度累计确诊超过600万例，死亡接近10万例，疫情严重程度仅次于美国。此时次大陆漫长的雨季已经结束，红区（封控区）以外的生活日趋正常，商家们则忙着迎接即将到来的各种节日，以图尽可能多地挽回封城时的损失。

四

沙克蒂·库马尔的工作依然没有着落。月初的时候，因为治疗腿伤，他来到孟买的一家综合医院。一周后治疗结束，本该出院的沙克蒂无处可去，就地把医院里的绿色长椅变成了"家"。他在公共卫生间洗澡，依靠民间救助机构提供的或者医院里剩下的饭菜为生。

"每天，我都步行外出找活，我愿意从事一份月薪3000卢比的厨师工作。"他说。

一家致力于救助无家可归人群的民间机构负责人介绍，根据2011年的官方人口普查数据，孟买的无家可归者共有57415人。而在新冠疫情暴发之前，孟买市政部门的一份报告称，这一数据仅为11915。"但是根据我们的调查，孟买的无家可归者至少有20万人，这一数据还将在封锁期间进一步增加。"

作为在封锁期间正常运行的为数不多的机构和场所，医院成了很多无家可归者的落脚点。像沙克蒂一样，很多人以看病为名来到这里，然后悄悄地选择某个角落，或者是走廊，或者是候诊大厅，甚至是一棵菩提树下，就地栖身。

10月20日，在就新冠疫情发表的第七次全国讲话中，莫迪警告国人："我们必须牢记，封锁或许已经结束，但病毒还在那儿……所有人都必须记住，找到药物之前，不能有任何放松。"

"孟买孤岛"的日与夜

2020年6月29日夜，印度政府以国家安全为由，发文宣布封禁微信等59个中国互联网应用，驻印华人集体迎来新的"至暗时刻"。

如果说印度严重的新冠疫情导致持续居家隔离、中印边境流血冲突引发印度社会"反华潮"等事件，带给大家的是看不到尽头的深水窒息之感，那么微信被封则仿佛一口无形的高压锅从天而降，扣在所有驻印华人头上，随之而来的是一种逃无可逃、更大更深的恐惧和焦虑。

眼下正值孟买湿热的雨季，我所在的一个七人微信群里却显得分外冷清。平时快人快语的小花发起了话题："我手机装好VPN了，付费的，贼稳定。"其他人未及回应，她紧接着又来了一条："刚才楼里的警报器又响了，不知道是谁半夜煮'马沙拉'起烟了。"

印式深夜厨房、楼道里的警报器，与弥漫在华人圈里的紧张气氛形成强烈反差。

"哈哈哈，多年后写回忆录这段要用上。"我跟着发了一条，末尾带着一个笑中带泪的表情包。

小花秒回："哈哈哈，等你的回忆录，印度这半年，素材不少了。"

"回忆录中这一时期的应该最精彩。"人在国内的老齐跟进说。

气氛似乎一下子缓和了……

一

时间倒回至 2 月中旬的一天，印度外交部举办驻孟买外国媒体记者午餐会。活动时间一点点迫近，我却堵在前往酒店的半道上，一边坐在车里心急如焚，一边看着周围龟速移动的车队——人们在路上行色匆匆，却又都难免迟到，这是孟买的常态。

其时新冠疫情正在世界多国蔓延，出发前我一度担心，中国或者武汉的疫情是否会成为餐桌上的焦点话题。到了现场后发现，这样的担心纯属多余。来自美国、英国、瑞典、德国、意大利等国的共计十多位外国记者，加上两位印度外交官，大家或坐或站，就着茶点相互客套和寒暄。人们谈论着外媒记者的签证便利度、印控克什米尔地区的采访许可等，新冠疫情无人问津。

吃饭的时候，我左手边的日本记者向我抱怨说，来印度两年了，与以前驻过的其他地方相比，这里的签证申请烦琐，尽管目前可以全程网上办理，申请电子签，但仍然充满了各种不确定性。今天的政策是这样的，但可能下次就换了另外的说法。"在印度，唯一确定的事情就是它的不确定性。"

我完全同意日本记者的论断，却对餐会上的话题心不在焉。国内媒体对新冠疫情铺天盖地的报道，以及作为记者惯有的职业敏感性，让我隐隐有一种风暴将至的不安全感。

午餐会后没多久，3月5日，一张印度媒体报道截图到处疯传：孟买附近的罗纳瓦拉（Lonavala）小镇新发现4例新冠病例，还有消息称隔壁的浦那市也出现了疫情，印度累计确诊已经达到32例。

七人群里的氛围一下子紧张起来，因为就在十多天前，大家集体在罗纳瓦拉进行了周末自驾游，这个名为"吃着火锅唱着歌，吹着小风唠着嗑"的微信群正是那时临时组建而成的。"我办公室的那个小姐妹一直在咳嗽。"小花说。

不过，我通过媒体渠道核实消息来源，很快证实此为假新闻，报道截图是软件合成的。

老潘回复道："浦那的真的吓死我了，我当时感觉头好痛，现在好多了。"小花说："我看到消息的时候，感觉嗓子疼，现在嗓子好了。"

虽是虚惊一场，但并不妨碍接下来大家讨论疫情在印度暴发的可能性。事实上，作为身在海外的华人，大家普遍对疫情传播有着比当地人更早、更大的警觉。当国内很多自媒体以戏谑的语气宣告"印度躺赢"的时候，驻印华人已在讨论新冠何时在印度暴发、以何种形式暴发、暴发后如何应对等话题。某种程度上，这也是为什么午餐会轻松惬意的气氛反而加剧了我的不安全感。

从3月初起，我一边主动进行居家隔离，减少非必要的外出采访，一边把报道和关注重心转移到印度可能暴发的疫情上。七人群里，大家相互提醒：出门要戴口罩；回家后衣服要立即消毒，然后挂在阳台或者直接扔洗衣机；用消毒液洗手；用酒精片擦手机……日常话题也逐渐集中到了各自身边可能存在的风险点上。

在老齐看来，最危险的是公司办事处的印度员工。"他住塔那（Thane），每天坐火车到CST（中央火车站），然后再转公交或打车到单位，途中接触人太多。我现在是非上下班高峰时去单位，这样同坐电梯的人少。"

老齐还透露，他的单位让办个保险，万一有事时能去好的私人医院——原计划在印度退休的老齐是群里年龄最大的，按照专家的说法，他属于新冠疫情的高危人群。

"我们昨晚在研究，万一被感染了怎么回国。要提前申报吗？申报了还让上飞机吗？还是回国入境后再申报？一入境就申报是不是不算瞒报？"有一天，年龄最小、群里唯一的女性小花焦虑地发问。其时，国内一些非重点城市疫情开始清零，"海外华人千里投毒"正成为焦点话题。在郑州，感染新冠后从第三国入境的"郭某鹏"，因瞒报行程被网友痛骂"一个人祸害了一座城"。

3月8日，有人在微信群里转发信息，对美国疫情的发展进行预警：

"其实美国现在肯定是暴发前期，确诊病例出现在多点、多地，无明显联系，都参加了大型集会（这些大型集会分别有总统、副总统和国务卿出席）……美国现在应该暂停选举，但让美国停选举就跟让中国停春运一样难吧。

"个人悲观地认为美国的感染人数很可能会很多。选举年，两党利益都是要大事化小，谁也不敢先暂停政治集会。选举可能会成为美国的疫情'新天地'……太讽刺了。

"而且美国冰冻三尺的医疗制度弊端还不支持大量隔离，医疗费昂贵，病人轻易不会去看医生，轻症患者都回家隔离……"

因为来源不明，且原文是繁体中文，无论是在印度还是在美国，预警貌似都未引起太多注意。

然而该来的总归要来。

二

3月11日，世卫组织宣布新冠肺炎为大流行病；3月24日，莫迪发表全国讲话后，印度进入全面封锁状态。紧随而至的是：大量露天农贸市场突然关闭，超市门口排起了长队，在线购物网站因浏览量大增而接连瘫痪。一时之间，恐慌情绪四处弥漫，对于留守华人而言，如何确保日常物资供应成了疫情防控之外又一个紧迫的挑战。

当天下午2点半，小花在群里通报，此前预订的桶装水和其他食物的订单都被临时取消了。"我们之前一顿煮一整根西葫芦，今天开始分成两顿煮了。西葫芦切片或切丝，和胡萝卜、黑木耳一起炒。"

一阵慌乱后，大家开始盘点各自的物资储备。老齐家底最为丰厚："4袋西红柿，3袋洋葱，3袋黄瓜，3个大圆白菜，1大棵白菜，1袋胡萝卜，2根西葫芦，2个柿子椒，3棵圆生菜，2根苦瓜，3袋土豆，2桶20升的水，40多个鸡蛋，4盒鸡肉，大约12千克米，3袋500克的面粉，1千克小米，1千克绿豆，1千克黄豆，1千克花生米。还有不少国内带来的挂面和在超市买的各种面条。"

按照总部要求，除了每日零报告外，早在3月10日我就着手制定了分社的疫情防控措施，其中明确要采购和储备一批口罩、消毒液、体温计等防护用品，确保一线采访和特殊应急；中方人员尤其要适量储备必要生活物资，包括大米、食用油、桶装水、卫生纸等日用品。作为提醒，我把清点后的库存详单贴到了冰箱门上。对照我一个人居家隔离的单日消耗量，这些储备大约可以坚持两个多月。

"在印度，唯一确定的事情就是它的不确定性。"想起日本记者的抱怨，我又整理了一个行李箱，里面放好简单衣物、急救药包、口罩等防疫用品，以及部分印度卢比、美元、人民币现金。与此同时，考虑到其他可能出现的突发状况，我还拟订了一个来自中印两方面的紧急联系人名单——面对看不见的病毒，唯一能做的就是细心准备，精心防护，耐心等待。

全面"封城"后，我所在的小区业委会在业主群里发布了一份通知：大门和侧门保持关闭，但允许小区车辆出入；除紧急情况外，出租车和"突突"车不得入内；电梯正常运行；兼职用人、司机，以及各类鲜花、面包小贩等禁止入内，但早上7点之前的牛奶和报纸配送仍可进行；外卖物品需要到大门口自取；儿童游乐场和物业办公室关闭；院内各处不得聚集；业主非必要不出门。

尽管孟买号称是有2000多万人口的国际大都市，但相比其他国家的主要都市，常年生活在此的中国人却非常少，且居住分散。我所在的小区，2000多户里也仅有4个中国人。我给同小区的中资企业朋友发了信息，建议大家"抱团取暖"，并视形势发展进行集体采购。

"咱们需要互助，有机会采购的话，像水、蔬菜、大米这种基本物资，可以相互通气，一起采购，均摊费用，这样给点儿小费人家也愿意送。要争取有备无患。"

除了现场采访无法进行外，居家隔离后我的工作一切照旧，甚至因为疫情发展，反而比以前更忙了——疫情迫使印度实行了严格的封锁，却也打开了洞察和理解这个国家的另类窗口。从疫情防控应急到制造业生产能力，从普通民众素养到精英阶层反应，从领导人讲话到政府动员力等，都逐一展现在眼前。作为身处一线的中国媒体人，我一边为"摊上了大事"而恐惧，一边又为"噼啪炸裂的历史"而兴奋，不停记录带来的阶段性抽离，则带着我在这两种情绪间摇摆向前。

三

　　时间过得飞快，转眼进入4月。

　　武汉已成功解封，海外疫情正迅猛发展。七人群里，赶在印度全面封锁前回国的沈总介绍，国内有很多人是从海外前来抢购防疫物资的。而留守印度的华人，在经历了早期的慌乱后也开始逐步适应隔离生活。

　　"吃"成了群里的核心话题，大家交流着蔬菜如何能存放得更久，又解锁了何种新的烹饪方式，以及新发现的能买到牛羊肉的渠道。我所在的小区，经过业委会组织，每周两次有小贩前来摆摊，需要频繁外出采购蔬菜的问题得以解决。但由于不能出门理发，我的板寸越长越长，以至于不得不戴着帽子参加视频会议。

　　然而另一方面，随着特朗普炒作"中国病毒"话题，以及印度疫情的快速发展，尤其是当地媒体的"甩锅"报道，印度人的对华态度正在发生微妙变化。

2月下旬，在孟买地标印度门附近，印度柯棣华纪念委员会组织举办烛光集会为中国战疫祈福。面对我的采访，现场的印度市民一边对武汉疫情表示关注和同情，一边赞叹10天建成火神山医院的"中国速度"。等到举国"封锁"后，由于生活和工作受到影响，不少印度人对中国的同情开始变为抱怨和指责，微信群里有华人反映外出时被追着喊"新冠病毒"，还有的城市甚至发生了华人遇袭事件。

在小区业主群里，一则印度人转发的笑话颇为耐人寻味：

一个美国人、一个德国人和一个中国人，因为酗酒在沙特阿拉伯被捕，每人被判20下鞭笞。行刑前，酋长宣布："今天是我第一位妻子的生日，她请求我在行刑前满足你们每人一个愿望。"德国人想了想说："请在我背上绑个枕头。"由于枕头太薄，10鞭过后枕头被打烂了，行刑结束德国人仍被打得皮开肉绽，哀号着被拖下去了；第二个接受鞭笞是中国人，在看到德国人的惨状后说："请在我背上绑上两个枕头。"然而坚持了15鞭后两个枕头也破了，行刑结束中国人也惨叫着被拖了下去。

最后轮到美国人，在他说话之前酋长表示："我喜欢美国人，因此可以满足你两个愿望。"美国人向酋长表达了谢意，然后许下第一个愿望：把20下鞭笞增加为100下。酋长赞赏了美国人的勇气，紧接着问对方的第二个愿望是什么。美国人微笑着说："把中国人绑在我的背上。"

事实上，针对驻印华人可能面临的风险和挑战，早在3月底做印度疫情分析报道时，我就明确进行了预警：物资匮乏、疫情感染以及"排华潮"。其时在印度社交媒体上，所谓"中国生物恐怖主义"

（Chinese Bioterrorism）连日成为焦点话题。与之相关的新闻，都以阴谋论的逻辑宣称新冠疫情是中国发起的一场生化战争……更早些时候，《印度斯坦时报》也刊文表示，疫情最早在武汉出现，为此中国有必要对病毒来源给出说明。

常驻孟买的一名中企负责人告诉我，基于历史原因，印度社会潜在的对华不友好乃至敌视心态遇到导火索就可能喷发出来，形成"排华潮"。当年"洞朗危机"时，印度国内出现的抵制中国货行动就是一例。"当下疫情蔓延，不排除到后期失控的时候，一些政党或媒体借机煽风点火、转嫁矛盾，将矛头指向中国和中国人。如何确保在印华人和中企的安全，确实需要提前做好预案。"他说。

当然，就个人而言，居家隔离前后我的日常感受并没有太大变化。事实上，"封城"后一些印度朋友还第一时间打来关切的电话，提醒我注意安全，尽量减少外出，尤其要避免到人员密集的场所。而在每周下楼买菜的有限接触中，从保安、菜贩到邻居，大家的态度也一如既往地友善。

4月下旬，印度迎来了"封国2.0版"。尽管数据持续上涨，官方却一直否认有"社区传播"。由于医疗资源发生挤兑，孟买收紧了检测范围，实行"无症状不检测"。与此同时，小区物业通过运作，将附近一家超市和银行ATM机搬进了院子里，以方便大家集中采购生活必需品和提取现金。为了感谢坚守岗位的物业人员，业主们还在小区里发起了募捐活动。一次下楼买菜时，我顺道捐了300卢比。

七人群里，大家的厨艺似乎各有进步。老齐在家里发起了绿豆芽，老潘自制烤羊肉串，还有人畅想着解封后添置面条机、电饼铛等硬件设备的可能性。有意思的是，由于大部分人都是"独居"，随着隔离时间越来越长，大家竟不知不觉形成了一些相同而"奇怪"的生活习惯：空闲之余爱听郭德纲的相声，音量几乎调到最大，尤其爱将其当成做饭时的背景音；天没完全黑下来的时候，往往就会把房间里的灯都打开；听着音频睡觉，并且入睡的时间越来越晚。

在看不到尽头的隔离中，想方设法把一个人所在的时间和空间填满，以此驱散孤独——这再次证明，人类真是群居动物。

除此之外，漫长的隔离、持续的神经紧绷也让大家变得更加敏感。小花说，每天会在凌晨四五点钟醒来，坐在沙发上听一会儿附近清真寺的诵经和祷告声，再重新睡下；老潘抱怨一段时间里老怀疑自己失去了嗅觉，只好不停地用鼻子去闻精油，以确认一切正常。

5月初，我的笔记本电脑忽然罢工，无法充电续航。网上联系了附近的维修点后，我硬着头皮全副武装出门。尽管只有步行不到10分钟的距离，这却是我自孟买封城以来的第一次出"远门"。

阳光明亮，街道空旷，沿路的餐馆都已开门营业，但仅限外卖。星巴克咖啡店门口，有保持社交距离、站着排队的顾客，在经过测温和手部消毒后，每次仅限一人进入点单。

更换了充电线后，我顺道去附近的Haiko超市补充些吃的。货架上的青菜种类跟平日没什么两样，但冷柜里只有鸡肉和培根。匆匆结账返回，我提着货物走在半道上，忽然感觉有点呼吸困难。我心下惊惧，停下休息，发现是戴了两层口罩的原因。

疫情一天天蔓延，点开官方的线上查询地图，代表确诊病例的红点和圈圈越来越多，并呈扩散重叠之势。

疫情期间小区门卫给外来家政工测温

5月18日，周一。我按惯例下楼买菜，却发现以往停放货车的地方空空如也。当楼下保安告诉我隔壁单元发现了一例确诊的消息时，我清楚地感觉到脑袋里发出"嗡"的一声。匆匆拍完隔离告示的照片，我屏住呼吸乘电梯回到房间，从上到下一番消毒后，在群里发布了预警信息。近在咫尺的病毒，意味着更大的挑战来了……

6月2日早晨，封城以来我第一次被楼下的汽车噪声吵醒。而一周前，理发店发来短信通知已开门营业，可以预约理发，每次一人且使用的都是一次性用品。又过了两天，断供的报纸投递也恢复了。种种迹象显示，孟买正一点点醒来。与此对应的是，国内疫情低风险地区的幼儿园已通知开学，武汉上千万人的大规模集体核酸检测也已完毕。

对驻印华人而言，新常态下的居家隔离仍然日复一日，表面的"岁月静好"之下一如既往，每分每秒都充满风险和挑战。就在我小心翼翼地平衡疫情防控与日常工作之际，更大的坏消息来了。

四

6月15日晚，由于印方士兵越界挑衅，中印在加勒万河谷爆发冲突并引发人员伤亡，随后印度国内迅速掀起规模罕见的"抵制中国"运动，并与此前"新冠病毒源自中国"的阴谋论引发的反华排华浪潮叠加合流。印度官方由此不断出台针对中国企业、中国投资的恶意报复举措，更是在6月29日以一纸文件封禁了包括微信在内的59个中国互联网应用，也切断了驻印华人与国内日常联系的主渠道。

日益蔓延的疫情、持续停摆的国际航班、巨大的反华排华浪潮、封禁微信后的"孤岛效应"……一时间，所有驻印中国人承受的压力达到前所未有的极限高点。以我个人为例，需要担心的事情更多了：除了病毒感染、食物供给之外，还有反华潮可能带来的人身威胁、通信安全，以及诸如眼镜、手机、电脑等日常物品和工作设备突发损毁或故障，这些都要制定相应的预案。困守斗室，似乎什么都没有做，却又每时每刻感觉千钧重担在肩。

"在印度，唯一确定的事情就是它的不确定性。"日本记者的抱怨又一次回响在耳边。

无比漫长的一个晚上过去了。30日一早，我打开微信试了一下，貌似各种功能都在。然而为了防止被动失联，我还是下载安装了新版钉钉，同时在朋友圈里发了通告。钉钉截图上，"暗夜之中，才见繁星；危机之下，暗藏转机；事在人为，为者常成。"几行字让人莫名感到安慰。

老潘在群里发信息说，要去办公室取口罩，担心路上可能出现意外，特意准备了墨镜。我回复他不用太过担心——从印度排华浪潮的发展过程看，已经先后经过1.0版的街头聚集抗议、2.0版的海关查扣货物，不断升级后目前正在进入3.0版的封杀App，与当地司机一起出行遇到街头暴力攻击的可能性很小。

疫情还在加速蔓延，单日新增似乎远未迎来拐点，但边境话题显然已经成了在印华人关注的新焦点。大家强打起精神，一边继续艰难地防范着看不见的病毒，一边紧盯当地媒体报道，提防着随时可能出现的下一个不确定。幸运的是，写作和记录继续成为我驱散恐惧、焦虑和孤独的"贴身利器"。

五

转眼到了8月31日，当天一连发生了三件大事：

中国外交部通报，印军破坏前期双方多层级会谈会晤达成的共识，在班公湖南岸、热钦山口附近再次非法越线占控，公然挑衅，造成边境局势再度紧张；受新冠疫情影响，印度二季度GDP同比下降23.9%，下降幅度在世界主要经济体中仅次于美国；印度前总统慕克吉去世，终年84岁。报道称，此前慕克吉因感染新冠入院治疗并接受了脑部手术。

这一切显示，边境危机仍未解除。至于印度国内的疫情蔓延及其所带来的冲击，也都在继续恶化中。

然而孟买官方的封城早已不复存在：12月1日，小区电梯口贴出通知，因为可以自由外出购买必需品，每周来两次的蔬菜小贩即日起不再来院里了；12月3日，门铃响起，原来是自3月初开始居家隔离后被我清退的清洁工前来要求返岗，我不假思索地拒绝了……

2020年12月19日，早上打扫卫生完毕，在受够了疯长的胡子以及之前尝试的各种发型后，我对着镜子果断地给自己理了个光头。冥冥中似有巧合，几个小时过后，官方通报，印度在过去的24小时新增确诊27022例，累计确诊达到10004893例，突破1000万大关，是继美国之后第二个累计确诊新冠病例超过1000万的国家。

穿越"虫洞"

上端是姓名和护照信息，下方是带有"HS"标识、落款为大使馆的绿色二维码，中间的实时倒计时信息显示："本码有效期至北京时间2021/01/31 02:59""本码距失效还有31小时38分"。

2021年1月29日19时21分，在经历了此前的漫长等待和各种波折之后，我终于拿到了传说中的"绿码"——新冠疫情大流行期间，海外华人申请回国的"通行证"。或许觉得这一切不太真实，或许是担心得而复失，我用手机把"绿码"截屏保存了下来。此时，距离我原定的离任回国日期已经过去了4个月，距离我最近一次去位于香港的亚太总部开会过去了将近一年，距离我最后一次回国休假过去了一年又一个月零一周。

世界折叠，一场穿越"虫洞"的旅程即将展开。

一

时间倒带，快速闪回。2020年3月17日，我收到沈总的微信消息："你手头有2万卢比吗？"紧接着他告诉我，自己的印度银行账户已经关闭了，要用人民币转账跟我换点儿卢比现金。他同时在我们的七人微信群里宣告："跟大家通报一下，我准备回国了。如果可以订到机票的话，周四晚上出发。"

当天傍晚，我戴着口罩和帽子，来到小区门口，把一个装着现金的信封交给老沈。他则递给我一个塑料袋，里面是一些火锅底料、酸菜鱼料包等中国食材——在印度，对一个华人的最大善意，是赠送他或她从中国"人肉"带过来的食材或食物。

其时，世卫组织宣布新冠为大流行病刚过去6天时间。我新完成一篇有关印度疫情的深度分析，稿件发表在17日的《参考消息》特别报道版。巧合的是，当天《纽约时报》专栏作家、《世界是平的》一书的作者托马斯·洛伦·弗里德曼（Thomas Loren Friedman）也发表了一篇文章，认为新冠疫情将成为"公元前和公元后"那样的历史分期的起点，即"新冠前"（B. C. -Before Corona）和"新冠后"（A. C. - After Corona）。

"在新冠肺炎危机暴发前，我正在构思一本新书，关于21世纪的政党，但鉴于当下疫情的全球蔓延，很显然，无论你目前正要写什么非小说类的著作，停下手来！这将会是两个世界——'新冠前'的世界与'新冠后'的世界。新冠后的世界会是什么样子，我们目前甚至压根儿没有开始去思考，但是存在一些趋势，是我正在观察的……"他在文章中写道。

对于身在印度的华人而言，弗里德曼提出的历史分期话题显得宏大而遥远，眼下最要紧的是如何确保安全，以及对即将到来的疫情风暴做好防范。

为了写作深度分析《印度：疫情发展进入关键期，防控形势不容乐观》一稿，我查阅了大量印度媒体的疫情报道、官方发布，努力做了时间线的梳理。在这个过程中，尚不起眼的疫情数字变化之外，更多具有信号意味的细节暴露在眼前。

一篇文章还原了一位班加罗尔工程师和他妻子被确诊前后的过程：两人出国在欧洲度蜜月，2020年3月6日回到孟买。在新孟买住了一阵后，8日飞往班加罗尔。工程师第二天去上班，妻子没出机场直接飞往阿格拉老家，和父母一起过胡里节（又名洒红节）。3月9日，工程师出现新冠感染症状，朋友帮他在家用药退烧，第二天情况仍然不妙，于是报告单位并进行检测。3月12日，报告出来，显示确诊。随后，阿格拉当地卫生部门采取行动，开始隔离他妻子及家人……

快速确诊、密接者追踪，以及彻底果断的隔离——自武汉疫情以来，中国人熟知的应对新冠疫情三大手段，在这个案例里无一得到有效执行。一叶知秋。

"嗯，这很印度！"我在心里嘀咕了一下，同时在七人微信群里大胆预言：面对疫情，印度应该是采取了跟一些西方国家一样的"打法"，就是群体感染，群体免疫。只不过英国首相鲍里斯可以挑明了说，而莫迪为了选票和政治正确，至少表面上还得努力抗疫……

"我到上海了。"2020年3月21日，印度时间凌晨5点，沈总发了条简短的信息。由于早在2月份印度就单方面暂停了来自中国的航班，沈总的回国路线是从孟买出发，经新德里中转，落地浦东机场。就这样，他成了七人微信群里第一个撤离印度回国的。几天前在小区门口的匆匆一别，是我俩在印度的最后一面。

尽管做好了"拎包即走"的准备，但一方面因为任期未满，另一方面源于对历史大事件的职业性好奇，我半被动半主动地选择了留守。在混合着焦虑、恐惧、期待等复杂情绪的心态下，我一边看着疫情的地火暗暗燃烧，一边眼瞅着离开印度的机会窗口一点点关闭。

3月24日，随着莫迪宣布举国封锁，印度进入号称全球规模最大的封城模式，驻印华人也不约而同开始居家办公。各种群里，从采购卫生用品到研判疫情发展，从囤积生活物资到解锁花式厨艺……中国人日常谈论的话题也在不断变换。

大约一周后，印度累计确诊破千。一位驻新德里的中资负责人通过朋友圈发帖说："昨天看到一个视频，数万流动人口大军密密麻麻，从德里赶回全国各地，为此我极为紧张，忧虑不已，而今天下午更让人绝望的信息来了：我的隔壁邻居被确诊了，他家人还在送样检测中。他说是在去曼尼莎（Manesar，德里国家首都辖区的一部分）的厂子时得上的，尽管离上次出去采购也已经过去9天了，后面也没出门。得知被感染的一刻，他头皮都要炸了。我现在静等当地机构过来给楼道走廊消毒，希望没事。"

这是我第一次在驻印华人朋友圈里看到疫情报警信息。病毒近在咫尺。

随着疫情在全球扩散，印度越来越成为各方关注焦点。北京时间4月3日，全球新冠肺炎确诊人数突破100万。彼时，复旦大学附属华山医院感染科主任张文宏医生在接受采访时发出警告：最怕的是印度、非洲这样的地方出现更大的流行，一旦出现，那将是一场人类的灾难。

中国使领馆纷纷行动起来，一方面及时给在印的中国留学生、中资企业人员发放口罩、消毒液以及健康包等防疫物资，另一方面也陆续组织国内医疗专家远程普及疫情防控知识。

4月10日下午，中国驻孟买总领馆和孟买中资企业协会联合邀请国内医学专家，为大家开展疫情防控科普讲座。在长达一个多小时的"云课堂"中，来自山西的医疗专家为大家介绍了新冠肺炎的流行病学特点，并分别针对居家生活、办公环境、公共场所等不同方面，逐一讲解了疫情期间如何做好防护的注意事项。

粗略统计，参加线上课堂的驻印华人共有100多人。来自孟买、班加罗尔、浦那等地的中资企业、华人华侨及留学生代表，分别在发言中介绍了所在地的疫情发展以及防控现状。中国驻孟买总领馆负责人在向大家致以问候的同时，鼓励大家要立足当地，加强防护，守望相助，共克时艰。讲座结束，我查了下印度卫生部门的通报数据，截至当天上午，全国累计报告新冠肺炎确诊病例6412例，治愈503例，死亡199例。

4月22日，中国驻印度大使馆邀请到已是"网红"的张文宏给在印华侨、留学生等解"疫"释惑，并在央视客户端上以"印度抗疫形势及应对"为题进行直播。讲座中张文宏举例，早期一些回国人员中的出现确诊病例，经过分析排查发现不少人都有相似经历：海外务工背景，回国转机时间长，为了省钱常吃泡面就咸菜等快餐。为此他提醒海外人员，日常生活中一定要加强营养，提高自身免疫力，少喝粥，少吃咸菜，多吃肉蛋奶等。

由于网络信号太差，直播不时出现卡顿。此后，吃以及如何吃得好，又一次成了七人微信群里的热门话题。潘总在印餐之路上不断精进，小花念叨着家乡的美食。像是海市蜃楼一样，我的脑海中又一次浮现出久违的羊肉汤画面："羊汤，带香菜的那种；白色的汤汁，上面漂着一层绿，一些肉片浮在浓郁的汤汁中，或隐或现。碗须瓷碗，白色的那种，热气氤氲，从汤里往外扩散……"

此时，回国月余、久不发言的沈总冷不丁冒出一句："在国内，我吃好吃的的时候，想到你们，我就愧疚，而且动不动就想到你们。每走在小区对面两边饭馆林立的小路时，就想到孟买的诸位"。

似乎不知该如何回应，刚热络起来的讨论一时陷入沉寂。显然，因为疫情和时空阻隔，即使在一个不到十人的微信群里，世界也开始变得折叠。

二

6月的一天下午，我出门补充生活物资，路上碰到住在附近小区的王建超。他告诉我要开车送老齐去机场，当天晚上从孟买飞重庆。老齐是七人群里年龄最大的一位。居家办公后，每周五的云聚餐活动上，他常常在镜头里光着膀子喝酒。

事实上，大约一周前，有关包机的消息就开始流传。华人微信群里极为热闹，仿佛人头攒动，大家奔走相告。这也是自印度封锁以来，中国驻印度使领馆首次组织的大规模撤侨行动，涉及新德里、孟买和加尔各答三大城市。

"通知：印度孟买包机旅客共计296名，目前住在心景乐养酒店的

290名旅客首次核酸检测结果均为阴性，核酸检测结果为阳性的6名旅客（确诊病例2例、无症状感染者4例）已第一时间送到重庆市定点医疗机构救治。为了您及家人的身体健康，请遵守医学观察期间相关管理规定（特别是不能离开本人住宿房间）。谢谢您的支持和配合。"

一切顺利。6月15日，老齐在七人群里丢下上述短信，向大家宣告已经到了国内。

来不及向他表示祝贺，几乎同时，中印在加勒万河谷爆发流血冲突的新闻登上各大印度媒体头条，空气中瞬间充满了剑拔弩张的味道。逐步适应了疫情下生活、工作节奏的驻印同胞不得不再次深吸一口气，"潜入水底"……

时间过得很慢，又仿佛很快。

使领馆对驻印华人的登记越来越频繁，各种各样的互助群、包机群越来越多，回国攻略成了人们交流探讨的日常话题。最直观的是大家微信签名的变化，有人在后面添加了国旗图案，有人直接标明所处城市。有驻印华人发出求救信息：

"我们是因疫情滞留印度的中国人，恳求伟大的祖国能帮助我们回归。

"我本人在古吉拉特邦的艾哈迈达巴德市，中国在印工厂。印度从3月26日到现在已经封锁了3个多月了。现疫情已经蔓延到本公司，已有一名印度员工感染。据驻印使馆说要继续封锁到7月31日，具体何时能回国不得而知。

"印度疫情已经失控，加上此时中印关系紧张，极大地威胁了我们在印人员的生命安全，一旦感染，只能靠自身免疫力了！

"由于中印关系紧张，特别是印度许多城市反华情绪严重，我公司外出购物已经取消，城市中已经出现打砸中国货物、抵制'中国制造'现象。在我们下班回家或在宿舍小区购买蔬菜的时候，会有印度人对我们有语言上的攻击性行为，说我们是'中国病毒'。在印度其他地方的国人反映，印度旅店不接待中国人，排华严重。"

确如同胞所言。全球疫情版图上，尽管美国始终处于最重灾区，但眼瞅着印度的增长速度后来居上。8月底，印度成为全球首个单日新增突破8万例的国家。焦虑仿佛涟漪，在留守同胞圈子里持续扩散。

小汤来自总部位于华东的一家建筑公司，受疫情和航班停摆影响，公司老总春节回国休假后迟迟未能返印，危难之际他成了临时负责人。疫情以来，我俩多有交流。私下里他告诉我，按照印度官方要求，建筑行业早在4月份就逐渐复工了。公司德里项目部有十多个中国人留守，孟买项目部有二十多人。为了缓解焦虑情绪、调节日常生活，他每周都组织中国员工打乒乓球。

"目前大家在等待撤侨包机或者国际航班开通。但不会所有人都撤，项目也不会停。"小汤说。

其时距离我的任期结束还有一个月时间。尽管早在8月10日单位总部就批复了我的离任报告，同意"在条件允许情况下离任"，但是疫情蔓延再加上双边关系的僵局，我早已做好了打持久战的心理准备。事实上，由于官方任命书是申请延长驻印记者签证停留期限的要件，为防签证过期后出现滞留局面，我还提前向总部申请了一份新的为期一年的任命书。

短期复航或包机无望的情况下，一些华人陆续选择从第三国中转，那是八仙过海、各显神通的场面。不同版本的回国攻略在微信群里被争相转发传阅，一份"疫情期间航空旅行的重要准则"详细列出了25个注意事项：

① 尽量少带行李。

② 尽量不要使用手推车。

③ 除了装有药品、文件和卡片的手提包外，不要携带任何手提行李。

④ 不要做任何现金交易。

⑤ 自带食物和水瓶。

⑥ 对孩子来说，尿布应该尽量多用。

⑦ 对于成年人来说，如果你觉得舒服，请穿上尿布。

⑧ 带上你自己的垃圾袋。把你的食物盒扔进你自己的垃圾袋里，这样只需处理一次。这有助于避免去垃圾桶多次。

⑨ 与机场其他乘客保持至少1.5米的距离。

⑩ 把你的票和其他文件放在上面的口袋里，这样你就可以很容易地取出它们。

⑪ 口袋里放一小瓶10毫升以下的洗手液。

⑫ 去机场时，尽量用自己的车或朋友的车，尽量避免乘出租车。

⑬ 不要带太多的托运行李或手提行李。最好尽量避免带行李。理想情况下零行李是最好的。

⑭ 旅行时不要太激动，也不要太惊慌，否则会损害你的健康。只需要正常的心态，但要非常谨慎。

⑮ 在旅行中严格避免自拍和拍照。尽量减少手机的使用。

⑯ 即使你的行程只有2～3个小时，也要携带24小时的食物。你永远不知道航班什么时候取消，新的城市或国家什么时候制定新的规则。

⑰ 只打包容易打包和食用的食物。不要携带需要盘子和服务的食物。简便易食的食物是首选。

⑱ 在机场候机时，尽量避免久坐。如果可能的话，走在安全的地方。

⑲ 尽量在飞行中睡觉，以避免焦虑和饥饿。

⑳ 由于穿了个人防护设备，你可能会感到呼吸困难。所以，在旅行前练习瑜伽1～2周。另外，尽量在家里使用PPE（个人防护设备）套件，习惯每天佩戴1～2个小时，出发前将其打包并保持安全。

㉑ 避免在旅行中与家人或同伴过度交谈。当你戴着口罩时，大声说话会损坏你的喉咙。

㉒ 记住，这次旅行只是为了确保你到达你的家乡，让你的家人安全。所以在途中不要尝试结交新朋友。这不是你的休闲时间。

㉓ 尽量避免在出行前1～2周与人见面。严格遵守这一点，因为它可能会影响你的整个行程。

㉔ 最好把你的家庭住址及紧急联系方式用简单的英语写下来，然后打印出来与你的病历放在衬衫口袋里。

㉕ 在到达目的地之前，你都要始终保持同样的严肃性。

正所谓："世上本没有路，走的人多了，也便成了路。"

三

9月3日，王建超带着几个年轻同事也走了，路线是从德国中转回国内，落地成都。在空荡荡的法兰克福机场等待的过程中，趁着打折活动，他买了个行李箱，以及一堆衣服。在微信里他告诉我，孟买到法兰克福的航班为汉莎航空，票价2000元人民币，因为飞机上没什么人，可以享受卧铺待遇；法兰克福到成都的航班为国航执飞，每周一个航班，都是中国人。由于两家航空公司有联营合作，可以行李直挂。

同一天，小汤跟我聊起了疫情期间的吃饭问题："现在你饮食咋样？我们一周做一次面食，或是饺子或是肉包，还有卤牛肉。"

由于人多，小汤所在的公司专门聘请了厨师，定期定点外出采购，从调味料到各类食材一应俱全。虽是印度人掌勺，但是时间长了，做的饭菜倒也合乎中国人胃口。想到我一个人居家隔离，从工作到生活的种种不易，他提议给我送点儿吃的。

9月11日，印度司机载着小汤送来了馒头和卤牛肉。在小区大门口，我俩站在路边聊了会儿，话题涉及印度疫情、边境僵局，在印华人的日常生活、安全防范，以及包机或回国路线，等等。

印象中，这是我自印度封国以来第一次与从别处过来的孟买华人面对面。对彼此而言，这种见面和聊天像是长时间深潜之后难得的把头伸出水面进行呼吸。但是，两个人的口罩以及向着逆风方向的平行站位，又时刻在提示着：这种呼吸是审慎的、不自由的，有距离和有限度的。而支撑和维系这一切的，是小心翼翼的试探，以及脆若悬丝的信任。

大约半个月后，小汤又来了，这次送的是大肉馅水饺。在冰箱里冻好后，他连盘子一起装在塑料袋里拿过来，此外，还有几盒连花清瘟胶囊。

和第一回比，路边聊天变得从容多了，小汤提到了几则消息：一是9月20日从德里到广州的包机，公司回去了5个人，检测结果都是阴性，"所以如果不出门，做好防护还是OK的"。二是总部一直说要换岗，前来接替的人虽然预定了疫苗接种，但是一直没有申请到签证，"这意味着正常航班短期不会有"。三是除了生活物资外，边境冲突后，公司经过香港邮寄了一箱连花清瘟胶囊，"说明一些药物仍然有机会邮寄过来"。

他还提到了仍然留守的同胞近况："我还知道有个姑娘一人在孟买，她是一家物流公司的，还没走。4月份的时候没米下锅，还是我给她送了些。当时她觉得多，现在估计不觉得了……"

这让我想起了印度封国后，一家自媒体发布的"冠状病毒下留守印度的中国人生存现状调查"，其间随机列举了一些访谈实录：

客栈老板：我这几个月基本没有开张，月亏损10万元，两年的利润都没了。

贸易公司老板：为了节约生活物资，我们现在一天只吃一顿饭。

工程公司老板：我们一个月净亏损50万元人民币，每天的吃饭问题已经难以解决。

工厂员工A：我生病了，但是不敢去医院，我想回国。

工厂老板C：能长期储备的蔬菜只有土豆和洋葱，其他菜储备有限，时间长了怎么办？

公司高管A：我们的货还在港口等待清关，要是放一个月损失多少钱啊！

公司高管B：没有烟抽，连印度烟都没地方购买。

国企老总：我们宿舍门口已经被贴封条，买菜等由司机配送。

…………

显然，相比有单位、有收入、住所固定的驻印人员，留学生、临时游客、跨国打工或做生意的同胞，是疫情封锁期间最困难的群体。而且随着时间的延长，其所遇的困难必然有增无减。

世界的折叠远非如此。

四

9月8日，当全球多数国家仍然深陷疫情危机、苦苦挣扎之际，国内抗击新冠疫情表彰大会在人民大会堂举行。尽管在传遍海内外的直播画面中，官方突出强调的是"表彰"而非"胜利"，但在普通民众尤其是海外同胞看来，这俨然是人类抗击新冠疫情的分水岭时刻，由此进一步加剧了大家的思乡之情和回国渴望。

半个月后，另一则题为"疫后第一家中国公司包机成功飞往印度"的报道在驻印华人圈里引发震动。消息称：

"据悉，2020年9月24日晚，广州飞往德里的包机航班成功降落德里机场，机上有近200名中国人。这是新冠疫情暴发以来，第一批集中到达印度的中国公民。包机航班上是正威集团员工及富士康员工，飞往印度的目的主要是服务印度的中国公司。

"新冠暴发之初，印度是最早一批封锁中国航班，拒绝中国人入境的国家。但随着全球疫情的发展，印度是（拥有）全球第二多感染人数的国家，达到500万人以上……"

看完消息，我默默翻出了王建超走之前留下的电话号码，那是一家可以预约新冠检测的诊所。每人次3000卢比，提供上门服务，登机前5天出检测报告。

"总部批复'在条件允许情况下离任'具体怎么理解？如果后续一时半会儿没有包机，是不是得考虑经第三国中转？长途旅行过程中感染了怎么办？如果中转不成功会不会被迫滞留？要不要提前找家机构测下核酸？如果测出无症状感染又会怎样？"一时之间，我的脑海中闪过诸多问题。

疫情发展、政策调整、航班变化，各种各样的因素彼此叠加，影响到原本就已不多的回国线路。像是一场迷宫里的闯关游戏，每推开一扇门，摆在面前的都是充满无数可能的新的分岔路口，而且随着时间的推移和疫情的蔓延，游戏设置越来越复杂，难度越来越大。在飞机落地国内以前，没有人会知道结果如何。

总而言之，对于海外华人而言，新冠大流行时代的全球旅行，不确定性是最大的挑战。

七人微信群里，最先回去的沈总虽然要经新德里中转，但彼时买到票即可出发，那是世界折叠前最后的自由飞行时刻。到了3月29日，国家民航局"五个一政策"出台，规定一个国内航空公司一个国家只保留一条航线，一周最多执行一班。表面上看，这对双边航线早已中断、困守印度的同胞并未产生任何直接影响，但是考虑到中转回国，门槛则无形中被抬高了。等老齐回国时，乘坐包机的前提是要通过使领馆名单审核，同时起飞前两周每日坚持健康码填报，登机时测量体温。到了王建超回国时，想要通过第三国中转，出发前就已经开始要求提供核酸报告了。他离开后不久，中国驻印度大使馆官网发布重要通知，要求自9月14日零时起，自印度搭乘定期商业航班赴华以及经印度中转乘机赴华的中、外籍乘客，凭登机前3天内的核酸阴性证明向使领馆申领绿色健康码……

我的方案尚在待定，新的政策又来了：10月底，多家中国大使馆先后通过微信公众号明确，核酸检测报告时间缩短为48小时有效，同时还增加了血清IgM抗体阴性报告。

一石激起千层浪，这在海外华人圈里引发强烈震动。

自全面封锁以来，印度国际航班持续关闭，虽然截至此时已经陆续与十多个国家开通了"气泡航班"，但允许外国人免签中转的只有法国和德国。突然而至的新政策，意味着经此两地回国的路线也进入"临时性休克"状态。

果不其然，身边有人被动"中彩"。一位常驻孟买的朋友告诉我，好不容易跟总部申请了回国休假的机会，也抢到了11月8日经巴黎中转回上海的机票，最新宣布的政策却让回国计划转眼成了泡影。

"别说中转机场很难提供血清检测报告，就是有机构提供检测服务，48小时也来不及，"他说，"本来中转已经是在印华人不多的回国希望了，想不到现在这条线路也说断就断了。"

此时，经历了单日新增近10万确诊病例的峰值后，印度疫情的增长曲线有所回落。既然走不掉，那就深吸一口气，继续"潜入水底"。于是南高加索地区的纳卡冲突成了大家新的话题热点。作为战事失利一方，成千上万的亚美尼亚平民被迫背井离乡，有人在逃离前亲手把自己的房屋烧成废墟，充满悲情的画面令人震惊。

我查了下资料，惊觉战事竟然发生在一个多月以前，不免惭愧此前的迟钝，对世界的折叠又有了更深一层的认识：正如托马斯·洛伦·弗里德曼所言，新冠疫情将成为人类历史的分水岭。肆虐的病毒摧毁了旧秩序，国与国之间重新竖起高墙，人与人之间的信任变得脆弱，大家在疫情的旋涡里苦苦挣扎，自顾不暇，"身边的、眼前的、当下的"是最为要紧的，"无穷的远方，无数的人们，都和我有关"的信条轻飘如风中的落叶，"人类的悲欢并不相通"似乎才是残酷而真实的底层逻辑。

五

进入12月后，即将到来的元旦小长假成了国内朋友圈里的流行话题。与此形成对比的是，留守印度的华人圈里，"熔断"成了热词：12月16日，国家民航局调整政策。根据最新要求，航空公司同一航线航班，入境后确诊病例达5个的，将暂停该公司该航线运行2周，达到10个的暂停4周……

大家一边感叹着"回国之路，没有最难，只有更难"，一边一厢情愿地期盼着：元旦到了也就意味着新年到了。然后，农历新年——春节——也就不远了，那是回家的日子啊。于是，春节前后使领馆会组织包机吗？

事实上，关于春节包机的消息一直若隐若现。流传得久了，就很难让人太当真。直到2021年1月11日夜里，中国驻印度大使馆和加尔各答总领馆双双发布通知，清楚明了地说了三件事：一是大使馆将于月底组织包机；二是在印中国公民分成公司人员、留学生、在印游客三类人向有关部门提交材料报名；三是确有困难、急需回国人员可通过国内总部出具书面同意函申请报名。

微信群里又一次迎来骚动。原本准备中转回国的人也陷入纠结：如果按中转规划行动，可以立刻着手购票，一切顺利的话春节前应该能回到国内，但包机路线显然少了很多折腾；如果怕折腾或为省钱而放弃中转规划，万一包机取消或推迟，再临时更换商业航班中转，按照时间推算，回国也只能是春节后的事情了。

顾不上其他人的纠结。对我而言，无论从哪方面看包机都是首选。虽然没有来自中国驻孟买总领馆的通知，但不管三七二十一，我还是按照大使馆提供的链接很快填报了个人信息。

1月15日，周五晚上。再次接到大使馆通知，信息量更大了：一是明确了临时航班只有一班，时间在1月28日前后。二是要求报名者提供三次核酸检测和一次血清抗体检测证明，同时即日起做登机前14天的第一次核酸检测，并于18日18时前通过微信小程序上传；第二次核酸须在登机前72小时内进行；第三次核酸和血清抗体双检测须在登机前36小时内进行，并于登机前至少提前24小时上传。三是三次核酸检测要求至少在两家不同机构进行，任一结果为阳性或登机前出现发热、咳嗽等症状者，均不符合登机条件。

通知最后还给出"温馨提示"：因在印度无法使用微信"防疫健康码国际版"小程序，建议请在中国的亲人协助上传相关检测结果和材料。

原定每周五晚上的云聚餐活动按时举行，但是因为包机，所有人在摄像镜头前似乎都心不在焉。我约了第二天一早的上门检测，同时着手安排工作交接，以及银行卡、手机号等的注销。

1月16日晚上9点，检测结果出炉，但因为申请人员太多，加上印度对微信的封锁仍未解除，在反复尝试多次后，直到转天上午10点半左右，我才"翻墙"完成上传。

总算过了第一关，原以为可以稍稍喘口气，没承想到了下午1点半，手机小程序赫然跳出提醒：因为"姓名有误，不予审核通过"。这才发现报告单上印度工作人员把我的英文姓名"ZHANG XINGJUN"错拼成了"ZHARG XINGJUN"，十有八九是登门检测的工作人员在手工输入信息时掉了链子。还好，此时距离原定截止上传的18日18时还有一天多的时间，于是赶紧联系中介修正错误。

惊险插曲再次提醒我："防不胜防，一切都充满了不确定性，这就是印度，任何时候都不能掉以轻心。"就眼下的包机回国而言，"万一走不了"的可能性始终存在，对于当下每个环节的设定和规划，"B计划"都是少不了的。

此时印度抗疫正在进入新阶段。1月16日，总理莫迪在新德里宣布启动全国范围内的新冠疫苗接种工作。按照计划，第一阶段预计接种包括一线医务工作者在内约3000万人。

相比庞大的累计确诊和死亡人数，在印度国内主流叙事中，反复突出强调的是其新冠病人的"高治愈率""每百万人口确诊和死亡率为全球最低的国家之一"等。在此背景下，各地逐步解除封锁，普通民众也开始逐渐适应后疫情时代的新常态。一些小区里，病例确诊警示牌仍在，送奶、报纸投递、家政保洁等却已恢复如常；社交媒体平台上，人们越来越多地晒出"下馆子"或者外出旅游的照片……

就印度疫情最新情况，《参考消息》编辑部来信约稿。想到这可能是三年驻印生涯完成的最后一篇稿件，虽然正紧锣密鼓为包机回国做准备，我还是坚持接下了这单活儿。

第一次核酸检测结果提交后，尽管从理论上说距包机起飞仍存14天间隔，但由于始发地在新德里，在孟买的同胞既要合理安排剩余两次核酸和一次血清抗体的检测和上传时间，同时又须经历一次国内飞行，这无形中增加了新的难度。

此时分歧出现了。

在大使馆最新发布的通知中，附带了一份核酸检测和血清检测机构名单。大家对照检索后发现仅有两家在孟买，且其中一家要求必须住院一晚方可进行核酸检测。一些同胞认为，如果要同时满足"三次核酸检测至少在两家不同机构进行""第二次和第三次核酸分别须在登机前72小时和36小时内进行，并于登机前至少提前24小时上传"诸多条件，最好在孟买完成第一次核酸检测后，先期飞往新德里，依托当地华人酒店完成剩下的检测任务。

在反复研读大使馆的通知后，我提出了不同看法。涉及检测机构的认定，通知原文有这么一句话："请优先选择到所住地就近、经本馆推荐、由印度医学研究理事会（ICMR）授权的核酸检测和血清检测机构（详见附后名单）进行检测。"在我看来，用顿号间隔的意思是，"经本馆推荐"中的名单是优先选项，但如果"经本馆推荐"中没有合适选项，那么选择"到所住地就近"且"由印度医学研究理事会授权"的名单仍然符合条件。这样，在孟买找出两家机构、进行三次核酸检测就容易得多，由此可以等到所有检测都做完并且上传提交后再飞去新德里。

然而保险起见，计划乘坐包机的其他驻孟买同胞均选择了前一种方案，只有我一个人坚持留在孟买做完所有检测。此时，有关包机的基本信息已在网上流传，航线为新德里—武汉，登机时间有1月30日0时20分和2时50分两个版本。热心同胞据此分别倒推出余下的检测时间线，并制作了详细表格以供参照。

我在临时组建的"孟买回国小分队"微信群里调侃，本以为包机回国是个路线问题或者是个防疫问题，没承想首先要解决的是语文题和数学题。

1月20日，农历腊月初八，国内朋友圈里春节的气氛越来越浓了。一大早，我从厨房里翻出花生、红枣和各种豆类，一边跟着教学视频熬制腊八粥，一边等待朋友送过来的药品和身份证——长期以来，从食物到药物乃至公务文件，由朋友之间帮忙"人肉"携带是往返中印的华人圈的基本操作。自从双边航班关闭以来，包机就成了可遇不可求的带货通道。

粥的香味充溢房间，伴着《脱口秀大会》的背景音，气氛似乎松弛下来。在经历了各种令人眼花缭乱、目瞪口呆的戏剧性场面之后，美国大选正在落下帷幕。社交媒体平台上，流传着各种特朗普离开白宫的段子。当天晚上,拜登和卡米拉宣誓就职,印度媒体一派喜气洋洋,纷纷聚焦美国历史上的首位印度裔副总统,以及拜登内阁中的印度裔成员。

从第三国中转的消息仍然不时传来,那是包机通知到来前就已经买好了票的同胞们。在经历了政策不断的加码修正之后,中转国机场纷纷增设了核酸和血清抗体的检测机构。从印度出发,经停尼泊尔、阿曼、荷兰等国的新的中转线路也被开发出来。对于长期困守印度的同胞而言,世界似乎正被一点点打开。

但欧洲,尤其是德法两地,仍是印度华人脆弱的回国生命线中最为稳定而可靠的光亮。有同胞把成功回国之后的路线图发到了微信群里,印度—德国—中国,全程14964千米,2次飞行,3个国家,航班轨迹形成了一个巨大的勺子形状。我瞄了眼当事人的名字,叫"逃跑的灵感"。

与此同时,坏消息或说不好的消息从未停止。

1月24日,有中国同胞在新德里计划乘坐汉莎航空飞机前往德国中转时被拒,据称航空公司在私下答复时表示,因为接到了印度官方的口头通知,要求拒载中国乘客,即使航空公司和乘客都没有任何违规的地方。还有未经证实的消息称,有中国人好不容易经第三国返回印度后,在新德里机场出关时被拒绝入境,并且被劝返。此外,根据印度媒体报道,一些地方掀起了针对互联网金融的打击行动,其间陆续有中国从业人员被抓……

大家普遍认为,这是边境冲突后印方针对中方的最新恶意动作。在国内休整几个月后,正计划经阿曼返回印度的王建超又陷入了犹豫。

波诡云谲之中，春节包机会不会出现变数？带着这一疑问，"孟买回国小分队"的同胞们一边按部就班、紧锣密鼓地准备迎接包机，一边也做好了包机临时取消或推迟的思想准备。

六

一大一小两个行李箱，外加一个双肩包，打开又关上——对照此前收藏的回国攻略，我开始第四遍收拾行李了，其实并没有太多东西。一方面，孟买常年湿热，驻印期间并未添置多少衣物鞋子；另一方面，更主要的是，因为是从全球第二大疫区回国，为了尽可能降低"千里投毒"的风险，行李自然越少越好。为此，我的清单非常"清爽"：首要的是各种证件，其次是电脑手机等电子用品，再就是一些必备的衣物和书报资料等。

有些意外的是，这次整理竟然翻出了出国前的例行体检报告本。打开来看，里面详细列出了身高、体重、血压、脉搏的各项数据，以及头颈、心脏、胸肺、腹部等的常规检查结果，一切正常。此外，还有甲肝、流感以及霍乱等流行性疾病的免疫记录。我特意多看了眼体温栏：36.2℃。

"此时此刻，全球有多少人为了实现这一正常体温而苦苦挣扎，"我想，"三年前出国，最纠结的是何时能拿到一纸签证；三年后回国，面临的最大挑战竟是穿越疫区，小心翼翼维护身体健康和体温正常……"

所有的检查都按要求做完了，结果"一切正常"，悬着的心落了一半。根据大使馆1月25日发布的最后一次通知，所有报告的上传截止时间为29日18时。我在28日晚上即已上传完毕。

1月29日，轻装上阵的我乘坐印航飞机前往新德里。这也是我自印度全国封锁、开始居家办公后的首次飞行。孟买街头早已恢复了往日的繁忙，机场入口处安保小哥一边维护队伍秩序，一边提示大家必须扫码进入大厅。我冲着他晃了晃手里提前打印的报告单，告诉他已经做了核酸检测，他看都没看，果断放行。

早先到达新德里的"孟买回国小分队"成员，有的已经拿到了绿码，消息在群里炸开了锅。这意味着相关人员已经通过大使馆审核，获得了购买回国机票的资格。按照程序，承担包机任务的航空公司将很快打来电话——当然，为了这一刻，所有计划回国的同胞都提前将登记的国内号码开通了国际漫游。

正在孟买候机的我，再次检查了下申报系统，还是没有反馈。飞机落地新德里后，我进入提前预订好的机场附近酒店，此时距离原定登机时间仅剩下十多个小时，越来越多的人都拿到了绿码，有的表示已经接到了航空公司客服打来的电话。

我已经落了一半的心又一次提到了嗓子眼。几位同样没有收到绿码的群友纷纷打来电话，一起探讨原因：是报名的人太多吗？或者是我们不属于急需回国的困难群体？……焦虑与焦虑的碰撞，是成倍放大的焦虑。

最终，经过和大使馆领保人员的多次沟通发现，原来是我在上传检测报告时犯了技术性错误：按照最新的通知要求，近14天以来，先后做的三次核酸检测和一次血清抗体检测阴性报告需要"一次性提交"，而我在拿到最后一次核酸和血清抗体的检测报告后，想当然地没有和前两次报告汇总就直接提交了。

再一次整理材料，核对格式，汇总上传。起飞前14天核酸、72小时核酸、36小时核酸和血清抗体报告，一张、两张、三张……4份报告共计六张截图。加油，加油，网速就是生命线!!!

嗯，上传完毕，等待审核——反馈回来，绿码到手。此时是1月29日19时21分。我长舒了一口气，迷宫闯关游戏终于进入了尾声，穿越"虫洞"的通道正在徐徐打开……

七

登机了，虽然比原定时间有所延迟，但是排队的同胞们都很有耐心。毕竟一路"闯关打怪"，历经九九八十一难，最难的都撑过来了，眼下多一点儿等待又算得了什么？更何况还有继续留守的同胞——在最多日常互动的七人微信群里，我和潘总将一同搭乘包机回国，此后仍将剩下三位年轻人。想到他们，心情又复杂起来。

承担飞行任务的川航3U3872客机静静地停在机场，巨大的机身上印着可爱的熊猫图案。乘务员小姐姐穿着厚厚的防护服，背后写着"四川航空，欢迎回家"字样。隔着面罩，虽然看不清每个人的脸，但真是觉得好美。机舱尾部，几个同胞展开长长的红色横幅——感谢中国驻印度大使馆。简餐套装到了：吐司面包，梅花蛋糕，香香嘴香菇豆干，一盒蒙牛牌牛奶，以及一瓶矿泉水。

"虫洞"穿越，时间开始了，时间静止了。这是一段前所未有的别

归国搭乘的川航班机

样旅程，既安静又兴奋，既飞快又漫长。

…………

2021年1月30日上午7时左右，飞机落地武汉，可歌可泣的英雄之城。

走出机舱，在第一时间享受了VIP般的各种检测待遇后，大家被分成两批闭环转移至两处集中隔离点，导航定位显示我所到达的地方全称叫作"湖北省武汉市新洲区徐古街道徐古街茅岗村茅岗湾集发休闲农庄"，距离武汉市区一个多小时车程。按照国内防疫要求，所有人将在这里集中隔离两周。

30日晚上11时，隔离点开展未来去向登记。微信群里的接龙一点点延长，留下了这样一长串名单：四川泸州，河南固始，湖北仙桃，浙江绍兴，安徽淮南，贵州凯里，江苏泰州，陕西韩城，云南宣威，广西南宁，山东菏泽，江西吉安……

在庞大的中国版图上，这些都是毫不起眼的三四线小城，然而对于隔离点的同胞而言，她们是远方的牵挂，是希望的依托，是爱的召唤。她们都有一个共同的名字：家。

2月3日，我收到了两份报告单，一份是核酸，另一份是血清IgG和IgM抗体，双阴性。群里消息显示，隔离点的所有同胞都收到了两份报告单，同样为双阴性。

这一天，恰是中国二十四节气中的立春。

出版后记

我与张兴军老师，由于一次偶然的机会，在"随水"老师的介绍下结识了。

张兴军是新华社的记者，驻印多年。我从未去过印度，由于经常看互联网上有关印度的各种"猎奇"段子，对印度充满了好奇，于是印度自然成为我们交流的主要话题。

张老师告诉我，他驻印期间观察了印度社会的方方面面，采访了印度的各色人士。他特意观察了在印华人、华企，中印文化交流等事宜，尤其还经历了印度新冠疫情暴发的初期阶段。

张老师说，他想将自己的见闻结集出版。理由主要有二。

"现在国内网上对于印度的介绍，很多都带有猎奇、调侃的心态，这些内容并非是真实、客观的。"

"对于印度的纪实观察，以往都是西方记者的作品，我打算用咱们中国人的视角来观察印度，这样更能符合想了解印度的中国人的需求。"

求真是记者的天职，张老师以亲眼所见、亲身经历，力图为国人介绍一个真实的印度。

他还特意强调，随着中国与世界的接触越来越深，在中华民族伟大复兴的历史大势下，越来越多的国人走向世界。而印度，是一个与中国有着诸多共同点的国家：悠久的历史文明、众多的人口、庞大的发展中国家。而就是这样的一个邻国，国人却对其知之甚少，就连为数不多的了解还充满偏见和误解。

"能否用一种成熟的心态、客观的眼光看待这个邻国，也是国人能否成熟、客观地认识世界并正确看待自身崛起的映射。"

从编辑的角度来讲，这就是所谓的"出版价值"吧。我欣然接受。遂有今日此书的付梓。

正所谓：龙眼看象，乃至世界。张老师和我都希望，读者能通过这本书，"穿过"那些猎奇的段子，从中国人的视角了解并正视真实的印度，并从中认识世界，以其为镜，观照我们自身。

编辑　贾启博

图书在版编目（CIP）数据

断裂与新生：一位中国记者笔下的印度日常 / 张兴
军著. — 贵阳：贵州人民出版社, 2023.9
ISBN 978-7-221-17835-0

Ⅰ.①断… Ⅱ.①张… Ⅲ.①印度—概况 Ⅳ.
①K935.1

中国国家版本馆CIP数据核字(2023)第160074号

本书中文简体版权归属于银杏树下（北京）图书有限责任公司

DUANLIE YU XINSHENG: YIWEI ZHONGGUO JIZHE BIXIA DE YINDURICHANG

断裂与新生：一位中国记者笔下的印度日常

张兴军　著

出 版 人	朱文迅	
选题策划	后浪出版公司	
出版统筹	吴兴元	
编辑统筹	张　鹏	
策划编辑	周湖越　杨　悦	
责任编辑	徐　晶	
特约编辑	贾启博	
装帧设计	墨白空间·杨和唐	
责任印制	常会杰	
出版发行	贵州出版集团　贵州人民出版社	
地　　址	贵阳市观山湖区会展东路SOHO办公区A座	
印　　刷	北京天宇万达印刷有限公司	
经　　销	全国新华书店	
版　　次	2023年9月第1版	
印　　次	2023年9月第1次印刷	
开　　本	880毫米×1194毫米　1/32	
印　　张	11.5	
字　　数	258千字	
书　　号	ISBN 978-7-221-17835-0	
定　　价	60.00元	

贵州人民出版社微信